U0524354

合同管理
与
风险防控教程

陈圣利　主　编
侯国跃　副主编

北京　法律出版社　LAW PRESS · CHINA

图书在版编目（CIP）数据

合同管理与风险防控教程 / 陈圣利主编；侯国跃副主编. -- 北京：法律出版社，2024. -- ISBN 978-7-5197-9397-5

Ⅰ.D923.64

中国国家版本馆 CIP 数据核字第 2024M6Y837 号

合同管理与风险防控教程
HETONG GUANLI YU FENGXIAN
FANGKONG JIAOCHENG

陈圣利 主　编
侯国跃 副主编

责任编辑 曲　杰
装帧设计 贾丹丹

出版发行	法律出版社	开本	710 毫米×1000 毫米　1/16
编辑统筹	学术·对外出版分社	印张	17.5　　字数 320 千
责任校对	晁明慧	版本	2024 年 9 月第 1 版
责任印制	胡晓雅　宋万春	印次	2024 年 9 月第 1 次印刷
经　　销	新华书店	印刷	北京新生代彩印制版有限公司

地址:北京市丰台区莲花池西里 7 号(100073)
网址:www.lawpress.com.cn　　　　　　　销售电话:010-83938349
投稿邮箱:info@lawpress.com.cn　　　　　客服电话:010-83938350
举报盗版邮箱:jbwq@lawpress.com.cn　　　咨询电话:010-63939796
版权所有·侵权必究

书号:ISBN 978-7-5197-9397-5　　　　　　定价:79.00 元

凡购买本社图书，如有印装错误，我社负责退换。电话:010-83938349

《合同管理与风险防控教程》

主　编：陈圣利

副主编：侯国跃

撰稿人：魏宏斌　齐喜三　杨　锐
　　　　李秋云　汤　敏　姬蕾蕾
　　　　李兆利　张选举　张萍瑜

作者简介

陈圣利 男,汉族,福建永泰人,法学博士,毕业于西南政法大学。福建技术师范学院副教授,福州大学国际商务专业硕士生导师,兼职律师,仲裁员。长期从事民商法、财税法的教学和科研工作。主持和主研省部级以上课题9项,其他课题10多项;发表学术论文20多篇,出版专著1部,参编教材2部。

侯国跃 男,汉族,四川广元人,法学博士。西南政法大学民商法学院教授、博士生导师、博士后合作导师,重庆英才·名家名师。民法典国民教育科普基地(省级基地)主任,最高人民法院应用法学研究基地副主任,成渝青年法律人成长创新工作室主任,中国行为法学会常务理事,重庆市法学会首席法律咨询专家。担任国家一流本科课程《合同法律风险管理》的负责人。曾获重庆市教育系统法治宣传教育工作先进个人、重庆十大法治人物提名奖、重庆市高校教师教学创新大赛一等奖、国家级教学成果二等奖等荣誉。入选最高人民法院民法典讲师库、司法部法律援助培训师资库核心成员。

魏宏斌 男,汉族,福建永泰人,1993年毕业于福建师范大学政教系,2007年取得厦门大学法律硕士学位。福建技术师范学院教授、硕士生导师,曾担任福建技术师范学院教务处长、福建技术师范学院文化与法律学院院长。近年来,在《人民日报》《法制日报》等权威刊物上发表学术论文10多篇,有3篇涉法类研究报告被中宣部采纳。

齐喜三 男,河南内乡人,法学教授。1989年7月西南政法大学本科毕业后历任法官8年,1997年开始从事高校法学教育工作(2014.11评为法学教授,曾任二级学院副院长8年),兼职律师、南阳仲裁委和泉州仲裁委仲裁员。近10年共发表学术论文18篇(其中核心期刊8篇);出版学术专著2部(其中独著1部,合著1部)和教材4部;主持省级科研教研课题6项;获得厅级以上奖励10项;曾获得南阳市优秀教师、南阳市第六届拔尖人才等10余项荣誉。

杨　锐 男,1983年8月出生,汉族,贵州仁怀人,民革党员,西南政法大学法学博士(民商法专业)。现任贵州省铜仁市中级人民法院副院长,四级高级法官,政协第十三届贵州省委员会委员。原贵州省高级人民法院员额法官,先后从事民商事、环境资源、刑事审判等工作。在《北方法学》《判解研究》《法律方法》《人民司法》等刊物发表学术论文10余篇。

李秋云 女,汉族,福建福清人,法学硕士,毕业于厦门大学。现任福建技术师范学院法学专业教师、泰和泰(福州)律师事务所合伙人、福建省律协第十一届证券专业委员会委员、福州市涉外律师人才库成员、福州市台江区涉台律师人才库成员。曾任上市公司法务总监、董事会秘书,长期从事民商事法律实务和民商法的教学科研工作。

汤　敏 男,汉族,法学博士,毕业于西南政法大学,现任南京理工大学知识产权学院副教授,兼职律师。主持省部级课题2项,出版学术专著2部,发表学术论文20余篇。

姬蕾蕾 女,汉族,河南安阳,西南政法大学法学博士,上海交通大学博士后,现为华东政法大学中国法治战略研究院讲师,长期从事民法与数据法学的教学和科研工作。主持省部级以上课题3项,其他课题6项;发表学术论文10余篇,参编教材6部。

李兆利 男,汉族,法学博士,毕业于西南政法大学,现任山东科技大学公共课教学部讲师,兼职律师。长期从事民商法教学和科研工作,公开发表学术论文10多篇,主持和主研省部级以上课题3项。

张选举 男,汉族,河南郏县人,金融本科、法律硕士,华商土地法研究中心执行主任,中共华商泉州分所支部书记,华商(泉州)律师事务所发展战略委员会主任、执行合伙人,福建省自然资源协会专家、中国土地学会终身会员,福建省助学济困公益协会常务理事,北京律师法学会研究员,造价工程师、不动产登记代理人,福建技术师范学院兼职教授,阳光学院实践导师,仰恩大学实践导师。

张萍瑜 女,汉族,福建泉州人,法学学士,专职律师,现任华商(泉州)律师事务所港澳事务法律服务专业委员会副主任,专攻民商事诉讼领域法律服务。

前　言

中共中央办公厅、国务院办公厅于 2023 年 2 月 26 日下发《关于加强新时代法学教育和法学理论研究的意见》，提出了十七点具体要求。本教材旨在落实贯彻该意见，推进法学与管理学等学科交叉融合，推动法治工作部门与高校法学专业共同开发新形态法学教材。

本教材强调实用性、实操性、实践性，致力于风控法律人才的培养。本教材编写团队成员由高校教师、律所律师和法院法官组成。本教材共三编内容，第一编为"合同管理基本原理"，第二编为"合同一般风险防控"，第三编为"典型合同风险防控"。其中，第一编的主要内容包括合同管理的基本原则、基本流程、制度和措施。第二编从纵向层面介绍缔约阶段、履约阶段与合同终止后可能存在的法律风险与防控措施。第三编从横向层面介绍常见合同（买卖、租赁、借贷、担保、建工、合伙）的法律风险与防控措施。

本教材由陈圣利担任主编，侯国跃担任副主编，具体分工如下：李秋云撰写第一、二、三章；陈圣利撰写第四、五、六、七、十、十一章；齐喜三、姬蕾蕾撰写第八章；汤敏、张选举撰写第九章；李兆利、张萍瑜撰写第十二章；全书由陈圣利、侯国跃统稿，魏宏斌、杨锐参加了部分章节的修改和统稿工作。此外，罗舒婷法官、刘思凤律师、王智刚律师（实习）、魏以淋律师（助理）负责全书文字校对工作。

本教材不足之处，祈请读者和专家批评指正。

编　者
2024 年 5 月

目　　录

第一编　合同管理基本原理

第一章　合同管理概述 …………………………………………（ 3 ）
　　第一节　合同管理意义 ………………………………………（ 3 ）
　　第二节　合同管理对象 ………………………………………（ 7 ）
　　第三节　合同管理原则 ………………………………………（ 10 ）

第二章　合同管理的体系建设 …………………………………（ 14 ）
　　第一节　合同管理体系概述 …………………………………（ 14 ）
　　第二节　合同管理体系建设要求 ……………………………（ 16 ）
　　第三节　合同管理流程设计 …………………………………（ 23 ）

第三章　合同管理的制度设计 …………………………………（ 30 ）
　　第一节　合同管理办法 ………………………………………（ 30 ）
　　第二节　授权委托制度 ………………………………………（ 35 ）
　　第三节　印章管理制度 ………………………………………（ 37 ）
　　第四节　合同审核制度 ………………………………………（ 41 ）
　　第五节　合同台账管理制度 …………………………………（ 44 ）
　　第六节　合同档案管理制度 …………………………………（ 46 ）
　　第七节　合同相对方管理制度 ………………………………（ 48 ）

第二编　合同一般风险防控

第四章　缔约阶段风险防控 …………………………………（53）
　　本章导论 ……………………………………………………（53）
　　风险防控要点之一：合同订立程序 ………………………（53）
　　风险防控要点之二：合同成立要件 ………………………（56）
　　风险防控要点之三：合同生效要件 ………………………（58）
　　风险防控要点之四：缔约过失责任 ………………………（61）
　　风险防控要点之五：缔约代理行为 ………………………（63）
　　风险防控要点之六：合同示范条款 ………………………（68）
　　风险防控要点之七："阴阳合同"效力 ……………………（70）

第五章　履约阶段风险防控 …………………………………（74）
　　本章导论 ……………………………………………………（74）
　　风险防控要点之一：合同漏洞填补 ………………………（74）
　　风险防控要点之二：合同履行原则 ………………………（76）
　　风险防控要点之三：情势变更规则 ………………………（77）
　　风险防控要点之四：合同履行抗辩 ………………………（79）
　　风险防控要点之五：债权人代位权 ………………………（81）
　　风险防控要点之六：债权人撤销权 ………………………（85）
　　风险防控要点之七：违约法律后果 ………………………（88）

第六章　合同解除风险防控 …………………………………（98）
　　本章导论 ……………………………………………………（98）
　　风险防控要点之一：协商解除 ……………………………（98）
　　风险防控要点之二：约定解除 ……………………………（99）
　　风险防控要点之三：法定解除 ……………………………（100）

风险防控要点之四:解除权行使 …………………………………（106）
风险防控要点之五:情势变更情形的合同解除 …………………（109）
风险防控要点之六:合同僵局情形的合同解除 …………………（111）
风险防控要点之七:后合同义务 …………………………………（113）

第三编　典型合同风险防控

第七章　买卖合同风险防控 …………………………………（119）
本章导论 ……………………………………………………………（119）
风险防控要点之一:出卖人交付标的物义务 ……………………（119）
风险防控要点之二:出卖人让与所有权义务 ……………………（122）
风险防控要点之三:从给付义务与附随义务 ……………………（123）
风险防控要点之四:一物数卖法律后果 …………………………（125）
风险防控要点之五:无权处分法律后果 …………………………（126）
风险防控要点之六:质量瑕疵担保责任 …………………………（128）
风险防控要点之七:权利瑕疵担保责任 …………………………（130）
风险防控要点之八:买受人的支付价款义务 ……………………（131）
风险防控要点之九:买受人的及时检验义务 ……………………（132）
风险防控要点之十:标的物的风险负担规则 ……………………（133）
风险防控要点之十一:分期付款买卖注意事项 …………………（135）
风险防控要点之十二:所有权保留条款法律效果 ………………（136）

第八章　城镇房屋租赁合同风险防控 ………………………（140）
本章导论 ……………………………………………………………（140）
风险防控要点之一:租赁合同效力审查 …………………………（140）
风险防控要点之二:租赁房屋装饰装修 …………………………（147）
风险防控要点之三:承租人的转租行为 …………………………（151）
风险防控要点之四:租赁物抵押与转让 …………………………（154）

风险防控要点之五:承租人优先购买权 ………………………… (155)

第九章　民间借贷合同风险防控 ……………………………………… (161)
　　本章导论 …………………………………………………………… (161)
　　风险防控要点之一:刑事风险防范 ………………………………… (161)
　　风险防控要点之二:成立要件审查 ………………………………… (165)
　　风险防控要点之三:合同效力审查 ………………………………… (166)
　　风险防控要点之四:借款利率上限 ………………………………… (169)
　　风险防控要点之五:"砍头息"规制 ………………………………… (170)
　　风险防控要点之六:"利滚利"规制 ………………………………… (172)
　　风险防控要点之七:企业借贷行为 ………………………………… (174)
　　风险防控要点之八:逾期还款责任 ………………………………… (175)
　　风险防控要点之九:借款本息时效 ………………………………… (176)

第十章　担保合同风险防控 …………………………………………… (179)
　　本章导论 …………………………………………………………… (179)
　　保证合同风险防控要点之一:保证合同的成立 …………………… (179)
　　保证合同风险防控要点之二:保证合同的生效 …………………… (181)
　　保证合同风险防控要点之三:保证责任方式 ……………………… (182)
　　保证合同风险防控要点之四:保证期间约定 ……………………… (184)
　　保证合同风险防控要点之五:公司担保决议 ……………………… (187)
　　抵押合同风险防控要点之一:抵押权设立要件 …………………… (190)
　　抵押合同风险防控要点之二:抵押财产的转让 …………………… (194)
　　抵押合同风险防控要点之三:抵押财产的出租 …………………… (195)
　　抵押合同风险防控要点之四:一物多押的清偿 …………………… (196)
　　质押合同风险防控要点之一:动产质权设立要件 ………………… (199)
　　质押合同风险防控要点之二:权利质权设立要件 ………………… (202)
　　质押合同风险防控要点之三:一物多质的清偿 …………………… (204)

质押合同风险防控要点之四：质押与抵押存于一物的清偿 …… (205)

第十一章 建设工程施工合同风险防控 …… (208)

本章导论 …… (208)

风险防控要点之一：合同特别要件 …… (208)

风险防控要点之二：非法转包后果 …… (211)

风险防控要点之三：挂靠施工后果 …… (213)

风险防控要点之四：工程分包后果 …… (215)

风险防控要点之五：劳务分包后果 …… (216)

风险防控要点之六：内部承包效力 …… (218)

风险防控要点之七："背靠背"条款 …… (220)

风险防控要点之八：工程质量责任 …… (221)

风险防控要点之九：工期相关要求 …… (226)

风险防控要点之十：工程价款结算 …… (228)

风险防控要点之十一：工程价款利息 …… (232)

风险防控要点之十二：优先受偿权 …… (234)

第十二章 合伙合同风险防控 …… (241)

本章导论 …… (241)

风险防控要点之一：民事合伙与合伙企业 …… (241)

风险防控要点之二：合伙企业的类型选择 …… (243)

风险防控要点之三：合伙目的与经营范围 …… (245)

风险防控要点之四：出资方式与价值评估 …… (247)

风险防控要点之五：利润分配与亏损分担 …… (247)

风险防控要点之六：合伙事务的表决规则 …… (249)

风险防控要点之七：执行人的权利与义务 …… (250)

风险防控要点之八：竞业禁止与自我交易 …… (252)

风险防控要点之九：财产份额转让与出质 …… (254)

风险防控要点之十:入伙程序与退伙条件 …………………………（256）
风险防控要点之十一:有限合伙人的权利 ……………………………（260）
风险防控要点之十二:合伙的解散与清算 ……………………………（262）

第 一 编

合同管理基本原理

第一章 合同管理概述

第一节 合同管理意义

一、合同管理概念及其实践情况

在商事交易中,合同是一种至关重要的法律文件,它不仅承载着各方的权利和义务,更是维系交易双方关系的纽带。随着我国法治化进程的不断深入,合同作为民商事领域中的基本法律行为形式,是市场交易中不可缺少的方式之一,公司对于合同重要性的认识也在不断提高,使合同管理成为现代市场经济条件下公司内部管理的一项重要内容。

(一)合同管理的概念

现代管理学通说认为,管理的核心在于明确企业的使命和目标,并通过有效的激励和组织手段,调动人力资源的积极性,共同为实现企业的使命而努力。根据《辞海》的注解,管理是"负责某项工作并使其顺利进行",故而合同管理的应有之义或者根本目的是通过资源的调配或人员的组织,使合同按照预先的设定得以实现。

有学者认为,所谓合同管理是合同当事人为实现合同目的,根据自身具体情况,依据《民法典》等有关法律规范,在合同准备、谈判、签署、生效、变更、解除直至解决纠纷、救济权利的整个过程中,所进行的一系列民商事法律行为及管理行为。[1] 也有学者认为,企业合同管理是指企业对自身涉及的合同的谈判(磋商)、订立、履行、变更、解除、转让、终止以及审查、监督、控制等一

---

[1] 参见包庆华编著:《企业合同管理工具箱》,机械工业出版社2009年版,第6页。

系列行为的总称。[1] 二者都认可一点,合同管理是一项全方面管理、全流程管理的行为。因此,笔者认为,所谓合同管理,是指在合同生命周期内对合同的起草、审查、签订、变更、执行乃至执行完毕之后的归档等各个环节进行全面的、系统的、有序的控制和管理,以期实现交易的目的。

(二)公司合同管理实践情况

根据国家统计局的数据显示,我国现存登记在册公司,超过90%的公司的股东人数在5人以下。同时,根据工业和信息化部公布的数据,我国中小微企业数量已超过5200万户,[2]而目前中小企业仍以微型(0~9人)企业为主。中小型企业受自身营业规模所限,大多存在公司管理制度不健全、职能部门设置不完善等问题,对合同管理工作缺乏认识或重视程度不够,具体体现在以下几个方面:

1. 缺乏合同管理意识

合同管理是一项全方面管理、全流程管理的行为,公司往往只重视前期合同谈判,对合同签订、合同履行和成果验收等工作缺乏足够的重视,合同的订立流于形式,合同是否完整体现双方谈判的内容、合同签订的程序是否合法合规、合同的履行是否完整全面、合同是否存在变更、中止、终止或解除等合同变更终止行为,则受到忽视。更有甚者,合同签订之后就束之高阁,甚至忘记了合同的存在,直至争议发生之时,方才对照合同主张权利或确定合同义务,那么合同风险就避无可避。

2. 缺乏专业的合同管理人员

合同管理工作因其专业性,要求合同管理人员必须掌握法律乃至财务、管理等方面的专业知识和相关的实践经验,故合同管理人员必须是具备一定的专业技术知识、法律知识、经营管理知识以及实践经验的复合型人才。然而,基于成本考量,一般中小型企业未配备法务人员或设置法务部门,合同管理工作或分配至财务部,或交由行政人员(部),或各签约部门(人员)各自保管合同,这些人员法律专业素养不足,无法对合同涉及的各项法律问题作出

---

[1] 参见雷霆:《合同审查精要与实务指南》,法律出版社2022年版,第70页。
[2] 参见《我国中小微企业已超5200万户》,载中国政府网2023年6月20日,https://www.gov.cn/lianbo/bumen/202306/content_6887257.htm。

正确判断,无法对合同进行有效的管理。

3.合同管理制度缺失或不健全

绝大多数公司未制定合同管理制度,即使制定了合同管理制度,也多半因管理制度未从公司实际出发、仅简单套用模板文件,未明确合同管理责任人和合同管理流程、未制定统一的合同模板和规范、未建立分级合同审批流程,使制度与公司实际情况脱离,合同管理制度难以有效实施,公司合同管理低效、无序、缺乏合规性,大大增加公司自身经营风险。此外,当前很多公司在合同管理方面缺乏比较新颖、先进且高效的管理模式或者方法,且在管理合同时具有较明显的滞后性,合同的管理模式存在诸多不严谨、不科学、不完善的地方,以至于合同效用难以有效发挥,无法全面执行合同。

二、合同管理的重要性

企业家经营公司的第一目的是获取利润,对于公司经营者而言,相对于合同管理,他们更加注重公司的财务管理、营销管理、生产管理、质量管理等,仿佛合同管理与公司无关。然而,合同直接决定商事交易的实现,是公司获取利润的媒介,理当作为公司管理的重中之重事项,得以重视。具体而言,合同管理对于公司而言具有如下价值。

(一)合同管理有助于提高公司的风险防控能力

在商业活动中,风险无处不在,它们既有可能来自市场的波动,也有可能来自监管部门的要求,还有可能来自合作伙伴的不稳定或其他的不确定因素,没有一份合同是完美的,合同设计不可能预见全部的风险。那么,如何有效预防和规避合同履行过程中可能发生的风险呢?这就要求公司加强合同管理,把住合同这个关口。用好合同管理合规这个抓手,是防范公司经营风险的关键所在。一个有效的合同管理系统能够帮助公司识别潜在的法律风险、财务风险以及运营风险,并采取预防措施。一旦发生合同未可预期的情况,就应及时发现风险并规避,与此同时,根据合同的约定行使相应的救济,将公司的损失范围降到最低。例如,公司通过对合同条款的细致审查,可以发现并修正可能引起争议的模糊措辞,确保合同条款的明确性;也可以通过对合同执行的跟踪,可以确保所有条件得到满足,避免违约的发生。此外,如果公司建立了合同管理体系,制定完善合同管理制度,明确了合同的签约、审查、履行等阶段每个岗位的职责与权限,并就岗位注意事项、保密事项、违法操作的边界等事宜宣传贯彻落实到位,即可将个人犯罪行为与公司意志割裂,公司意志不存在主观过错,不构成公司犯罪,这也是我国目前所施行的企业合规不起诉制度的应有之义。因此,公司建立合同管理体系,将法律的要求嵌入日常的经营管理之中,可显著提升公司的风险防控能力。

(二)合同管理助力公司降本增效、提高公司市场竞争力

从形式上,合同管理体系的搭建看似增加了公司成本与管控流程,降低公司决策落实速度;实际上,合同管理体系的成功构建将会是公司的一次重生。

1. 合同管理助力公司降本增效

合同管理体系搭建后,通过有效的合同管理,公司不仅可以及时发现额外费用或预算超支等成本偏差的情况,及时纠偏可以控制成本;还可以确保供应商或合作伙伴按照合同约定的标准提供产品和服务,从而保证最终交付的质量符合客户的期望。更为重要的是,通过合同管理体系的建设,公司内部职能部门及各岗位权责清晰、流程通畅,一个高效的合同管理系统可以提高整个团队的工作效率。因此,合同管理不仅降低了公司生产管理成本、提升管理效率,确保公司的利润最大化。

2. 合同管理助力公司提升竞争力

合同管理使公司的生产经营与市场接轨,满足市场的需要,提高公司适应市场和参与市场竞争的能力。建立合同管理体系的公司,由于成本上的优势,加之履约效率的提升,更容易在市场的竞争中突出重围,获得客户的青睐。特别是在业务的招投标过程中,建立完善的合同管理体系的公司,更容易获得评标优势,且在业务能力基本相当的情况下,政府、大型企业、国际组织等资源优势方都更愿意与合规管理水平较高的公司合作,也更容易获得消费者、客户、合作方等社会各界的认可,带来更多潜在的商业机会。

(三)合同管理助力公司达成商业目的

1. 有效的合同管理将助力公司保护自身利益不受损

公司作为注重经济效益的组织,将保护自身利益不受损置于首位,一份合同的签订只是合作的开始。通过有效的合同管理,确保每一项条款都得到恰当的落实,才能使公司合同目的得以顺利实现。例如,合同签订后,要有严格的合同履行期限跟踪和管理机制,否则,项目可能会因为延期而导致成本

增加;对于产品或者服务的质量也应有效控制,否则产品或服务无法达到预期的标准,公司将无法实现利润,反而要因此承担违约责任。公司的营利性与合同执行情况挂钩,落实合同全生命周期的管理,可以更好地判断合同在各个阶段对公司效益的影响,从而及时调整决策方向。

2.有效的合同管理将带来良好外部效应,增加公司信用

在当前的市场经济发展环境下,公司信用与形象对公司的生存与发展起到直接的影响作用,公司信用、公司形象不佳容易被市场所淘汰。因此,公司要想获得良好的发展,必须在行业内树立良好的形象。根据中国信用协会发布的《企业信用管理规范指引》,公司信用管理的重要一环即合同管理,该指引要求将合同管理作为信用管理的基础和保障,建立按合同交验货物、违约时按合同索赔的管理制度。完善合同管理不仅能够避免公司拖欠账款、违约等不诚信现象的出现,而且还能通过加强合同签订审查,确保合同效力,保证公司资产不受损失。换言之,有效的合同管理会带来良好外部效应,能够培育、增加公司信用,推动公司自觉履行合同义务,预防经济纠纷,防止招致不必要的经济损失,从而提高公司的市场竞争力。

综上所述,合同管理是商业活动中不可或缺的一环。它不仅关乎风险的防范,成本的控制,还关系到公司经营效率的提升,公司商业目的的成就。一个优秀的合同管理体系,就像是一座坚固的桥梁,将公司的需求与市场的机会紧密相连,让商业交易的每一步都坚实而稳健。

第二节 合同管理对象

在开展合同管理之前,确定合同管理的对象亦即合同管理的范围,有助于合同管理过程更加具有针对性,从而提高管理效率。显而易见,书面合同、有名合同划入合同管理范围之内,是题中应有之义,那么,以口头形式或其他形式订立的合同、无名合同是否需要纳入合同的管理范畴呢?

一、合同管理不仅限于书面合同,还包括口头或其他形式合同

合同形式是合同内容的外在表现形式,体现了当事人双方的合意,但是,合同的成立并不以书面形式为要件。根据《民法典》第469条第1款的规定:

"当事人订立合同,可以采用书面形式、口头形式或者其他形式。"因此,只要法律没有明确规定或者当事人没有特别约定要采用特定形式订立合同的,当事人之间都可以通过语言表示或其他形式订立合同。书面合同尚有"管理"的对象,那么口头合同或其他形式订立的合同,是否就没有合同管理的必要呢? 答案当然是否定的。

首先,法律虽然没有禁止以口头形式订立合同,但是为了维护交易的稳定性,根据"谁主张,谁举证"的一般举证原则,双方一旦发生争议,当事人必须举证证明双方之间存在合同关系以及相应内容,否则将面临举证不能的不利法律后果。因此,以口头或其他非书面形式达成的合同,要注重合同订立、履行证据的收集、整理、留存,以防出现争议之时,无法证明己方的主张而面临败诉的不利后果。

其次,在实践中,以口头形式订立的合同,并非没有任何文字资料。相反,口头合同往往在合同履行过程中产生大量的文字资料,而这些资料对于证明合同关系的存在以及合同关系的内容有着至关重要的作用。根据《最高人民法院关于审理买卖合同纠纷案件适用法律问题的解释(2020 修正)》第 1 条规定,"当事人之间没有书面合同,一方以送货单、收货单、结算单、发票等主张存在买卖合同关系的,人民法院应当结合当事人之间的交易方式、交易习惯以及其他相关证据,对买卖合同是否成立作出认定。对账确认函、债权确认书等函件、凭证没有记载债权人名称,买卖合同当事人一方以此证明存在买卖合同关系的,人民法院应予支持,但有相反证据足以推翻的除外"。因此,在以口头形式或其他形式订立合同的情况下,更应该要注重合同管理,对合同履行过程中产生的送货单、收货单、结算单、发票、对账确认函、债权确认书等文字资料,应妥善保管,其重要性等同于合同文件。

综上所述,合同管理的对象不仅限于书面形式订立的合同,还包含口头形式或其他形式订立的合同,以及在合同履行过程之中形成的送货单、收货单、结算单、发票、对账确认函、债权确认书等文字资料。

二、合同管理不仅限于有名合同,还包括无名合同

《民法典》合同编规定了,包括买卖合同、赠与、借款合同、委托合同等 19 种有名合同,在奉行合同自由的立法精神之下,只要法律没有限制且不违反社会公序良俗,当事人之间还可以订立除《民法典》合同编规定的 19 种有名合同之外的合同,也就是无名合同,这也是为了应对市场日益变化、满足当事人的交易需求。事实上,法律规定各种有名合同的权利义务关系,其主要目的在于:一方面,可以为民事主体提供一个合同模式和交易平台,降低交易费用,减少谈判时间,以加快经济流转;另一方面,在当事人的约定符合有名合同规定的情况时,给出一个明确的法律后果,以便民事主体在签约之初即能清楚预见法律后果。然而,这并非要求民事主体签订的合同都必须符合规定且不允许有改变,法律仍然允许当事人在《民法典》合同编规定的有名合同外另行约定其他性质的合同,亦即无名合同,事实上,在商事交易中存在大量的无名合同。无名合同系商事主体在谈判中出于各自商业利益所进行的博弈结果,只要没有违反法律、行政法规的禁止性规定,就应当受到法律保护。因此,合同管理行为的对象不仅包括有名合同,还包括无名合同。

三、合同管理不仅限于"合同",还包括双方达成的其他合意文件

在我们的日常经济交往活动中,除了各式各样的"合同"之外,还存在大量的"会议纪要""意向协议"等文件,这些文件或是不以合同命名(如"会议纪要"),或是虽以"协议"命名,但名称里还指向着"意向",如"意向协议",这些文件可以算是合同文件吗?根据《民法典》第464条第1款的规定:"合同是民事主体之间设立、变更、终止民事法律关系的协议。"由此可见,考察一份文件是否构成"合同",不以名称是否具备"合同"为限,只要在内容上是平等民事主体之间设立、变更、终止民事法律关系的协议,是各方当事人的一致意思表示,且该意思表示的内容具体明确,具有可执行性,当事人并无排除受其约束的意思,则具备了民事合同的要件,那么就可以称为合同。实践中,当事人在缔约过程中形成的各种文件,如意向书、议事录、备忘录等,如果其内容足以构成合同,应认定为合同。[1] 因此,合同管理的对象,不仅包含那些名称叫合同的文件,也要囊括那些不一定叫合同但是内容却符合合同要求的法律文件。

综上所述,合同管理的对象不局限于口头合同、有名合同,还应包括以口

---

[1] 参见最高人民法院民法典贯彻实施工作领导小组主编:《中华人民共和国民法典合同编理解与适用(一)》,人民法院出版社2020年版,第221页。

头形式、其他形式订立的合同、无名合同以及非以"合同"命名的、但满足合同构成要件的其他文件。

第三节 合同管理原则

一、全面管理原则

合同管理的全面管理原则体现为全员参与、全过程管理两个方面,即纵向和横向两个维度。

合同管理不是专属于某个部门或者某个岗位的事,而是与合同有关的各个部门、各个岗位共同的事情,具有全员参与性。合同管理一般按照业务主管部门承办、各相关业务部门审查、法务部门归口管理、外聘律师专业审核、总法律顾问统筹管理、法定代表人或授权代表决策及签署等一系列环节进行。在组织架构和公司治理层面,公司需要对参与合同管理全过程中内部相关部门设置明确的部门职责,对员工制定相应的岗位职责,对公司领导的分工、授权予以明确。合同管理没有局外人,合同管理的过程是公司内部各个部门、各个岗位各司其职、协同合作的过程。合同承办部门应当履行第一道防线责任,结合合同谈判磋商等情况把好第一道关,内部履行事前审批和决策程序。合同承办部门及相关业务部门应当对标的名称、质量、价格、数量、履行期限等具体业务技术要求进行审核。财务部门应当对合同价款、资金收支等履行合同管理责任。法务部门负责对合同主体适格、内容合法合规、权利义务对等、文字表述规范等进行审查。

合同管理同时也是全过程管理,涵盖合同前期调查、谈判、合同文本拟定、合同审批、合同签署、履约跟踪、合同变更、合同终止、争议解决、合同档案管理等环节,缺一不可。任何一个环节的管理不当,都有可能引发合同风险,导致合同风险管理工作前功尽弃、功亏一篑。

二、动态管理原则

合同管理从来不是"刻舟求剑"能达到效果的,也没有一劳永逸的合同风险管理,必须根据外界和内部情况变化主动加强风险动态防控。合同管理的动态管理原则要求合同管理全过程要具备动态监测和风险预警、救济功能。

合同从立项、签订到履行是一个动态的过程，合同各方及履约环境等，一切条件都可能随时发生变化。合同赖以存在的交易基础发生了变化后，出于利益的考量，合同各方都会有作出相应变化的需求，以最大限度保护己方利益。传统合同管理工作中存在重前期审查，轻事后履约管理的缺陷，对合同履约跟踪检查不到位，合同风险监控、反馈不及时，导致合同出现履约风险后被动应对，公司遭受不必要的损失。动态管理原则要求在合同签订后，合同承办部门应指派专人，负责跟踪合同履行情况，并及时向部门领导、法务部门和公司领导报告履约情况。责任人实践中通常为合同承办人。

合同台账是公司管理层全面了解掌握公司合同签订和履行情况的重要途径，也是公司管理层掌握公司经营状况的重要信息资源之一，因此，动态管理合同要求必须建立合同台账报送制度。定期统计分析合同基本信息和履约情况，及时发现经营中的问题并采取相应措施，可以有效防范合同风险。

三、权力制约原则

管理就是行使权力的过程，一切管理活动都必须遵循权力制约原则，在权力之间形成制约。一方面，个人或某一部门的知识领域总是有局限性的，通过和其他部门的相互制约、联系，可以取长补短；另一方面，人性中有自私的一面，有谋求自己利益最大化的一面，也有不愿承担责任的一面，出于防范道德风险的需要，建立起管理中的权力制约机制十分必要。

在合同管理中，权力制约原则要求合同管理的各个环节都必须由不同层级、不同部门、不同岗位的人员负责，以互相制约、避免弊端。同时，发挥各个部门、人员、层级的专业优势，形成合力，共同实现合同目标。从职能部门设置的角度来看，分别设置合同承办部门、合同审批部门、合同监督部门、合同主管部门等部门并委以不同职责，有助于各部门之间相互制约、相互配合，以实现合同利益，从而为公司创造利润。从公司管理的角度来看，业务审批权和风险管理权掌握在同一人手中，则会导致权限过于集中，缺乏制约，易产生道德风险。将业务审批权与风险管理权相隔离，即分管业务的领导和分管风险的领导应为不同的人员，可以确保各方人员的相对独立性，同时又起到相互制约的作用，有助于合同管理实效性的充分发挥。

四、合法合规原则

习近平总书记指出,社会主义市场经济本质上是法治经济[1],这就要求市场经济的参与主体必须遵循法律规范的规定,依法开展公司经营活动。法律规范为市场经济主体实现可期待利益提供制度保障。只有市场主体都在法律法规的框架下,依照合同约定开展经济活动,市场经济的正常秩序才有可能得以维持,公司才能通过合同创造价值,获取利润。因此,依法管理是合同管理工作的前提,合同的签订及履行均要遵循合法性原则,不得违反国家法律、法规及相关规定。

根据我国《合规管理体系要求及使用指南》(GB/T 35770—2022)规定,合规的"规"包括三个层次:一是法律、法规,二是公司内部的规章制度,三是公司应遵守的道德规范。要保证合同管理工作合法合规,首先要对合同所涉及的相关法律法规、行业规范和标准有充分的了解和研究,以确保合同的内容不会违反相关规定,具备法律的有效性。其次,作为一种内部管理,合同管理必须遵循公司内部的规章制度。公司自身的规章制度不是可有可无的一纸空文,而是合规性管理的重要内容。在合同管理的实践中,明显的违法行为通常是不多见的,反而违规的行为却时有发生。无视制度规定或跳跃流程签订合同的,该合同可能会因为没有经历必要的内部控制及风险防范程序而存在漏洞,进而导致合同发生风险。因此,合同管理在大多数情况下进行的是纠正违规行为的工作,而不是违法的行为。

随着经济全球化的加速,各国政府开始对奉行自由竞争的市场主体进行适当管制,特别是对公司的合规经营要求越来越严格。对于有国际业务的公司而言,对外签订合同除要遵守本国法律法规的规定外,合规性还应该包括遵守国际公约、联合国决议、各国政府关于公司经营活动的具体政策法令、公司自身规章制度以及行业道德规范。

五、事前预防为主、事中控制、事后救济为辅的原则

古语有云:"不战而屈人之兵",合同管理应首先做好事前预防,在合同签订之前尽可能规避一些不必要的风险和纠纷。合同管理的工作,始于双方业

---

[1] 参见《人民日报整版探讨:社会主义市场经济本质上是法治经济》,载人民网,http://opinion.people.com.cn/nl/2023/0619/c1003-40016510.html。

务的接洽,在客户选择阶段,我们就应该进行潜在商业合作伙伴资信审查,防止一些列入失信被执行人、受到重大行政处罚、履约资质资格缺失等问题的公司成为合作对象。在项目尽调阶段,以促成商事交易为目的,充分考虑合同签订、履行的各项风险,通过交易架构设计、合同相对方承诺陈述或约定违约责任方式,防范、化解风险。

合同管理的事中控制方面,主要是要做好合同履行监督管理,当合同履约过程出现异常,可能导致合同无法继续履行或出现履行与合同的约定不符时,我们应及时发现问题,制订防范风险的对策,从而将风险损失程度降到最小,将收益做得最大。

俗话说,"亡羊补牢,为时未晚",当合同履行出现风险之后,及时展开事后救济,不容忽视。当已经进入诉讼、仲裁阶段,如果救济及时、手段妥当,公司损失还可部分乃至全部挽回。因此,合同管理工作应坚持事前预防为主、事中控制、事后救济为辅的原则,确保合同目的的实现。

六、风险防控与经济效益相结合

合同风险管理工作过程中,应当坚持将合同的风险识别、管控和公司的经济效益相结合的原则。合同风险管理,并不是为了实现风险为零,其根本目的还是在于促成商业交易、实现公司利润、促进公司长远发展。首先,应当针对交易对手、交易事项做好全面的商业、财务、法律尽调工作,力求通过合同谈判、交易架构的设计,最大限度地防控风险。其次,在风险可控的前提下,尽可能提高服务效率。通过建立合同谈判风控指引、商业合作伙伴资信审查办法等,提高业务部门的风控水平;通过建立合同示范文本、合同条款库、合同法审清单等方式,积极提高合同管理的工作效率。最后,没有完全无风险的商业活动,不能因为存在合同风险而否认合同的可行性。在预判商业活动风险的基础之上,公司从自身风险承受能力出发,做出商业决策,才可以实现商业利益。更有甚者,有些商业合作事关公司的生死存亡,基于公司战略、重要客户维护、公司生存维持等方面考量,哪怕是无利可图,公司也应当承受一定的风险,开展商业合作。

第二章　合同管理的体系建设

第一节　合同管理体系概述

　　管理是平衡的艺术,也是实践的艺术。一个组织、成员能够召之即来,来之能战,战则必胜,就必须有一套非常高效的协作机制。究其底层逻辑,必然都存在一条核心管理与执行原则:凡事有交代,件件有着落,事事有回音。

　　一项合同从立意之初到执行完毕,一般要经历合同策划、调查、初步确定准合同对象、谈判、拟订合同文本、审核、正式签署、分送相关部门、履行、变更或转让、终止、纠纷处理、归档保管、执行情况评价等环节。就管理的角度而言,可将其划分为四个阶段:一是合同准备阶段,包括合同策划、调查、初步确定准合同对象、谈判、拟订合同文本、审核等程序。二是合同签署阶段,包括正式签署合同、将合同分送相关部门等程序。三是合同履行阶段,包括合同履行、变更或转让、终止、纠纷处理等程序。四是合同履行后管理阶段,包括合同执行情况评估、合同归档保管等程序。[1] 合同管理流程如图 2-1 所示。

---

[1] 参见朱锦余:《合同管理流程及其主要风险分析与控制研究》,载《会计之友(中旬刊)》2009 年第 5 期。

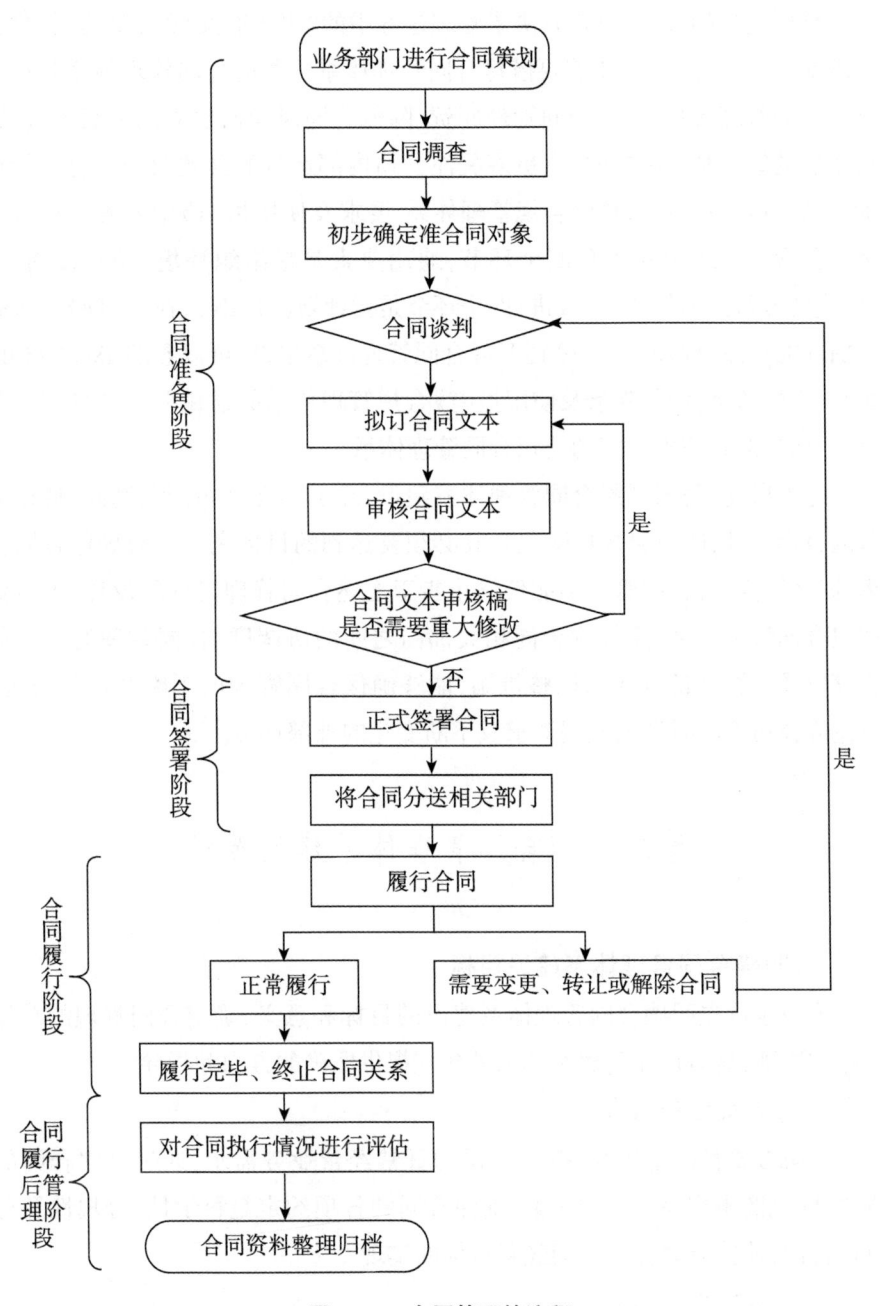

```
                    ┌─────────────────────┐
                    │ 业务部门进行合同策划 │
                    └──────────┬──────────┘
                               ↓
                    ┌─────────────────────┐
                    │      合同调查       │
                    └──────────┬──────────┘
                               ↓
                    ┌─────────────────────┐
         合同        │  初步确定准合同对象 │
         准          └──────────┬──────────┘
         备                     ↓
         阶               ◇ 合同谈判 ◇ ←──────────┐
         段                     ↓                 │
                    ┌─────────────────────┐      │
                    │    拟订合同文本     │ ←─┐  │
                    └──────────┬──────────┘   │  │
                               ↓              │  │
                    ┌─────────────────────┐   │  │
                    │    审核合同文本     │   是 │
                    └──────────┬──────────┘   │  │
                               ↓              │  │
                        ◇ 合同文本审核稿 ◇ ──┘  │
                          是否需要重大修改       │
                               ↓否              是
         合同                   ↓                │
         签        ┌─────────────────────┐      │
         署        │    正式签署合同     │      │
         阶        └──────────┬──────────┘      │
         段                   ↓                 │
                    ┌─────────────────────┐    │
                    │ 将合同分送相关部门  │    │
                    └──────────┬──────────┘    │
                               ↓               │
                    ┌─────────────────────┐    │
                    │     履行合同        │    │
         合同        └────┬───────────┬───┘    │
         履            ↓                ↓       │
         行    ┌──────────┐  ┌────────────────────┐
         阶    │ 正常履行 │  │需要变更、转让或解除合同│──┘
         段    └────┬─────┘  └────────────────────┘
                    ↓
              ┌──────────────────┐
              │履行完毕、终止合同关系│
         合同  └────────┬─────────┘
         履             ↓
         行      ┌──────────────────┐
         后      │对合同执行情况进行评估│
         管      └────────┬─────────┘
         理               ↓
         阶      ╭──────────────────╮
         段      │  合同资料整理归档  │
                 ╰──────────────────╯
```

图 2-1　合同管理的流程

合同流程的设计,只是解决了管理过程中的"事事有交代",要达到"件件有着落、事事有回音",还需要搭建合同管理体系。所谓合同管理体系是指为规范合同管理流程、明确合同管理职责、降低合同风险而建立的一套系统性、科学性的管理制度和方法,它更多关注公司内部运行的高效及公司合规管理的要求。ISO 37301:2021《合规管理体系 要求及使用指南》中明确合规管理体系包含七个通用要素和四个环节,通用要素是指组织环境、领导作用、策划、支持、运行、绩效评价、改进;四个环节是指计划(PLAN)、执行(DO)、检查(CHECK)、改进(ACT)。公司开展合同管理体系建设,可以参照 ISO 37301:2021《合规管理体系 要求及使用指南》合规管理体系的通用要素和管理环节设置,构建或者完善合规的公司合同管理体系。

综上所述,公司开展合同管理体系建设,除了实现公司商业利润、持续运营的目标之外,防范合规风险也是其必须要达到的目标之一。要确保合同管理的科学、高效,合同管理不能仅仅止步于上述合同管理流程的设计,更需要搭建合同管理体系,要关注合同相关部门之间的协调度、合同管理的信息化程度以及是否具备有效的调整机制,能够确保合同管理的不断改进和完善,以适应公司不同时期的发展需求及不断变化的外部环境。

第二节 合同管理体系建设要求

一、明确合同管理体系建设目标

公司应首先明确合同管理体系建设的目标和意义,确定合同管理的总体思路和原则,这有助于为整个体系的建立提供明确的方向和指导。

(一)满足经营需求

公司首要目标是生存,按照公司的日常经营业务需求,通过订立合同的方式,固化商事交易的各项条款,确保合同的各项约定是科学性、合规性及可供执行性,才能有效保障公司经营目标的实现。

(二)实现公司利润

合同是商事行为的书面化体现,通过确定的、可预期的方式,使公司可以有效控制经营成本、合理安排资金、保障资金安全,在此基础之上,确保公司经营利润目标实现。

(三)防范合规风险

公司在进行合同的签订、履行等各环节工作过程中,需严格遵循国家法律法规、监管规定、行业准则和国际条约、规则以及公司章程、相关规章制度等要求,标准、规范地进行合同的制定、签订、履行、保管等工作,有效防控合同合规风险,提升依法合规经营管理水平,实现合同合规效益的有效发挥。

二、制定并完善合同管理制度

根据公司的需求和特点,制定符合其实际情况的合同管理制度,确保合同管理的各个环节都有明确的规范和流程,从而降低合同纠纷的发生概率,减少处理合同纠纷的成本。按照合同管理全周期的要求,就合同管理全过程的每个环节,建立和健全具体、可操作性的管理制度,如合同管理制度、授权委托制度、印章管理制度、合同审核制度、合同台账管理制度、合同档案管理制度、合同相对方管理制度等。把合同之规的外规内化到合同的管理制度中,将其标准化流程化,让公司员工能够执行落地。

三、建立、健全分级授权管理制度

众所周知,自《公司法》立法之初,我国通过借鉴并融合英美模式、德日模式公司的公司治理结构设计,逐步建立起具有中国特色的"股东会中心主义"的治理模式。2023年12月29日,在《公司法》立法30周年之际,我们迎来了《公司法》再一次"大修",此次公司法的修订最突出的一点,就是以重新分配董事会的权利和责任为切入点,构建董事会中心主义的公司治理模式。公司治理模式是公司治理制度的安排,是给公司提供一种运行的基础和责任体系框架,而公司管理主要涉及具体的运营过程,二者考察公司的角度、研究公司的核心内容、在公司管理中的地位和发挥的作用均有所差异。但是二者并非完全割裂,而是通过"价值创造"这一共同目标有机联系起来的。

以股东会为中心的治理模式出现各种难以自愈问题,以董事会为中心的公司治理模式的治理效果有待时间考验。无论处在哪一种治理模式之下,在合同管理体系的搭建过程之中,为了实现"价值创造",合同管理体系建设都应该要衔接公司治理架构的设计,结合自身经济业务性质、资产规模状况、风险承担倾向,构建合同分级授权管理制度,属于上级管理权限的合同,下级部门或单位不得擅自签署。

合同管理分级授权主要遵循合同的重要性(亦即与股东权益的关联性的重要程度)这一核心原则,去分配不同层级、不同部门的审批权限。具体而言,关注合同交易金额是否重大、是否属于关联交易、是否涉及公司的战略目标(融资或投资)等方面。若是合同标的额重大、重大关联交易或涉及公司的战略计划的实施,因其攸关股东核心权益,必然需要取得股东会的审批同意;在股东会授权之下,董事会(执行董事)和总经理可以根据股东会的授权,审批确定相关交易;为提高经营效率,一些与公司日常经营的业务相关,且发生频率高、金额相对较小的合同,也可以直接授权业务经理按照既定的合同审核流程审批确定。

(一)合同标的额重大

合同的金额客观上反映了合同的重要性,但是由于各个公司的规模、发展情况存在不一致之处,因此无法用统一的绝对数值确定"重大"。实践中,一般立足于公司自身发展及日常业务经营情况,通过确定"重大"合同标的额的绝对数值,例如,合同标的额达100万元以上的合同应提交股东会审议;合同标的额达50万元以上不足100万元,由董事会审议通过;公司总经理可以自行决定签署合同标的额在50万元以内的合同。

(二)关联交易

要定义"关联交易",必须先明晰"关联关系"的定义。公司法以保护公司利益为己任,故将关联关系定义为"公司控股股东、实际控制人、董事、监事、高级管理人员与其直接或者间接控制的公司之间的关系以及可能导致公司利益转移的其他关系",在存在关联关系的关联方之间发生的交易,可以称为"关联交易"。从人性角度出发,关联关系之下的交易难免有利益转移、利益输送之嫌,为避免争议、维护交易的稳定性,一般对"关联交易"不做额度划分,关联交易统一交由公司权力机关(股东会)审查并作出决议后方可订立。法律对此并无相关强制性规定,因此,各公司可根据自身个体的差异,确定是否要区分关联交易的"审核额度",例如,将部分小额度的关联交易的审批权限下放至董事会或公司经理决定,或者根据交易的发生频率,将日常关联交易经股东会一次审议之后,审批权限下放至董事会或经理层。

(三)重大合同

合同是否"重大",可结合合同标的额占公司最近一期的总资产或净资产的比例确定。例如,公司董事会有权审议并决定公司对外担保事宜,但在一年内担保金额超过公司最近一期经审计总资产30%的担保需经股东会审议通过。除了以金额界定"重大"之外,还应对重大投资类、融资类、担保类、知识产权类、不动产类合同等重要合同加强管理,规定由股东会负责审批决定,或根据股东会的授权,由董事会予以审议确定。

四、明确合同管理职责分配

在合同管理体系搭建过程中,具体的合同管理职责的分配,主要取决于公司的组织架构和运作模式。合同承办部门主要负责业务合同的签订和执行,财务部门主要负责合同的财务管理和审核,法务部门主要负责合同的法律审查和咨询工作,审计部门主要负责合同履行情况的监督和评价,此外,有些公司专门设立合同管理部门,负责合同的整体管理工作。合同管理是一项全员参与、高层领导的重要工作,需要充分发挥各方的作用,在治理结构、机构设置及权责分配、业务流程等方面形成相互制约、相互监督的机制。为确保合同的高效执行和管理,在具体的合同管理工作中,合同管理部门或负责人需对本部门合同的签订、执行、监督等工作负责,公司的高层管理人员,如总裁、董事长、副总裁等作为合同管理的最终责任人,统领公司的战略方向的确定和政策的制定。

不同公司的业务部门的设置各有差异,一般而言,业务部门及财务部门是公司的常设、必设部门,而法务部门、审计部门和合同管理部门,则视公司自身的发展状况和业务规模而定。即使未设置法务部门、审计部门或专门的合同管理部门,无论是通过"外派"(聘请法律顾问审核)或"内销"(内部相关专业的专职人员)的方式,公司也应将相对应的合同管理职责落实到位。各部门的职责划分情况示例如下[1],仅供参考。

---

[1] 参见朱锦余:《合同风险管理与内部控制:理论·实务·案例》,大连出版社2010年版,第16~18页。

业务部门：（1）组织本部门员工认真学习和贯彻执行国家法律规范及公司合同管理制度；（2）对相关业务的合同进行前期策划与调研，全面了解、核实相对方的资信情况、履约能力、商业信誉等，提出相对方的合同风险评估报告，连同相关证明文件的复印件（如营业执照、经营许可证、资信证明、法定代表人或其授权代理人的资格证明、最近经审计的财务报告等）提交给法律事务部；（3）组织合同谈判，草拟相关合同文本，并确保条款清晰、准确、完整；（4）根据公司管理规定的合同审批权限，及时将合同报有关部门和公司领导审核、批准；（5）履行相关的合同，并对相对方履行合同情况进行全过程监控；（6）对本部门的合同订立、履行等情况建立合同台账，并按规定向公司领导及相关部门沟通信息和报送合同统计表；（7）及时向分管领导报告合同履行过程中的重大问题，并提出解决措施的建议，根据规定和分管领导指示办理合同的解除、变更、转让、终止等事宜；（8）按管理职责参与合同纠纷的协商、调解、仲裁、诉讼，负责经办合同纠纷的处理；（9）建立并完善本部门合同业务中的债权债务档案和相对方的资信档案及其与公司交易的诚信档案；（10）根据公司合同管理规定制订本部门的合同管理细则及合同文档管理办法；（11）保管合同的相关文件或相关资料，按规定将签订的合同文本分送相关管理部门和领导，并按时将合同文本及相关资料送交档案管理部门存档保管；（12）对本部门合同签订和履行情况以及执行公司合同管理制度情况进行自我评价和监督，不断改进合同管理水平。

财务部门：（1）对合同中价款或酬金条款以及结算期限与方式的合理性的审查；（2）按照合同规定及时结算价款或酬金，控制资金的收入或使用；（3）提醒业务部监控合同的履行，特别是对方存在违约行为时；（4）监督业务部正确履行合同，抵制损害公司利益的行为。

法务部门：（1）具体拟订公司合同管理制度和实施细则；（2）宣传与合同有关的法律法规知识；（3）规范公司日常使用的格式合同文本；（4）审核各类送审合同，确保公司合同文本的合法性、可行性和严密性；（5）指导和监督业务部门的合同订立及其履行情况，参与公司重要合同签订的全过程，协助起草重大合同文本；（6）参与重大客户的资信调查；（7）对合同订立、履行及管理过程中出现的问题及时向公司领导和有关部门汇报或通报，并积极提出建议;(8)对发生的合同纠纷,配合有关部门和公司领导查明情况,采取相应的措施,并代公司参与合同纠纷的仲裁或者诉讼活动;(9)对公司签订的合同编号、登记、分类保管,建立健全合同台账,按月向有关领导和部门报送当月合同的签订、履行情况;(10)管理公司合同专用章;(11)与律师事务所等中介机构保持日常联系;(12)向政府有关部门、中介机构进行法律咨询,配合有关部门查处利用合同进行的违法活动。

审计部门:(1)监督业务部按照公司合同管理制度的规定订立、履行合同;(2)对业务部拟订的合同文本的合法性、经济性、可行性、严密性、风险可控性等进行审计,并提出改进建议和意见;(3)对重大合同履行情况进行事中审计监督,及时发现问题,提出审计意见和建议;(4)定期对公司合同管理制度设计和执行的有效性进行评价,并提出改进意见和建议。

五、确定合同归口管理部门

有的公司根据自身的业务情况,专门设立合同管理部门,统筹合同管理工作,包括但不限于制定合同管理制度、审核合同条款、管理合同标准文本、管理合同专用章、定期检查和评价合同管理工作、采取合同风险控制措施,以促进合同的有效履行。为节约用人成本、精简公司部门设置,公司可以不去专门设置合同管理部门,但是,公司必须确定合同统筹管理部门,例如,确定财务部门、法务部门为合同统筹管理部门,对合同实施统一规范管理。

六、加强人员培训

合同管理体系建设离不开完善的合同管理制度,合同管理制度用文字记录合同管理的全部内容。然而,若不把制度落地化,再完善的制度也只是空中楼阁。为严格执行合同管理制度,公司必须定期组织合同培训工作,解读、宣传、贯彻落实各项合同管理制度,提升全员的合同管理意识和合同管理水平。例如,让法务部门或合同管理部门的主管人员定期或不定期地就法律法规与典型案例组织合同管理人员进行培训。其中,法律法规的培训主要包括基础的法律法规培训和新法律法规的培训;而案例的培训通常是指源于公司日常合同管理实践的已经发生纠纷的案例进行讨论培训。当然,在培训内容上不仅要包括法律法规的培训、典型案例的培训,还要包括公司合同管理制度和流程变更的培训。除此之外,公司还可以引进外部培训,由于外部合同管理培训人员的专业性，其在整体培训上更具系统性，且其培训内容设计是在综合各个公司经验的基础上所整理出来的，对于公司合同管理来讲具有参考性和实用性。通过组织外部培训能够使公司人员对合同管理有一个系统的认识，对常见的合同纠纷也能有更直观、更系统的学习。

七、加强履约监管、建立履约责任追究制度

（一）加强履约过程监督

只注重合同条款的审核，不注重履约过程的监督和管理，是很多公司经营者的通病。然而，如果未按照合同所约定的期限、质量、技术标准等履行相应合同义务，后续产生合同纠纷时往往会导致公司遭受巨大损失。因此，公司业务部门应当定期向法务部门/合同归口管理部门等汇报合同履行情况及效果，建立相应的监督机制，对合同管理制度的执行情况进行定期检查和评估，确保制度的有效落地和执行。

（二）完善合同履约评价机制

合同履约评价是对合同履行情况进行全面、客观评价的过程，考核、评价各部门及相关负责人在合同准备、签署、履行以及归档等方面的工作的情况。在实践中，应注意确保评价结果的客观性和准确性。首先，要建立完善的评价指标体系，明确各项指标的权重和评分标准。其次，要收集全面、准确的履约数据和信息。最后，要进行客观评价，并公示评价结果。

（三）建立严格的履约责任追究制度

建设合同履约机制的目的不在于单纯的评价，而是通过合同履约评价，纠察履约过程中存在的违法违规行为，并予以相应惩处、追究相关人员责任，以此不断提升公司合同管理水平，防范公司履约风险。

八、积极推进合同管理信息化

随着科技的不断进步和商务活动的日益复杂化，信息化合同管理已经成为当前公司必不可少的工具。

（一）建立信息化合同管理系统

目前，市场上已开发的合同管理软件中，既有针对不同行业开发的专业管理软件，也有通用的合同管理软件，公司可以根据自身的需求、成本考量等因素，选择合适的合同管理软件。对合同管理的各个环节和阶段进行流程规

范,包括合同的准备、合同签署、合同履行以及合同履行后的评估和监督,明确具体的操作方法和要求。确保每一步操作都符合制度要求,减少人为错误和疏漏。与此同时,公司可以将合同管理系统与公司内部其他系统(如 ERP、CRM 等)对接,实现合同流程化系统管理。

(二)用电子合同替代纸质合同

发生突发公共卫生事件期间,特殊需求迫使人们接受"无纸化""远程办公",为了保证业务开展,许多公司都采用远程电子合同签署工具签约。用电子合同替代传统的纸质合同,不仅可以减少纸质合同的存储和管理成本,也避免了原先常用的"传真签""邮寄签"所存在的法律风险,例如,邮寄签约过程中合同被篡改、传真合同作为证据不被认定为原件而承受败诉的后果。

(三)通过数据分析,不断改进合同管理体系建设

通过对合同管理各个环节的数据采集,利用数据分析工具,对合同的执行情况进行数据分析,不仅可以提升合同管理的效率和准确性,避免因信息不对称而带来不必要的合同管控风险;还有助于公司更好地掌握合同情况,及时发现和解决问题,并同步更新、改进合同管理体系,推动合同管理体系不断发展和完善。

公司的状态不是一成不变的,合同管理体系也必须跟随着公司的发展情况而不断改进。在合同管理体系运行过程中,不仅要注重收集反馈意见,对体系进行持续改进和优化;还要根据公司实际情况和市场变化,适时地调整和完善合同管理制度与合同管理流程,确保体系的适应性和有效性。

第三节 合同管理流程设计

一、合同的准备阶段

(一)合同策划

合同的发起源于公司内部的需求,或采购商品、服务,或销售产品,或对外投资,或公司融资等。明确需求,是正式开始合同准备工作的第一步。

责任单位:业务部门(采购部/销售部/投融资部门)

(二)合同调查

对交易对手的主体信息的核查,是开展每一个合同交易之前,必须要做的基础调查工作。除此之外,我们还需要针对不同的需求,确定不同的尽调方向。若是采购,则重点关注交易对手在行业中的地位、口碑、产品质量、同类产品或服务价格等;若是销售,则重点关注公司的支付能力、涉诉情况、偿债能力等;若是对外投资,则需要关注项目资质、运营现状、未来前景等。

对于合同主体的调查,调查范围一般包括目标公司的主体信息、股权结构、关联信息、业务资质、生产经营(可含技术)、资产状况、债务状况、重大交易、涉诉(行政处罚)情况等。对于项目的调查,根据项目类型不同,调查范围需要增加项目资金、运营现状、项目资质、前景规划等。根据合同的重要性,可单独采用网络调查的方式,或结合关键人员访谈、项目实地调研等方式开展合同调查工作。若是项目或交易特别重大,还可聘请独立财务、法律服务团队进行专业的尽职调查。

责任单位:业务部门(采购部/销售部/投融资部门)

(三)合同谈判

合同谈判是交易双方对合同内容和条款的核心部分乃至关键细节进行磋商、确定的过程,在谈判之前,要和核心决策人员提前沟通好谈判细节、谈判条件,避免出现经办人员越权代理,过度承诺和不当让步一样,都会给公司造成巨大损失。

通常认为合同谈判的工作归口于业务部门,然而,根据笔者的经验来看,法务部门、财务部门的提前介入、提供专业支持非常有必要,既可以避免对合同关键条款的忽略或作出了不当的让步,也可以避免合同的签署因不符合国家产业政策和法律法规要求而遭受损失。因此,要根据合同的情况,在合同谈判前组建素质良好、结构合理的谈判团队,如除业务人员外,邀请技术、财会、审计、法律等方面的人员参与谈判,必要时还应当聘请外部专家参与合同的相关工作。

责任单位:业务部门(采购部/销售部/投融资部门)

辅助单位:财务部门/法务部门/审计部门/技术部门

(四)拟订合同文本

若公司已预先制定示范合同文本,则可以直接适用该示范合同文本;若无示范合同文本,则需要结合合同谈判情况,由业务承办部门起草合同文本,法务部门、财务部门可提供必要支持。如果国家或行业有合同示范文本的,可以优先选用,但对涉及权利义务关系的条款应当进行认真审查,并根据实际情况进行适当修改。如果由对方提供合同文本,应当认真审查合同的每一个条款,确保合同内容准确反映公司诉求和谈判达成的一致意见。

责任单位:业务部门(采购部/销售部/投融资部门)

辅助部门:法务部门/财务部门

(五)审核合同文本

根据本单位《合同管理制度》的规定,合同的主要审核部门是财务部门和法务部门,业务经办部门应将草拟/确定的合同文本提交财务部门、法务部门审核,财务部门主要是针对付款条件、付款期限、税负承担等财务条款进行审核,法务部门则对除财务条款之外的其他合同条款进行全面审核。需要注意的是,业务部门不能仅提交合同文本,还应当把交易对手的主体信息、上述业务部门开展的尽职调查报告、合同谈判磋商的记录等,一并提交审核,以便审核人员能够做出更加全面、准确的判断。合同文本经审核之后,存在需要修改之处的,业务部门应根据修改意见或建议,修改、完善合同条款,后再次提交财务部门、法务部门审核,直至审核通过。

责任单位:财务部门/法务部门

二、合同的签署阶段

(一)签署注意事项

为避免合同文本内容在签署阶段被篡改,应指定专门人员负责合同的签署。为确保合同主体均按照合同生效条款完备签署,如约定需加盖公章且授权代表签字,在加盖公司印章(公章或合同专用章)后,务必审核是否有公司法定代表人或由其授权的代理人签字。若公司法定代表人授权代理人签署合同的,应当附有授权委托书。若合同交易方为自然人的,要确保自然人加印指纹,并将自然人身份证件复印件留作合同附件。

在合同签署过程中,务必特别留意"留白",并通过在合同各页码之间加盖骑缝章、使用防伪印记、使用不可编辑的电子文档格式等方式,以防止合同后续被篡改。对于合同内容有手写修改的地方,需要保证每份合同所修改的内容一致,并且由双方在修改处进行签署确认。

责任部门:业务部门(采购部/销售部/投融资部门)

(二)原件及时存档

合同签署完毕后,应及时将原件交给存档部门存档,并由合同执行部门(业务部门)、财务部门留存合同副本,以便随时查阅合同并按照合同约定内容履行合同。

责任部门:业务部门(采购部/销售部/投融资部门)

三、合同的履行阶段

(一)正常履行

根据《民法典》第509条的规定:"当事人应当按照约定全面履行自己的义务。当事人应当遵循诚信原则,根据合同的性质、目的和交易习惯履行通知、协助、保密等义务。当事人在履行合同过程中,应当避免浪费资源、污染环境和破坏生态。"在合同履行过程中,双方当事人都要按照合同的约定、交易习惯等,严格执行合同,合同执行负责人(业务部门主办)督促公司各部门推进合同履行进度,如按时付款、及时验收、按时提交产品等。公司既要保证己方按照合同约定履行义务,也要随时关注交易对手合同的履约情况。

(二)合同出现纠纷

合同履行是合同管理过程中最难控制的环节,若公司未建立信息化合同管理系统,即采用"人肉管理"合同,那么合同履约管理的难度就更大。受限制于跨部门合作、人员分散等客观因素,"人肉管理"情形之下,或多或少存在合同履行的数据难以有效采集、双方的履约证据无法全面收集、履行偏差之下无法及时纠偏等弊端。这就要求合同执行负责人要协调公司内部各个职能部门,及时跟进合同履行情况,收集保存合同履行证据。

1.统一对外意见发表

在一份合同的履行过程之中,与交易对手沟通或者协商的,只能是合同执行负责人。多头联系,将给公司合同管理制造更大的障碍。例如,因信息不对称,容易导致的某些人员对合同信息的了解是片面的,那么在不全面掌握全部合同履行信息的情况下,其对合同履行某些事项所发表的结论意见就偏离合同的目的,往往使公司在后期的纠纷处理过程中处于不利地位。

2. 及时联系法务部/外部法律顾问

在合同履行过程中,一旦客户出现违约情形或对合同的履行提出异议,合同执行负责人应立即联系公司的法务部或外部法律顾问,寻求法律帮助,根据情况行使合同履行的三种抗辩权(同时履行抗辩权、先履行抗辩权及不安履行抗辩权),以保证公司不会因单方继续履行而产生更多的损失。

合同履行过程之中,若出现履行障碍应及时通知对方,并协商处理方式。需要特别注意的是,应使用合同约定的联系方式(约定人员、约定地址)发送通知、变更等信息。若对方无视己方的通知和协商要求,公司应及时采取救济手段、提起法律救济程序,以免超过诉讼时效。

3. 及时更新合同管理系统

信息化手段是当下阶段实现合同履行监控的最佳方法,它能够客观、准确、全面地反映合同的履行过程,并通过数字对比,实现必要的统计分析。通过合同管理系统固化合同管理流程,设置合同在履行中发生变更、补充、终止的专门通道,实现该等合同与原合同的关联。例如,若交易对方未按照合同约定履行义务,法务部门要及时介入,在合同管理系统中设置自动提醒,一旦临近履行期满则系统自动提醒,便于承办人提前做好谈判和签约的准备。

责任部门:业务部门(采购部/销售部/投融资部门)/合同管理部门

辅助部门:法务部门

四、合同的归档和履行评价

(一)合同归档

1. 合同文本归档

公司应根据合同类型、合同价值等因素,定义合同归档的规则,在合同履行完毕后,应对合同进行妥善的归档、保管并对合同进行登记、分析。对于电子合同,使用数字化的归档方式,如网络存储、云端存储等;对于纸质版本合同,合同归档之前进行扫描,留存合同电子版,做到纸质文件与电子文件的统一,日后非必须使用原件时,查询电子版本即可。

合同档案应如实记载合同签订、履行的真实情况,除了收录合同文本之外,还需要对合同履行的全部文字材料要逐一登记归档,包括但不限于合同附件、补充协议、相关的辅助资料、合同履行过程中当事人之间所有有关合同内容的意思表达信件、催告函件等,便于以后的查询和利用。

2. 客户履约数据库

汇总在履约过程中收集到的客户信息,如主体信息、联系方式、业务成交过程中的重点注意事项等,为日后客户回访及老客户维护提供信息支持。

(二) 履约评价

1. 建立客户评价系统

合同执行完毕之后,可以邀请客户对本公司的履约情况及合同执行部门相关工作人员的行为进行评价,以便收集公司在合作过程中的不足,后续开展有针对性的完善改进工作。

2. 建立合同履约评价机制

为评估合同履约情况,切实提升公司履约质量,公司应制定合同履行情况的评价制度,建立合同履行情况评价的操作指南,对在合同履行过程中存在违法违规行为,追究相关负责人员的责任。

公司应组织业务部门、法务部门、财务部门及其他相关部门,在合同履行完毕后,开展合同履行情况评价工作。合同履约评价主要关注三个方面:(1)评估合同目标是否实现,对比合同签订时所确立的目标和当时测算的各项指标与合同实际执行的结果。当两者出现较大差异时,应分析导致偏差的原因;(2)评估合同履行是否完整,检查合同履行的每一个环节,特别是验收和收款,是否按照合同约定履行完整;(3)评估合同是否可持续,总结合同执行中的经验,对合同对方当事人的资质情况、履约能力、信用状况等要素进行评估,根据评估结果考虑将该相关方纳入公司供应商、采购商检索库或是列入公司合同交易相关方"黑名单",避免与有过恶性违约情况的公司再次签订合同,也在一定程度上减少了公司多次核查相关方资信情况的成本。

责任部门:合同管理部门/法务部门/财务部门/行政部门

本书将以一个已设置业务部门、财务部门和法务部门(法务专员)的公司为例,设置合同示范管理流程,如图 2-2 所示,其他公司可根据自身的实际情况予以相应调整。

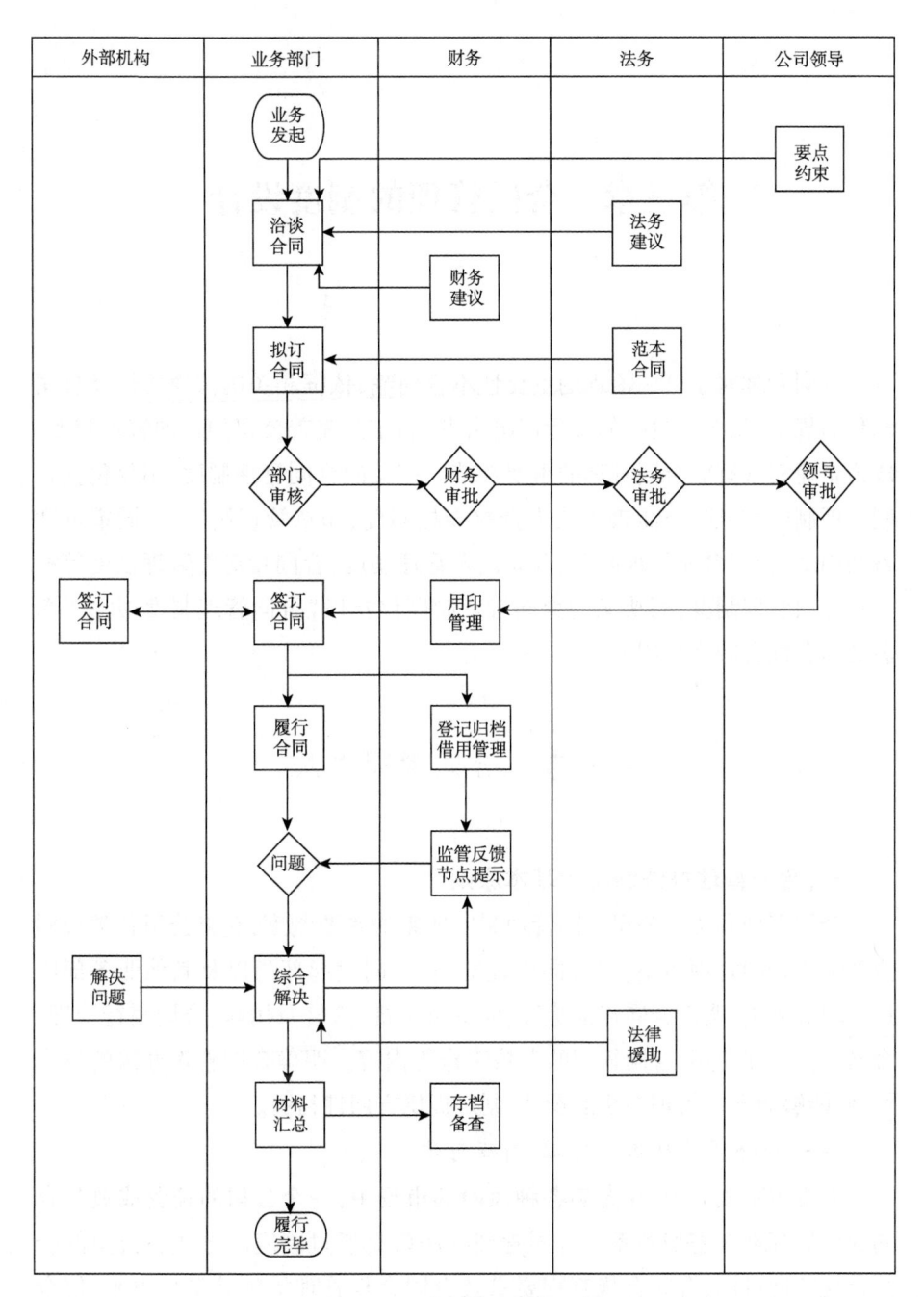

图 2-2　合同管理流程示例

第三章 合同管理的制度设计

合同管理对于公司治理的重要性不言而喻,依据相关的法律法规及公司章程的规定,从企业自身的实际情况出发,制定并完善公司的合同管理制度,成为企业实现有效合同管理的重要环节。广义的合同管理制度,不仅包括合同管理制度/办法,还涵盖了法人授权委托制度、印章管理制度、合同审批和备案制度、合同台账管理制度、合同档案管理制度、合同相对方管理制度等相关的专项管理制度;而狭义的合同管理制度仅指以"合同管理制度/办法"命名的综合性合同管理制度。

第一节 合同管理办法

一、合同管理办法制定的基本原则

合同管理办法是公司合同管理制度体系的首要制度,它将公司各类合同全部纳入合同管理体系,对合同管理部门、合同发起部门以及其他业务部门进行职责分工,明确合同资信管理、评审及审批、签署及用印、合同履行管理、合同的保管和使用、合同管理的考核工作等内容。明确合同管理办法的设计原则,能够为合同管理办法的设计、制定提供方向性指引。

(一)让合同管理有章可循、有规可依

无规矩不成方圆,在充满各种风险的市场中,一个公司的经营成败与合同的合规管理有密切关系。合同管理办法就是通过制度的方式将公司的合同合规管理目标、合同合规管理要求及合同合规管理措施等呈现出来,使合同管理有章可循、有规可遵。

(二)加强全流程管控措施

合同管理办法的设计应涵盖交易对手的选择、合同的签订、合同的履行、合同的验收结算、争议的解决以及合同档案规整等合同的全流程,对合同全流程进行有效监管,以达到法律风险管控的目的。

(三)以公司的实际需求为导向

公司可根据自身所处行业特点、自身风险要点和市场竞争状况等因素,开展合同合规管理,从自身业务规模、商业模式、治理结构、部门设置、人员配备等情况出发,制定适宜的合同管理制度。这不仅可以有效节约合规管理成本,还提高了合同管理办法的可执行性。

(四)附加参考示例以明确制度适用

为保证合同管理办法中各项制度的落地实施,建议在合同管理办法中,应附加相关参考范例,为合同管理实践提供指引。一方面,能够帮助公司员工深刻理解合同管理办法,增强合规管理和风险识别意识;另一方面,参考示例包含对实践中有效做法和成功经验的机制化,内容更为翔实,更有助于帮助员工理解合同管理的具体要求,明确潜在风险,提升合同管理效果。

二、合同管理办法制定的基本方法

合同管理办法应从全面合同管理的横向方面和从全流程管理的纵向方面两个维度展开制度设计。

(一)横向维度:合同的全面管理

公司内部的各项工作均由多部门分工协作,合同管理工作的分工原则同样是各司其职、分工负责。各个部门根据合同管理职责分工,充分履行合同管理责任,才能提高合同管理的质量,有效防范合同管理全过程产生的法律风险。我们应在厘清部门责任边界的基础上,对合同展开全面管理,包括但不限于:(1)建立合同管理部门,统一归口合同审核和管理;(2)积极推进合同管理信息化;(3)加强合同纠纷预警和预防;(4)加强履行监督,及时处理、化解违约纠纷;(5)加强全员合同合规管理培训。

(二)纵向维度:合同的全流程管理

就纵向而言,合同管理,涉及客户选择、合同谈判、尽职调查、合同文本起草和审查、合同签订、合同履行、风险处置、售后服务等各个环节。在合同管理工作中,应遵循以下基本要求:(1)规范合同文本,依法确定双方当事人的权利义务,并最大限度维护公司利益;(2)严格审批程序,按照制度规定履行程序,全面评估风险并将风险控制在可接受的范围内;(3)有效监控过程,加强对合同履行的监督检查,保证合同履行全过程处于可控状态;(4)及时处理纠纷,依法最大限度地采取有效措施避免和挽回损失。

总之,合同管理办法的设计应结合公司实际情况,设置风险防范环节,建立有效的制度保障,确保各个环节风险均得到有效管理。

三、合同管理的权责划分及行为规范

(一)合同管理机构及职责

公司实行统一授权、分级管理、分工负责的合同管理体制。公司总经理组织领导公司合同管理工作,其他高级管理人员对分管工作范围内的合同管理工作负领导责任。公司的合同管理机构包括合同管理部门、合同审核部门、合同承办部门、综合办公室等。

1. 合同承办部门

合同承办部门负责合同的实施及本部门职责范围内的合同管理,其主要职责是:(1)负责合同对方及担保方签约资格和履约能力等资信情况的调查核实;(2)组织合同项目谈判,起草合同文本,对合同的合法合规性、经济可行性、技术可行性等负责;(3)按照招投标管理的相关规定履行相关程序,并将中标通知书作为合同评审的相关资料一并上报;(4)按照公司党委会、董事会、办公会的议事规则,需要先履行会议决策程序的,应将决议结果作为合同评审的相关资料一并上报;(5)办理合同授权委托申请;(6)负责报审合同谈判背景相关书面资料的全盘交底;(7)负责承办合同的谈判、起草、签订、履行、变更、解除等相关工作,负责将经办的合同数据及时、准确、规范地录入合同管理系统,或按风险合规部的要求汇总报备;(8)负责审查涉及关联交易合同的合规性;(9)负责承办合同的台账、数据统计、资料收集和档案管理;(10)负责处理合同纠纷,在合同管理部门和律师指导下收集整理有关证据材料。

2. 风险合规部门/法务部门

风险合规部门/法务部门是公司主要的合同风险防控部门,其主要职责是:(1)宣传贯彻与合同有关的法律、法规和规章;(2)拟订并组织实施合同管

理制度;(3)参与重大合同项目的可行性研究、谈判;(4)负责合同订立、变更、解除的法律审核,负责组织或协助制订、修改、发布、更新并指导适用合同示范文本;(5)监督、检查合同管理制度的执行,向公司领导及相关部门反映合同管理情况,并提出建议。

3.财务部门

财务部门作为公司的资金管控部门,其主要职责是:(1)审核合同涉及资金的使用是否符合公司统一的资金调度计划;(2)审核合同金额、支付方式等条款的合理性和合法性;(3)审核合同税务相关条款的合理性和合法性。

(二)合同的评审

公司实行合同审查、审核、审批制度。合同文本提交相关部门组织审核之前,合同承办部门应当首先进行审查,确保合同内容符合相关管理规定和业务审批要求,主从合同及附件齐全,合同填写准确规范。合同承办部门应提请合同评审,将合同文本及相关附件,报送合同审核部门审核,按照合同审批分级授权设置报领导审批,详细程序可见本章第四节相关内容。

(三)合同的履行

合同生效后,应及时、全面、实际履行。合同承办部门负责组织、监控和跟踪记录合同的履行情况,及时收集、保管合同履行过程中的相关文件和资料,协调、解决合同履行中出现的问题和争议。

正式生效的合同是财务部门对外付款的凭证之一,一旦合同金额等基本事项变动,应按照原合同审批程序重新履行审批程序并签订书面补充合同,否则财务部门不予付款。

合同承办部门及经办人全面负责动态监控和跟踪记录合同的履行,负责合同正常履行及异常履行的执行与处理,同时将合同的异常履行情况及时上报风险合规部和合同承办部门主管领导,负责法律意见或建议的最终落实与反馈,妥善解决合同履行中出现的问题和争议,做好合同履行资料的统一归档管理。

遇到不可抗力影响合同正常履行的,合同承办人员应当及时按照合同约定书面通知合同相对方,并注意保存有关证据。合同相对方提出因不可抗力影响其履行合同的,应当要求其提交有效证明文件,及时采取必要自救措施,避免公司发生损失或者扩大损失。

(四) 合同变更和解除

合同签订后确需补充、修改、变更有关合同内容的，或者实际履行情况与合同约定内容不一致的，经双方协商形成一致意见后，可以变更合同。依据法律规定或合同约定出现公司有权解除合同的情形时，应当根据实际情况决定是否解除合同。变更、解除合同的审批权限和程序，与原合同签订的审批权限和程序相同。

需要特别提示注意的是，在合同履行期间，合同相对方及担保人发生合并、分立、改制、重组或者其控股股东、实际控制人、法定代表人、合同经办人员发生变动时，合同承办部门和经办人员应当及时与合同相对方进行沟通、对账、签认；必要时，应当要求合同相对方提供符合法律和公司规定的担保或者补充担保，确保合同有效衔接、落地。

(五) 合同纠纷处理

发生合同纠纷时，合同承办部门应在24小时内向合同管理部门和合同承办部门主管领导报告。合同承办部门应根据有关制度规定，组织相关合同审核部门及其他职能部门商讨合同纠纷的解决方案，在报合同承办部门主管领导审批同意后，根据方案积极与对方当事人协商解决合同纠纷。合同承办部门应提供真实完整的证据材料，不得瞒报、迟报、漏报和误报。

经与对方当事人协商解决合同纠纷，达成一致意见的，合同承办部门（单位）应按照合同签订程序与对方签订补充、变更、解除合同的书面协议。

经与对方当事人协商不能解决，拟采取诉讼或者仲裁方式解决合同纠纷的，由风险合规部牵头与合同承办部门（单位）等相关职能部门商讨处理办法，按照公司有关法律纠纷案件管理的规定办理。

(六) 监督检查

公司应设立合同管理部门负责合同的监督检查工作，对公司各部门、所出资企业和实际控制企业的合同管理工作进行检查，包括但不限于对合同管理制度的制定与实施情况、合同的评审、订立、履行情况、合同规范文本的实际使用情况、合同纠纷的处理进度和结果情况、合同专用章和档案管理情况等进行检查。对于有条件但未按公司规定建立健全合同管理制度，或者执行制度不力的，责令限期改正；对于违反合同管理制度，在合同签订、履行和管理工作中造成资产损失的单位或者个人，按照公司相关规定向资产损失责任追究主管部门报告;发现违法违纪情况线索的,依法依规向有关部门报告;对于在合同管理工作中成绩显著,为公司避免或者挽回经济损失的单位或者个人,提出表彰或者奖励的建议。

第二节 授权委托制度

根据我国《民法典》第504条的规定[1],公司的法定代表人对外代表公司,其以公司名义对外签署的合同,由公司承担相应的法律责任。一方面是出于法定代表人时间、精力所限;另一方面是为了满足公司经营效率提升要求,法定代表人无法一一代表公司签署每一份合同,因此,建立内部授权代理制度就显得十分必要和重要。规范法定代表人授权委托管理工作,可以确保法人授权委托的合法性、规范性、严肃性和安全性,保障公司安全、有序、高效地实施各项经营管理活动,有效维护公司利益。

一、常见的授权方式

以事件发生的频率、与公司主营业务的关联性为分类标准,我们可以将法定代表人的授权行为划分为常规授权和专项授权两类。

(一)常规授权

常规性授权,又可称为一般授权,是指法定代表人对公司内部各层级管理人员根据职权范围、既定的预算、计划以及相关内控制度等标准,就一般性、经常性的业务行为所进行的授权。在一般授权情况下,业务经办部门根据相关规定或者实际需求起草授权委托书,经法定代表人签署后生效。

(二)专项授权

所谓专项授权,又可称为特别授权,是指超出常规性的业务范围的其他各类需要授权的事项,按照"一事一授权"的原则实行临时授权。在需要特别授权情况下,由业务经办部门或相关部门提出特别授权申请,经核准后,起草

---

[1] 我国《民法典》第504条规定:法人的法定代表人或者非法人组织的负责人超越权限订立的合同,除相对人知道或者应当知道其超越权限外,该代表行为有效,订立的合同对法人或者非法人组织发生效力。

授权委托书,经法定代表人签署后生效。

二、授权可行性评估

公司在制定授权制度之时,应对公司在日常经营行为进行划分并展开授权可行性评估,主要评估各项经营行为是否存在授权的必要性、授权之后的被授权人的行为管控及风险防范。换句话说,为了最大限度地防控风险,只有具备授权的紧迫性、必要性之时,才进行授权。对于合同的订立活动而言,公司的法定代表人因依法享有代表公司的权力,可以凭借签字使合同发生法律效力,公司无须对其签订合同或相关文件的行为出具授权委托书;然而,公司的其他员工或员工以外的自然人或其他单位,如果要以其签字(单位为授权代表的签章)使合同对公司具有约束力,则必须凭借公司的有效授权,只有在公司法定代表人确实无法、不便代表公司之时,才可以有限授权公司特定员工实施特定的行为。对于合同的履行活动而言,如果是由公司的职能部门或者相关岗位人员进行,因其属于业务部门常态化的履职行为,则无须针对该事项单独出具授权书。例如,公司的业务人员向客户交付货物或催收货款;公司的库管部门向客户交付货物或接收货物等。对于超出其本职工作范围内特定事项,则需要公司特别授权处理。

三、授权委托行为管理

(一)主管部门

公司的法务部门或其他履行法务管理的相关职能部门是公司授权委托归口管理部门,根据公司章程及合同管理办法等相关制度的规定,履行:(1)审查授权委托事项内容和程序的合法性、合规性,并提出是否予以授权的意见;(2)制作授权委托书;(3)监督、检查被授权人办理授权委托事项的情况;(4)建立授权委托管理工作台账等职责。

(二)经办部门

与授权委托事项相关的职能部门和业务部门负责办理与本部门职责相关的授权委托申请,处理与本部门职责相关的授权委托管理事项。

(三)授权委托对象

关于授权对象,主要以高级管理人员和各部门负责人为主,对于部分业务量明显过大的部门,可适当扩大该部门的授权对象范围。确因实际情况,需要委托公司其他员工或者公司外部人员办理相关事项的,应按照公司章程或相关合同管理办法的规定履行报批手续,经有关负责领导确认后方可实施。

(四)授权内容

授权一般由业务部门提出,经法务或相关部门审查后,法定代表人批准和签署授权委托书。法人授权委托书应涵盖包括但不限于授权方式、授权对象、授权额度、授权期限及范围等内容,相关内容要尽可能明确、具体和完整。

在公司在授权之时,应严格限定授权范围,可以从业务内容、合同类型、合同金额等方面明确授权范围,不得出现"所有""一切"等范围不明的授权委托申请。在授权书中,还应特别明确两个事项:一是要明确严禁越权;二是明确禁止转授权。

授权委托期间应结合公司过往业务的情况,应当限定在能够办理完成授权事项的合理时间内,授权委托生效时间不得早于授权委托申请手续办理完成时间。授权委托期间原则上不得跨自然年度,有特殊情况需要跨年度的,应当在授权委托申请表中说明情况。

此外,授权事项办理过程中及授权结束之时,授权管理部门应及时跟进授权事项办理情况,必要之时,需要向相对方发送授权终止通知。

第三节 印章管理制度

印章是公司意思表示外化的体现,在法律上意味着公司的承诺、认可和证明,系公司在经营管理活动中行使职权的重要凭证和工具。盖有公司印章的文件,是受法律保护的有效文件,同时意味着公司对文件的内容承担法律责任。根据《民法典》第490条第1款规定:"当事人采用合同书形式订立合同的,自当事人均签名、盖章或者按指印时合同成立",公司盖章行为就是合同的承诺意思表示,一旦盖章所签署的合同就具有法律效力。司法实践中,因印章管理不善常引发争议及纠纷,造成公司的巨大损失,如腾讯公司因他人伪造老干妈公章而签订推广合同等。公司印章如被他人盗用或冒用,很可能给公司带来不必要的纠纷和无法承担的责任,为此,公司应建立印章管理制度,并对外公示印章管理制度。

一、公司常用印章类型

一般来说,公司印章分为以下几类:一是行政公章,是指公司和下属分公司的行政印章。二是业务章,是指冠以公司单位名称,用于业务管理活动并明确专门用途的印章,如合同专用章、资料专用章等。三是部门印章,是指公司各职能部门行使相应部门职责的印章,如法务部章、人力资源部章等。四是印鉴章,是指以公司、分支机构以及部门等领导人员、负责人名义实施职务行为的印章,如法定代表人印鉴章、财务负责人印鉴章等。五是其他印章:通常情况下,列入"其他"是指使用频率较低、数量较少的分类项目,但是在某些领域,公司对于其他印章的关注反而更加重视。例如,建设施工领域,项目部印章是公司印章管理的重头戏,项目部印章跟随具体项目,脱离公司总部管理,用印风险控制任务艰巨。

上述公司印章中,公章、合同章、财务章在公司日常经营管理过程中最常使用,公司应从日常经营管理及业务的实际需要角度出发,确定公司刻制印章的类型,明确区分各印章使用范围和要求,规范用印管理行为,防止用印失控。

二、公司印章的保管原则

(一)专人管理印章

印章管理实行印章专人保管、负责人印鉴章与财务专用章分管制度,印章保管人务必严格执行"随用随盖、人在章在、人离章收"的操作要求,确因事离岗时,应由公司负责人指定人员暂时代管,以免贻误工作。

保管须有记录,注明公章名称、颁发部门、枚数、收到日期、启用日期、领取人、保管人、批准人、图样等信息。在更换印章管理人时,也应当制作印章交接备忘录,记录交接日期,印章使用台账及相关留存证据等。

(二)严禁私自外带印章

印章应由印章保管人专属看管,严禁员工以任何理由私自将公章带出公司使用,若因工作需要,如工商变更、办理纳税、缴纳社保等确需将公章带出使用,需根据制度和流程提出申请,经公司批准后携带外出,但印章保管人仍应随章一同到现场办理用印。

(三)完善印章回收管理

公司在印章管理过程中,应注意加强废置印章管理、及时向解聘人员收回印章。根据《最高人民法院关于在审理经济纠纷案件中涉及经济犯罪嫌疑若干问题的规定(2020 修正)》第 6 条的规定:"企业承包、租赁经营合同期满后,企业按规定办理了企业法定代表人的变更登记,而企业法人未采取有效措施收回其公章、业务介绍信、盖有公章的空白合同书,或者没有及时采取措施通知相对人,致原企业承包人、租赁人得以用原承包、租赁企业的名义签订经济合同,骗取财物占为己有构成犯罪的,该企业对被害人的经济损失,依法应当承担赔偿责任。但是,原承包人、承租人利用擅自保留的公章、业务介绍信、盖有公章的空白合同书以原承包、租赁企业的名义签订经济合同,骗取财物占为己有构成犯罪的,企业一般不承担民事责任。单位聘用的人员被解聘后,或者受单位委托保管公章的人员被解除委托后,单位未及时收回其公章,行为人擅自利用保留的原单位公章签订经济合同,骗取财物占为己有构成犯罪,如给被害人造成经济损失的,单位应当承担赔偿责任。"

公司名称的变更并不影响变更后的公司承担原公司的债务,盖有原公司名称印章的文件对变更后的公司依然具有法律效力。对原公司名称印章也应当妥善保管、明确保管人,必要时可以对该印章进行销毁并登记备案,以降低法律风险。

(四)建立印章预警机制

在公司的印章被盗、遗失期间若有人使用,在没有充分证据的情况下,公司要承担相应责任。因此,一旦发现印章被盗或丢失,公司应当尽快通知债权债务人,相对方在接到通知后的后续投入将不再具备基于"信赖利益"被保护的基础,可有效防控因印章被盗用而产生的法律风险。

公司在发现印章被伪造后,应当及时报案。一方面可以通过公安机关的介入尽快查明事实、控制风险;另一方面伪造行为被认定为犯罪还可以帮助被伪造印章的公司"撇清"过错,反驳相对方的"表见代理"主张。如果发现被伪造的印章可能已经多次被使用,或者该被伪造的印章尚未得到有效控制,仍然有可能继续被使用,公司可以向主管部门申请更换印章(印文应显著区别于原印章),并登报声明原印章作废。

实践中,有些公司为了方便刻制了多枚印章,这种行为十分不可取,一方面,会造成印章管理混乱,公司更容易被认定为有过错而构成表见代理;另一方面,这种行为本身也可能被认定为伪造印章,受到行政甚至刑事处罚。

(五)加强电子印章管理

电子印章是指以公钥密码体系为支撑,集成电子签名功能,所签印文具有与传统印章一样的视觉表现,并可以对各种电子形态下的数据电文进行电子签章的组织机构电子公章、具有法律效力的个人电子名章及与之配套使用的签章软件和存储介质。虽然,相对于传统印章,电子印章具有更高的防伪能力、完整性保护能力和抗抵赖能力。电子印章的使用也需要同实物印章一样经过审批登记程序,公司审批通过后方可使用电子印章。对于电子印章密钥盘、电子CA证书的管理与使用,也应当参照实物印章的有关规定执行。

三、公司印章的使用规范

(一)规范公司用印流程

公司应当规范公司印章的用印流程,用印的文本必须通过公司规定的审核流程,未经批准不能使用任何印章,更不能在空白介绍信或纸张上用印。印前要核实签发人姓名、用印件内容与落款。盖印位置要恰当,印迹要端正清晰。经办人、审批人对盖章的材料内容真实性、合法性负责。以公司名义上报、外送、下发的文件、合同、资料、报表等法律文件,履行规定报批程序后,应经法定代表人审阅批准方可盖章。

任何人申请在任何文件上用印都应当履行登记程序,记录用印人的签字、使用日期、使用加盖印章的类型、用印文件名称、份数及相关负责人的签字,以此规范公司用章台账,准确、全面地记载印章使用情况。同时,对每一份盖章的文件均应及时扫描备份,以便在发生纠纷时能够及时了解事实情况,并能够准确、及时追究相关人员的责任。

(二)规范面签流程

为确保印章真实、有效,如条件允许,公司应在交易对手营业场所面签,安排专门的业务人员监督用印和签字过程。面签前,应要求对方出示内部审批及授权文件,并拍照留证;面签过程中,业务人员应拍照、录音,有条件的情况下应进行录像;面签结束后,应对业务人员与用印文件进行合照。

第四节 合同审核制度

公司实行合同审查、审核、审批制度,合同审核制度是公司在合同签订前,由公司法务职能部门或公司外聘法律顾问对合同内容、形式进行全面审查后批准签约的一项制度。公司在制定合同审核制度之时,应当强化分级审核、明确审核事项、统一归口管理;与此同时,加强审核人员的责任意识,避免因麻痹大意而无意识地认为"前道审核人员已经审核,不会出现问题",防止因此而产生损失。

一、合同审查内容

(一)合同审查范围

公司各部门按照职责权限的划分对合同进行审核,业务部门对价格和合作条件进行审核,行政部门对相关合同备案情况、合同附加履行条件进行审核,采购对业务条件是否具备进行审核,财务部对付款条件、付款方式、付款节点等财务信息进行审核并出具意见。

合同审查的范围包括:审查合同的主体、标的、内容等方面是否符合法律法规和国家政策的规定,是否属于国家允许、鼓励经营的范围;合同条款是否齐全和完整,相关表述语言是否严谨和恰当;合同的签约是否符合公司的内部政策,合同审批流程是否完成,相关合同会签部门的意见是否已妥善采纳以及相关签约人是否已获得有效授权。

(二)合同审查事项

1. 合法性审查

合同的合法性主要包括订立主体的合法性、合同标的物的合法性、合同形式的合法性、合同内容的合法性及合同订立手续的合法性,一般是对主体是否具备相应资质、标的物的流通性是否受限制、签订合同是否采用当事人约定或法律规定的形式、合同内容是否合法合规、合同的订立是否已经履行了前期的批准或披露程序等内容进行审查。

2. 条款完整性、周密性审查

合同条款的完整性和周密性审查是建立在对合同的整体框架结构和相

应的法律规定的把握基础之上的,合同条款的完整和周密不仅是指语言上的严谨,还是指权利义务等法律关系上的对等。公司所签订的合同通常都是双务有偿的合同,一方的权利对应另一方的义务,一方的义务对应另一方的权利。对于合同的起草方来说,通常是将合同起草为有利于自身的模式,因此合同的审核方应当在审核和修订的过程中将不利于自己的地方进行填补。

二、合同审核流程的设计原则

公司合同审核流程的设计,应从公司的实际情况出发,重点关注以下几个问题:

(一)结合业务的发生频率,确定标准合同文本的使用及合同的审批

公司在设计制定合同审核流程时,应综合考虑合同金额的大小、是否有合同范本、公司发生合同法律风险的大小、公司自身的合同审核力量等因素,科学确定审核范围。例如,不少大中型公司制订了适用本公司的标准合同文本,并要求以该文本为依据与对方进行谈判。利用标准文本制订的合同可以适当放宽审批权限,其他合同则需经过法务和相关业务部门的专业审查。

(二)根据不同合同的需求,设计不同的审批部门、审核节点

法律人员的专业把关固然重要,但对于法律风险的有效防范来说是远远不够的。合同的审核不仅是条款的法律审查问题,而且是商务审查、财务审查、专业技术审查和法律审查等诸多方面结合的问题。所以,切实有效的合同审核除了法律专业人员的参与外,还离不开商务人员、财务人员的广泛参与,必要时专业技术人员也须共同参与。例如,采购合同需要有设备物资主管部门、财务部门等的审批,技术合同则要有技术和知识产权部门的审批。

(三)强调不同审核部门之间的联动审核

合同审核的内容很宽泛,包括合同主体是否合格、条款内容是否合法、各方约定是否实用、权利义务是否明确、交易需求能否满足,等等。合同审核不能仅局限于合同文本本身,还要了解合同的交易背景和目的,充分关注合同主体的证明材料,等等。要加强合同审核主体的联动性。合同内容包罗万象,一方面很多条款难以区分是商务条款还是法律条款;另一方面不同性质的条款之间又相互关联。因此,合同审核流程中,不同的审核环节(部门)不是"单打独斗",必须加强联动才能避免审核盲区,特别是一些重要合同更应

该集体会审,才能使审核更加全面有效。

三、合同评审程序

公司合同审核流程应当遵循"相对独立、专业审慎、充分揭示"的基本原则。

(一)合同承办部门提交合同文本和审查所需的其他资料

1. 完整填写合同条款及相关信息

合同承办部门应当填妥全部合同文本内容,不得有空白条款或待定条款,详细核对合同涉及的商业条款、合同行文并详细填写相关商业性条款事项。在提报之时,应当注明业务实际经办人的有效联络方式,提供完整、翔实的背景资料,并确保所填写事项及提供的资料真实、准确与完整。

2. 提交相关合同审核材料

提供审核的资料包括但不限于合同相对方当事人签约主体资格必要材料、履约能力背景调查报告、合同的其他辅证材料,合同承办部门应对其提供材料的真实性和完整性负责。合同审核部门在审核时可根据需要,要求合同承办部门(单位)提供与合同有关的补充材料。报审合同及相关附件如果是外文文本的,需同时提交准确的中文翻译件。

对合同审核资料提供不完整、不充分的,合同审核部门(单位)有权退审,并责成合同承办部门(单位)补充相关材料,重新提交审核。

(二)风险合规部、财务管理中心等职能部门依职责或规定对合同进行审核

不同部门拥有不同的专业知识和技能,能够从各自的角度审查合同条款。法务部门可以关注法律合规性,财务部门可以审查支付条款,技术部门可以评估技术可行性等。各审核部门(人员)从自身的职责角度出发,对合同文本的合法性、经济性、可行性和严密性进行重点审核,提出自己的审核意见,必要时,对重大的合同可根据需要建立会审制度,组织财会部门、内部审计部、法律部、业务关联的相关部门共同进行审核。

(三)按照合同审批分级授权设置报领导审批

一般而言,公司日常经营业务相关的合同由合同承办部门提报,财务管理中心、风险合规部审核之后,未达到公司董事会、股东会审批标准的,由合

同承办部门分管领导、总经理审批即可；达到公司董事会、股东会审批标准的，还应召开会议进行审议通过方可对外签署。

总之，合同审批流程是风险控制与管理效率的综合体现，流程设计不可过粗，不注意契合风险点，最终只能流于形式，起不到风险控制的作用；亦忌过分追求理想化，忽视公司现实资源的有限性，如此也将变得累赘不堪，降低审批效率。只有结合公司自身的风险控制要点，从本公司的现有资源出发，制订适合本公司的最佳合同审批流程方案，才能让公司真正从高效规范的审批模式中受益。

第五节　合同台账管理制度

合同台账是公司对合同内容、签订、履行等情况进行详细登记而设置的一种汇集合同信息的账簿。合同台账是合同管理的线索，起着提纲挈领的作用，建立合同台账能够全面反映公司合同的签订、履行情况，也有利于合同履行完毕之后的合同档案的管理。

一、合同台账设置

一般来说，凡以公司的名义签订的合同，均应由合同经办部门依照合同台账管理办法建立合同台账，并同时向公司法务职能部门备案，涉及款项收付的还应同时向财务部门备案。所谓备案是指合同经办人将合同台账、经办人签字确认无误的合同复印件提交相关部门。

(一)合同台账的设计要统一标准化

合同台账一般包括合同的编号、合同名称(合同性质)、合同主体、合同内容(主要包括合同总价款、付款方式、付款时间、违约责任、纠纷解决方式、对方联系人及联系方式及其他须注明的事项)、合同履行情况(合同履行的进度、合同履行完毕的时间)、备注(有无违约、争议、诉讼、合同变更、无效、所附资料等情况)等内容。

(二)合同台账必须附上合同的关键性资料

为了保障合同的台账能够跟合同的签订、履行情况保持同步更新，公司在设立合同台账之时，应附上相关的关键性资料，例如，合同副本；合同相对方的身份信息文件(如公民身份证复印件、企业法人营业执照等);合同相对方的委托代理人授权委托书及代理人身份证明;双方就该合同签订的补充合同、会议纪要、往来函电等以及其他与合同有关的重要资料。

二、合同台账的管理

(一)应设置专员管理合同台账

合同经办人员及部门应在合同签订生效后3日内建立合同台账并按规定履行备案手续,合同台账应设置专员管理。合同台账管理专员要按照规范填写合同台账,并协助公司法务职能部门和财务部门对合同管理和履行工作进行指导、检查、监督。

(二)合同台账管理员及时更新台账

合同履行过程中发生变更、中止等情形的,合同台账管理员要根据合同的签订、履行等情况及时对台账进行更新,并报法务部备案。如涉及合同价款、收付条款变更(包括付款金额、付款时间、付款条件等情形)的,同时报财务部门备案。合同台账管理人员、法务人员、财务人员,有权对备案合同及所附资料进行审查,一旦发现程序不符、内容有误或资料不全等问题时,可以要求合同经办人员采取措施予以纠正或补充资料,以保证合同的签订和履行合法有效。

(三)合同台账资料的使用

使用或借用合同台账资料,应当办理使用或借用手续,使用人或借用人应妥善保管合同资料,不得损坏或遗失,更不得擅自涂改或更换;办理结束后,应及时将使用或借用的合同资料归还合同台账管理人员。如果合同台账资料遗失、损毁的,台账管理人员应及时向有关领导汇报情况,并追究相关责任人的责任。

此外,在合同管理实现信息化的情况,合同台账通常可以自定义设置各种参数,以便管理层及时掌握合同的签订和履行情况,发现违约风险及时提示,及时处理合同争议。通过对合同台账的记录、定期检查、分析,可以随时掌握合同订立、履行过程中出现的问题并进行信息反馈,旨在使公司决策者和合同管理人员掌握合同的订立、履行、变更、终止等情况,从而更好地管理公司的合同和经营行为。

第六节　合同档案管理制度

合同档案制度,是对合同相关资料进行分类建档,规范合同档案的接收、保管、使用流程,使合同管理更加规范化、制度化。合同档案管理制度是合同管理制度的重要组成部分,也是公司为维护自身合法权益而采取的必要手段。通过对合同档案进行管理,可以妥善保存与合同有关的相关证据材料,一旦发生纠纷,可以及时运用档案记载的内容,依法维护公司的合法权益。对于合同档案制度的建设,目前国内有配套的一系列合规文件及标准,例如,《企业档案管理规定》、《企业文件材料归档范围和档案保管期限规定》、《信息与文献 文件(档案)管理体系 实施指南》(GB/T 41207—2021);在国际上也有相关 ISO 标准可以提供指导、参考。

一、合同档案管理部门及职责

合同经办人员是本人经办的合同资料的第一责任人,应当确保资料完整、准确、真实,并及时归档。合同承办部门(单位)应当定期开展合同档案自查活动,督促经办人员保存好合同相关资料并及时归档。

公司应确定合同档案管理的具体部门或负责人来负责公司的合同档案管理工作,包括合同档案接收、整理、归档、保管、借阅登记等合同档案管理工作。合同档案管理部门/岗位的主要职责是:(1)制定合同档案管理制度草案和实施办法草案,并负责监督、指导和检查执行情况;(2)负责各类合同文件资料的接收、整理、分类、保管和借阅登记等;(3)做好合同档案信息工作的整体信息化建设;(4)严格执行保密制度,不断完善合同档案管理办法,改善合同档案保管条件;(5)定期检查合同档案保管状况,确保合同档案的安全与完整。

二、合同档案的管理规范

(一)存档文件范围

一般而言,合同档案包括正式合同文本及合同相关资料,包括但不限于:(1)合同正式文本及变更、补充(合同)协议;(2)可行性分析报告及立项登记审批资料(如有);(3)与合同签署有关的营业执照、企业资质、特许经营等基础、背景资料；(4)对方的法定代表人身份证明、授权委托书、被授权委托人身份证明；(5)与合同有关的电传、邮件、信函、电报、图表及快递单等；(6)有关履行、变更、解除合同形成的(合同)协议、会议纪要、备忘录或音像资料等；(7)合同纠纷处置涉及的法律意见书、协议书、调解书、裁决书、判决书等法律文书等资料。

(二)存档文件形式

合同档案归口管理部门及其管理员应当对合同经办部门提交的上述合同资料，按照规范要求分类归档保存。原则上，归档的合同材料应当保存原件，但确实无法保存原件的，可以保留与原件核对无误的复印件，标注"与原件一致"并签名，同时注明保存部门。

(三)档案编号方法

关于档案的编号，一般根据公司实际工作情况编制科学、完整、相对固定的分类方案，需要特别注意的是，同级类目的分类标准应保持一致，避免项内文件重复和交叉的情况出现。

(四)合同档案的保管和使用

合同档案管理人员应经常检查合同档案保管情况，电子文件应有备份，与纸质档案分开保管，并注明相应的纸质档案档号，定期对电子文件的技术环境和数据内容进行维护，确保其长期、有效利用。合同纸质档案保管实行纸质文件与电子文件同步归档，即纸质原文件归档时，应同时归档其对应的电子文件(含扫描件)，电子文件命名和目录格式应规范，以便查考和电子检索，以对应的纸质文件分类归档模式设置文件夹及子文件。

公司合同档案原则上只能现场查看，不得外借，特殊情况必须借阅的，需经董事长、总经理等相关负责人批准。借阅合同档案者须妥善保管，不得任意转借、复印、损污文件，归还时保证合同档案完整无损。外借的合同档案，因借阅人保管不慎丢失时，借阅人须及时向合同档案管理部门报告并负责追查。合同保管不善，丢失、损毁合同文本，造成经济损失的，还应当追究相关部门和人员的责任。

第七节　合同相对方管理制度

在商事交易过程中,合同相对方是合同管理至关重要的一环,合同相对方的主体资格、生产经营资质、商事行为能力(履约能力)、资信情况等,均直接影响并制约着合同目的的实现。因此,需要制定合同相对方管理制度,对合同相对方进行审查和管理。

一、合同相对方信息收集

(一)主体基础信息管理

一般而言,合同相对方包括自然人、法人或其他组织,对于自然人,需要交易对方提供身份证原件予以证明,并留存对方的身份证复印件备查;对于法人或其他组织,需要交易对方提供营业执照原件核验,并留存加盖对方公章的营业执照复印件备查。实践中,通常会根据公司与合同相对方的业务属性的不同,将合同相对方划分为原材料供应商、产品客户、其他交易相对方等予以分类管理。

(二)经营范围/生产经营资质

根据《民法典》第505条的规定,除非存在违反法律、行政法规的强制性规定等特定情形,一般应尊重当事人超越经营范围订立的合同的效力。由此可知,公司的经营范围只要不违反法律强制性规定即可。然而,如果法律明确规定从事某项业务必须具有相应的资质、资格,而相关主体不具备相应的资质、资格证书,双方签署的合同将被认定为无效合同。例如,《最高人民法院关于审理民间借贷案件适用法律若干问题的规定》(以下简称新《民间借贷司法解释》)第13条规定,未依法取得放贷资格的出借人,且以营利为目的向社会不特定对象提供借款的,则出借人和借款人签订的合同无效。因此,在收集交易对手基础信息之时,还应要求对方提供企业资质、必备技术人员的资格证书,并留存加盖对方公章的证书复印件。

(三)商事行为能力(履约能力)尽调

1.财产状况

公司所具备的财产是其履约能力的重要体现,公司的财产主要包括注册资金、实缴资本、股权质押情况、固定资产情况、资产负债率、纳税情况等。对交易对手的财产状况的核查,可以通过要求合同相对方提供近一年至三年的资产负债表、损益表和金融机构出具的信用证明、纳税证明等进行查验,如注册资本与交易金额差距较大,或股东大部分股权被质押,资产负债率较高,则说明该公司抵御风险的能力及偿还债务能力较弱。

2. 生产经营能力

合同相对方的生产经营能力的强弱直接决定了其交付的质量、交付的能力,可以要求合作对方提供相关证明材料,对其过往业绩、同类型项目执行情况、经营金额、销售渠道等进行考量,用以判断其市场竞争能力。另外,个别交易还需考虑公司的法定代表人和主要负责人员的个人能力、信用、处理合同约定事务的经验等。

3. 信用情况

关于合同相对方的信用情况,可通过"裁判文书网""人民法院诉讼资产网""国家企业信用信息公示系统""天眼查""企查查"等多种方式对公司涉诉情况、行政处罚情况、财产被执行情况、是否被列入限制高消费、失信人名单等进行调查并收集整理相关信息,如公司被行政处罚、被诉案件量大,则该公司履约信誉较差,应当谨慎考虑签约风险。

(四)缔约权限调查

签订合同时,应首先在合同首部和落款列明各方的法定代表人,由法定代表人签署合同。若由法定代表人之外的其他人签署合同时,必须要求对方提供专门的《授权委托书》明确委托代理人的身份、权限范围、代理期限。

经登记的法人分支机构可以对外签署合同;未经登记的法人的分支机构或内设部门,在未取得法人授权的前提下,其对外签署的合同在得到法人的授权、确认或追认的情况下,合同发生法律效力,由该法人承担相应的责任。因此,在与法人的分支机构或内设部门交易时,应取得相应的授权。

有些合同的签订和履行需要配合提供相应的担保或保证,其中担保或保证合同可以是保函、合同中的担保或保证条款或者一个另行签订的担保或保证合同。当担保人或保证人是法人的情况下,应当注意审核其提供担保或保证的权限。例如,《民法典》规定机关法人不得为保证人,但是经国务院批准为使用外国政府或者国际经济组织贷款进行转贷的除外。以公益为目的的非营利法人、非法人组织不得为保证人。《公司法》规定公司向其他企业投资或者为他人提供担保，应当依据公司章程的约定，分别报董事会或股东会审议。因此，面对机关法人或公司提供的担保之时，要着重审核其缔约权限是否已获取。

二、多方核查、交叉验证制度

上述信息收集完毕之后，除了要分类归集，受限于信息归集的及时、完整性，我们还要穷尽一切第三方信息渠道进行核查、交叉验证，可供核查、验证的第三方信息渠道包括"国家企业信用信息公示系统""天眼查""企查查""中国执行信息公开网"以及行业主管机关网站等。合同相对方的基本情况，可以通过"国家企业信用信息公示系统""天眼查""企查查"等网站核验。企业的资质证书、技术人员的资格证书等，一般都有年审的要求或有效期的限制，因此，合同承办人需要通过相关行业主管机关官方公示资质的网站进行检索核验。对合同相对方的财产情况的核查，可以通过"人民法院诉讼资产网""国家知识产权局""动产融资统一登记公示系统"等进行核实。对公司生产经营能力的核查，则多半需要通过对厂房、设备、原材料、生产规模等进行实地考察来综合判断。对交易相对方信用情况的核实，除了可以通过收集分析以往与其合作的履约、付款情况来评估之外，还可以通过检索"国家企业信用信息公示系统"，查询企业是否被列入"经营异常名录""严重违法失信企业名单"以及是否已被"吊销"或"注销"；通过检索"中国执行信息公开网"，查询全国法院新收及未结的执行实施案件的被执行人信息；还可以通过"天眼查""企查查""启信宝"等网站跟踪交易相对方的信用情况。不同查询渠道所获得的同一事项的信息呈现会有所差异，因此，在多方渠道收集信息的基础之上，还要相互交叉验证核实。

合同相对方管理不是一蹴而就的事，也不是一劳永逸的事，合同承办人需要实时、动态监控相对方履约能力、信用风险变化，实时更新合同相对方的信息。一旦发现合同相对方有经营状况严重恶化、转移财产或抽逃资金以逃避债务、丧失商业信誉、受到重大行政处罚等情形时，应立即联系公司财务、法务等风控部门采取有效防范措施。

第 二 编

合同一般风险防控

第四章　缔约阶段风险防控

【本章导论】

合同是一个动态过程,从缔约到履约并走向终止,而缔约阶段属于这一过程的"起点"。缔约阶段常见问题包括:(1)关于合同订立程序方面,主要涉及要约与要约邀请的区分、承诺的方式与要件;(2)关于合同成立要件方面,主要涉及合同的必要条款以及特殊合同的特别成立要件;(3)关于合同生效要件方面,主要涉及合同生效的具体条件以及欠缺生效要件的合同效力;(4)关于缔约阶段的义务方面,主要涉及先合同义务的具体内容以及违反该项义务应承担的缔约过失责任;(5)关于缔约代理行为方面,主要涉及代理权的正确行使以及无权代理、表见代理的法律后果;(6)关于合同示范条款方面,主要涉及一般合同应具有的条款;(7)关于阴阳合同方面,主要涉及阴阳合同的法律效力。本章将围绕前述问题,对缔约阶段的法律风险进行梳理,并提出相应防控措施。

风险防控要点之一:合同订立程序

合同是当事人之间有关交易的合意,此种合意可能要经过反复磋商的过程。法律在当事人之间纷繁复杂的磋商中,抽象出"要约"和"承诺"这两个概念。合同一般都要经过这两个阶段方能成立。[1] 除了要约、承诺两个要素,要约邀请也是缔约过程中常见的现象,但它非缔约要素。

---

[1]《民法典》第471条规定:"当事人订立合同,可以采取要约、承诺方式或者其他方式。"

(一) 要约

要约是希望和他人订立合同的意思表示。要约在商业用语上又称为发价、报价、发盘、出盘。在合同订立过程中，发出要约的当事人称为要约人，接受要约的相对人则称为受要约人。关于要约，应从以下几点把握：(1) 要约是一项意思表示。要约人的内心意思是希望与他人（受要约人）订立合同，这项内心意思将通过口头或书面等方式作出。(2) 要约是有相对人的意思表示。要约既然是希望和他人订立合同的意思表示，故需要向该他人（受要约人）发出，并在其到达受要约人时或者为受要约人知道时生效。[1]　(3) 要约是订立合同必经阶段。没有要约，就无承诺，更无合意，因此也就无法形成合同。(4) 要约是合同的构成要素之一。仅有要约，而无承诺，合同也无法成立。

要约应具备以下要件：(1) 要约要向受要约人发出。受要约人是指要约人希望与之订立合同的相对人，其通常是特定的人，但也可以是不特定的人，如内容符合要约规定的商业广告就是向不特定的受要约人发出。(2) 要约须具有与他人订立合同的意图。要约的含义就是希望和他人订立合同的意思表示，故而要约的内容就是希望和他人订立合同。(3) 要约的内容须具体、确定，至少应具有足以使合同成立的主要条款。(4) 要约须具有受拘束的意思表示。

(二) 要约邀请

要约邀请，也叫要约引诱，它是要约邀请人诱使他人向自己发出要约的一种手段。在商品交易中，要约邀请被看作对订立合同所做的一种带有宣传性质的准备活动。严格来说，要约邀请不属于民事法律行为中的"意思表示"。意思表示一旦生效，将对当事人产生拘束力。要约是一项意思表示，要约一旦到达受要约人就发生效力，其后果有二：一是要约人不得任意撤回其要约。二是受要约人取得了承诺的资格，如果受要约人对其承诺，合同就成立生效。要约邀请与要约不同。即便要约邀请到达受邀请人，也不会发生法

---

[1]《民法典》第137条规定："以对话方式作出的意思表示，相对人知道其内容时生效。以非对话方式作出的意思表示，到达相对人时生效。以非对话方式作出的采用数据电文形式的意思表示，相对人指定特定系统接收数据电文的，该数据电文进入该特定系统时生效；未指定特定系统的，相对人知道或者应当知道该数据电文进入其系统时生效。当事人对采用数据电文形式的意思表示的生效时间另有约定的，按照其约定。"

律效力。受邀请人不能对其"承诺"。申言之,要约邀请本身对邀请人不产生拘束力,既然不能产生拘束力,就不能被认定为一项意思表示。

判断一项"意思表示"属于要约还是要约邀请,可参考以下标准:(1)表意人在表意时,表明该项"意思表示"为要约或要约邀请的,依其表示。(2)表意人未表明的,适用法律规定。如《民法典》第473条规定:"拍卖公告、招标公告、招股说明书、债券募集办法、基金招募说明书、商业广告和宣传、寄送的价目表等为要约邀请。商业广告和宣传的内容符合要约条件的,构成要约。"(3)表意人并未明示其"意思表示"的性质且法律未有相关规定的,应解释当事人的意思加以认定,需要考虑的因素包括表示内容是否具备合同必要条款、是否注重相对人的性质、是否向多数人发出以及当事人间的磋商过程与交易惯例。申言之,如果该"意思表示"具备合同必要条款,可能将被认定为一项要约,否则为要约邀请。如果合同的内容注重相对人的性质,向多数人所发出的"意思表示",通常被认定为要约邀请,如登报征求家庭教师、公司秘书或汽车司机,应认定为一项要约邀请。交易惯例通常也作为一项判断标准,如在超市或自助商店中,货物标价陈列的,应为一项要约,但如果仅为展览性质(尤其是标明"样品"字样的),应被认定为要约邀请。

(三)承诺

承诺,是指受要约人同意要约的意思表示。承诺应当以通知的方式(明示方式,包括口头和书面形式)作出,但根据交易习惯或者要约表明可以通过行为作出承诺(默示方式)的除外。如果要约有规定承诺的方式,并且要约规定此种方式构成合同的形式要件,受要约人应当遵守此规定。要约如果没有特别规定,受要约人可以口头方式或书面形式作出承诺,但原则上应当以积极行为方式作出。单纯的不作为(沉默)原则上不能作为承诺的表示方式。《民法典》第140条第2款规定:"沉默只有在有法律规定、当事人约定或者符合当事人之间的交易习惯时,才可以视为意思表示。"法律规定沉默可作为承诺表示方式的情形,如《民法典》第638条第1款规定:"试用买卖的买受人在试用期内可以购买标的物,也可以拒绝购买。试用期限届满,买受人对是否购买标的物未作表示的,视为购买。"

承诺应具备以下要件:(1)承诺必须由受要约人或其代理人作出。受要约人及其代理人以外的第三人,向要约人作出同意要约的意思表示,不能视为承诺。(2)承诺应在要约的有效期限内作出。要约规定了承诺期限的,若受要约人未在该期限内承诺,则要约失效,要约人不再受此拘束。受要约人超过承诺期限发出的"承诺"在性质上属于要约。(3)承诺的内容应当与要约的内容一致。即承诺未对要约的内容作出实质性变更。有关合同标的、数量、质量、价款或者报酬、履行期限、履行地点和方式、违约责任和争议解决方法等的变更,是对要约内容的实质性变更。承诺若对要约作出实质性变更的,原先要约失效,承诺视为一项新要约。承诺对要约的内容作出非实质性变更的,除要约人及时表示反对或者要约表明承诺不得对要约的内容作出任何变更外,该承诺有效,合同的内容以承诺的内容为准。

【风险提示】承诺应在承诺期限内作出

承诺期限届满,受要约人未作出承诺的,要约失效。受要约人超过承诺期限发出承诺,或者在承诺期限内发出承诺,按照通常情形不能及时到达要约人的,为新要约;但是,要约人及时通知受要约人该承诺有效的除外。关于承诺期限,要约有规定的,按其规定;要约没有确定承诺期限的,承诺应当依照下列规定到达:(1)要约以对话方式作出的,应当即时作出承诺;(2)要约以非对话方式作出的,承诺应当在合理期限内到达。

风险防控要点之二:合同成立要件

合同的成立时间,要根据合同订立方式来判断。(1)一般情形。承诺生效时合同成立,但是法律另有规定或者当事人另有约定的除外。(2)合同书情形。当事人采用合同书形式订立合同的,自当事人均签名、盖章或者按指印时合同成立。在签名、盖章或者按指印之前,当事人一方已经履行主要义务,对方接受时,该合同成立。法律、行政法规规定或者当事人约定合同应当采用书面形式订立,当事人未采用书面形式但是一方已经履行主要义务,对方接受时,该合同成立。(3)确认书情形。当事人采用信件、数据电文等形式订立合同要求签订确认书的,签订确认书时合同成立。(4)互联网情形。当事人一方通过互联网等信息网络发布的商品或者服务信息符合要约条件的,对方选择该商品或者服务并提交订单成功时合同成立,但是当事人另有约定的除外。

合同成立应具备以下要件:(1)具有双方或多方当事人。(2)当事人达成合意。当事人就合同的全部内容达成合意,合同当然成立。有疑问的是,是否必须就全部内容达成合意,合同才能成立呢?答案是否定的。合同内容可区分为必要之点与非必要之点。必要之点,指某一合同所不可缺的元素("要素")。非必要之点,包括"常素"与"偶素",前者指经常构成某种合同的内容的元素,如违约责任;后者指某种法律事实因当事人的特别表示而成为合同的内容,如附条件或附期限。如果当事人就非必要之点已明确要求须达成合意合同始为成立,则当然要尊重当事人的意思,非必要之点未达成合意,合同不成立。如果当事人未对非必要之点强调须经合意,只要必要之点已经合意,按照鼓励交易之精神,可推定合同成立。对于非必要之点,可通过合同解释,填补合同漏洞。[1] 合同应当具备什么条款(哪些是必要条款),要根据不同合同的性质予以确定。[2]《民法典》第 470 条规定的条款[3]只是为当事人订立合同提供指引,并不是每一个合同所必须包括的条款。

对一般的合同而言,只要具备"具有双方或多方当事人"和"当事人达成合意"这两个条件,合同即可成立。对于一些特别的合同,可能还需要具备其他要件,合同才能成立。比如,对于要物合同(比如定金合同、保管合同、自然人之间的借款合同),除了要具备合同的一般要件外,还需有物(包括定金、寄存物、借款本金等)的交付,合同才能成立。在要式合同场合,除了要具备合同的一般要件外,合同还要符合特定的形式,比如,担保类合同(保证、抵押、质押合同)需要采用书面形式。

【风险提示】判断合同是否成立,需考虑具体合同的特殊性

兹举一例,甲、乙订立借款合同,丙口头表示同意。后乙未还款。丙是否应承担保证责任呢?我们认为,丙的保证并未成立。《民法典》第 685 条规

---

[1] 参见韩世远:《合同法总论》(第 4 版),法律出版社 2018 年版,第 103 页。
[2] 参见《民法学》编写组编:《民法学》(上册)(第 2 版),高等教育出版社 2022 年版,第 360 页。
[3] 《民法典》第 470 条规定:"合同的内容由当事人约定,一般包括下列条款:(一)当事人的姓名或者名称和住所;(二)标的;(三)数量;(四)质量;(五)价款或者报酬;(六)履行期限、地点和方式;(七)违约责任;(八)解决争议的方法。当事人可以参照各类合同的示范文本订立合同。"

定:"保证合同可以是单独订立的书面合同,也可以是主债权债务合同中的保证条款。第三人单方以书面形式向债权人作出保证,债权人接收且未提出异议的,保证合同成立。"由此可见,保证合同是要式合同,当事人未以书面形式订立保证合同的,保证合同不成立。

风险防控要点之三:合同生效要件

合同成立,合同一般也就生效。但是,合同成立不等同于合同生效。合同成立,意味着双方当事人达成了合意。但当事人的合意(合同)能否产生法律效力(生效),还须判断这项合同是否合法。成立要件仅是从事实上判断合同是否成立,生效要件则是从价值上判断合同是否符合法律规定。依法订立的合同,对于合同当事人具有相当于法律的效力。合同之所以能具有相当于法律上的效力,乃在于其并不违背立法规定,符合法律价值。换言之,合同生效是指已成立的合同符合法定生效要件而获得法律认定的效力。

(一)合同生效应具备的要件

合同生效应具备以下要件:(1)合同当事人应具有相应民事行为能力。根据年龄、智力和精神健康状况,自然人分为无民事行为能力人、限制民事行为能力人和完全民事行为能力人。无民事行为能力人包括不满8周岁的未成年人和不能辨认自己行为的成年人,由其法定代理人代为订立和履行合同。限制民事行为能力人包括8周岁以上的未成年人和不能完全辨认自己行为的成年人,可以独立订立纯获利益的合同,也可以订立与其年龄、智力、精神健康状况相适应的合同。完全民事行为能力人包括智力和精神健康状况正常的成年人,以及以自己的劳动收入为主要生活来源且已满16周岁的未成年人,其能够独立订立合同。(2)合同当事人的意思表示自由真实。首先,当事人的意思表示须是自愿的,不受任何组织和个人的强迫;其次,当事人的意思表示须是真实的,即"行为人的主观意愿和外在的意思表示是一致的。"[1](3)合同内容不违反法律、行政法规的强制性规定,不违背公序良俗。法律规

---

[1] 魏振瀛主编:《民法》,北京大学出版社、高等教育出版社2017年版,第170页。

范可分为任意性规定和强制性规定,合同约定可以排除任意性规定的适用,但当事人订立合同不得违反强制性规定。公序良俗,包括公共秩序和善良风俗。针对公序良俗,最高人民法院2023年12月公布的《最高人民法院关于适用〈中华人民共和国民法典〉合同编通则若干问题的解释》,以下简称《民法典合同编通则解释》(法释〔2023〕13号)第17条规定:"合同虽然不违反法律、行政法规的强制性规定,但是有下列情形之一,人民法院应当依据民法典第一百五十三条第二款的规定认定合同无效:(一)合同影响政治安全、经济安全、军事安全等国家安全的;(二)合同影响社会稳定、公平竞争秩序或者损害社会公共利益等违背社会公共秩序的;(三)合同背离社会公德、家庭伦理或者有损人格尊严等违背善良风俗的。人民法院在认定合同是否违背公序良俗时,应当以社会主义核心价值观为导向,综合考虑当事人的主观动机和交易目的、政府部门的监管强度、一定期限内当事人从事类似交易的频次、行为的社会后果等因素,并在裁判文书中充分说理。当事人确因生活需要进行交易,未给社会公共秩序造成重大影响,且不影响国家安全,也不违背善良风俗的,人民法院不应当认定合同无效。"

有些特殊合同还需具备特别生效要件。例如,附生效条件、生效期限的合同还以条件的成就、期限的到来作为合同生效的特别要件。再如,建设工程施工合同要求承包人具有相应资质条件;城镇房屋租赁合同要求租赁房屋取得建设工程规划许可证。

(二)欠缺生效要件的合同效力

1.民事行为能力欠缺的情形。(1)无民事行为能力人订立的合同无效。(2)限制民事行为能力人订立的与其年龄、智力、精神健康状况不相适应的合同,如果事先未经法定代理人的同意,则合同效力待定;经法定代理人追认后,合同有效;法定代理人拒绝追认的,合同无效。

2.当事人意思表示不真实的情形。(1)无效的情形。合同当事人基于虚假的意思表示而订立的合同,属于无效合同。(2)可撤销的情形。导致合同可撤销的原因包括:①重大误解。《民法典》第147条规定:"基于重大误解实施的民事法律行为,行为人有权请求人民法院或者仲裁机构予以撤销。"②受合同对方当事人欺诈。《民法典》第148条规定:"一方以欺诈手段,使对方在违背真实意思的情况下实施的民事法律行为,受欺诈方有权请求人民法院或者仲裁机构予以撤销。"③受第三人欺诈，且合同对方当事人明知或应知的。《民法典》第 149 条规定："第三人实施欺诈行为，使一方在违背真实意思的情况下实施的民事法律行为，对方知道或者应当知道该欺诈行为的，受欺诈方有权请求人民法院或者仲裁机构予以撤销。"④受胁迫。《民法典》第 150 条规定："一方或者第三人以胁迫手段，使对方在违背真实意思的情况下实施的民事法律行为，受胁迫方有权请求人民法院或者仲裁机构予以撤销。"⑤显失公平。《民法典》第 151 条规定："一方利用对方处于危困状态、缺乏判断能力等情形，致使民事法律行为成立时显失公平的，受损害方有权请求人民法院或者仲裁机构予以撤销。"

3. 合同内容违法或违背公序良俗的情形。违背公序良俗的合同无效。违反法律规定的合同，不都是无效合同。首先，法律规范有任意性规定与强制性规定之分，合同内容与任意性规定不一致的，以合同为准，自不待言。其次，强制性规定有效力性强制性规定与管理性强制性规定之分。最高人民法院 2023 年 12 月公布的《民法典合同编通则解释》第 16 条第 1 款规定："合同违反法律、行政法规的强制性规定，有下列情形之一，由行为人承担行政责任或者刑事责任能够实现强制性规定的立法目的，人民法院可以依据民法典第一百五十三条第一款关于'该强制性规定不导致该民事法律行为无效的除外'的规定认定该合同不因违反强制性规定无效：（一）强制性规定虽然旨在维护社会公共秩序，但是合同的实际履行对社会公共秩序造成的影响显著轻微，认定合同无效将导致案件处理结果有失公平公正；（二）强制性规定旨在维护政府的税收、土地出让金等国家利益或者其他民事主体的合法利益而非合同当事人的民事权益，认定合同有效不会影响该规范目的的实现；（三）强制性规定旨在要求当事人一方加强风险控制、内部管理等，对方无能力或者无义务审查合同是否违反强制性规定，认定合同无效将使其承担不利后果；（四）当事人一方虽然在订立合同时违反强制性规定，但是在合同订立后其已经具备补正违反强制性规定的条件却违背诚信原则不予补正；（五）法律、司法解释规定的其他情形。"最后，有的强制性规定并非指向合同效力，而是规制履行行为。《民法典合同编通则解释》第 16 条第 2 款规定："法律、行政法规的强制性规定旨在规制合同订立后的履行行为，当事人以合同违反强制性规定为由请求认定合同无效的，人民法院不予支持。但是，合同履行必然导致违反强制性规定或者法律、司法解释另有规定的除外。"

【风险提示】可撤销合同情形撤销权的行使需遵循法定程序和期限

在重大误解、受欺诈、受胁迫、显失公平等情形,合同一方当事人虽然享有撤销权,但其撤销权的行使应遵循法定程序和期限。兹举一例说明,甲向首饰店购买钻石戒指一枚,标签表明该钻石为"天然钻石",买回后被人告知实为人造钻石。甲遂多次与首饰店交涉,历时两年,未果。现甲欲诉请人民法院撤销该买卖合同,其主张能否得到人民法院支持?本书认为,答案是否定的。一方面,《民法典》第152条规定了撤销权的存续期间,[1]而《民法典》第199条指出,撤销权、解除权等权利的存续期间(除斥期间),除法律另有规定外,自权利人知道或者应当知道权利产生之日起计算,不适用有关诉讼时效中止、中断和延长的规定。因此,甲多次与首饰店交涉,不会导致撤销权的存续期间重新计算或延长。另一方面,《民法典》第147条至第151条规定,当事人主张撤销合同的,应通过诉讼或仲裁程序解决。故而,甲的撤销权未在法定期间内行使,该项权利已经消灭,人民法院不应支持甲的诉讼请求。

风险防控要点之四:缔约过失责任

合同最终没有成立,缔约当事人就不需要承担赔偿责任吗?答案是否定的。合同没有成立或生效,合同不能拘束当事人,故而,当事人没有履行合同的义务,当然也就不用承担违约责任了。但这并不意味着,当事人在缔约过程中不负有任何法律义务,更不意味着合同最终没有成立或生效的,当事人不承担任何法律责任。

"当事人为订立合同而接触磋商之际,已由一般普通关系进入特殊联系关系,相互之间已建立起一种特殊的社会关系。在合同成立前,因合同关系

---

[1] 《民法典》第152条规定:"有下列情形之一的,撤销权消灭:(一)当事人自知道或者应当知道撤销事由之日起一年内、重大误解的当事人自知道或者应当知道撤销事由之日起九十日内没有行使撤销权;(二)当事人受胁迫,自胁迫行为终止之日起一年内没有行使撤销权;(三)当事人知道撤销事由后明确表示或者以自己的行为表明放弃撤销权。当事人自民事法律行为发生之日起五年内没有行使撤销权的,撤销权消灭。"

尚未产生,缔约当事人不受合同的保护,但自开始缔约之际,缔约当事人已经不是普通关系人。"[1]当事人为订立合同而接触、准备或磋商时,依照诚信原则,相互之间负有诚信缔约、如实告知、保守秘密等义务,此种义务即为先合同义务。违反该义务的,应承担缔约过失责任。最高人民法院相关裁判指出,缔约过失责任是一方因违反先合同义务而造成对方信赖利益损失所应承担的民事赔偿责任。缔约过失责任的承担须以先合同义务的存在及违反作为前提条件。通常而言,先合同义务存在于要约生效后和合同有效成立前,当事人在此段时间内违反了先合同义务即成就了承担缔约过失责任的前提条件。[2]

关于缔约过失责任的常见情形,《民法典》第 500 条规定:"当事人在订立合同过程中有下列情形之一,造成对方损失的,应当承担赔偿责任:(一)假借订立合同,恶意进行磋商;(二)故意隐瞒与订立合同有关的重要事实或者提供虚假情况;(三)有其他违背诚信原则的行为。"第 501 条规定:"当事人在订立合同过程中知悉的商业秘密或者其他应当保密的信息,无论合同是否成立,不得泄露或者不正当地使用;泄露、不正当地使用该商业秘密或者信息,造成对方损失的,应当承担赔偿责任。"其中,第 500 条列举的第(一)项、第(二)项行为,分别违反了先合同义务中的"诚信缔约义务"和"如实告知义务";第 501 条提到的"泄露、不正当地使用商业秘密或者信息"行为,违反了先合同义务中的"保守秘密义务"。

关于缔约过失责任的赔偿范围,2019 年《全国法院民商事审判工作会议纪要》第 32 条第 2 款规定:"合同不成立、无效或者被撤销情况下,当事人所承担的缔约过失责任不应超过合同履行利益。"最高人民法院相关裁判和著述指出:"合同无效后,若一方当事人对合同无效存在过错,且对方当事人因此遭受损失的,过错方应基于缔约过失责任向对方当事人进行损失赔偿,所赔偿的损失限于信赖利益,包括直接损失和间接损失,但不包括在合同有效情形下通过履行可以获得的利益。"[3]

---

[1] 最高人民法院民法典贯彻实施工作领导小组主编:《中华人民共和国民法典合同编理解与适用(一)》,人民法院出版社 2020 年版,第 270 页。
[2] 参见最高人民法院民事判决书,(2008)民二终字第 8 号。
[3] 人民法院出版社编:《最高人民法院司法观点集成(民事卷 2)》,人民法院出版社 2023 年版,第 705 页;最高人民法院民事判决书,(2016)最高法民再 3 号。

【风险提示】缔约当事人应秉持诚信

诚信原则是民法的基本原则,其被誉为"私法的帝王条款"。它要求民事主体在从事经济活动的时候,要像对待自己的事务那样对待他人事务。当事人在缔约过程,应秉持诚信,不得虚假陈述,力求促成合同,保守对方的商业秘密和个人信息。对自身在缔约过程中的行为要加以规范,避免因违反先合同义务而承担缔约过失责任。

风险防控要点之五:缔约代理行为

在现代分工社会,事必躬亲殆不可能,假手他人诚有必要。《民法典》第161条第1款规定:"民事主体可以通过代理人实施民事法律行为。"代理包括直接代理和间接代理。民法典总则编规定的代理是直接代理,它是指代理人以被代理人名义实施的、其法律效果直接归属于被代理人的民事法律行为。《民法典》合同编第925条和第926条规定了间接代理,它是指受托人(代理人)以自己的名义,在委托人(被代理人)的授权范围内与第三人订立合同的行为。代理涉及三方主体,被代理人又称为"本人",代理他人从事民事法律行为的人称为"代理人",与代理人实施民事法律行为的人称为"相对人"。

(一)代理权的正确行使

1.代理人必须在代理权限内从事代理行为。代理人未经被代理人同意,不得擅自扩大和变更代理权限。如果是共同代理,则各个代理人应当共同行使代理权,任何一方不得擅自单独行使代理权。如果代理人在从事代理活动过程中,发现代理的事务因客观原因的变化应当加以改变,应当及时与被代理人联系,征求被代理人的意见。此外,代理期限一旦届满,就应当及时告知被代理人,如果被代理人不延长期限,代理人应当停止代理活动。

2.代理人必须亲自从事代理行为。代理关系具有浓厚的人身信赖色彩,被代理人常常是基于对代理人的知识、技能、信用等的信赖而委托代理人的。既然代理基于高度信任关系而产生,代理人必须亲自从事代理行为,才符合被代理人的意志和利益。基于代理关系的人身信赖性质,代理权一般不得转让。

3. 代理人必须依据诚信原则从事代理行为。代理人必须努力尽到勤勉和谨慎的义务,充分维护被代理人的利益。如果客观情况发生变化需要改变委托事务,代理人应当及时向被代理人报告。除当事人另有特别约定外,代理人应当对被代理人的财产和各种代理事务尽到善良管理人的注意义务,代理人应当从维护被代理人的利益出发,争取获得对被代理人最有利的结果。在代理关系终止以后,代理人必须按照诚信原则履行报告、保密、结算等义务,并应当及时交还代理证书及有关资料。

4. 代理人必须正当行使代理权。代理人在从事代理行为时,应当依据法律规定和诚信原则正当行使其代理权,不得滥用代理权从事自己代理(代理人以被代理人的名义与自己订立合同)、双方代理(同时作为两个民事主体的代理人而为同一民事法律行为)等损害被代理人利益的行为,更不得与相对人恶意串通损害被代理人合法权益(串通代理)。自己代理、双方代理非经被代理人同意或者追认,对被代理人不发生效力。串通代理行为无效,给被代理人造成损害的,代理人和相对人应承担连带责任。

(二)无权代理及其法律后果

无权代理就是行为人没有代理权、超越代理权或在代理权终止以后,以他人(被代理人)的名义所从事的代理行为,包括三种形态:(1)根本没有代理权的代理。即代理人在未得到任何授权情况下,便以被代理人的名义从事代理行为。(2)超越代理权的无权代理。即代理人虽享有一定的代理权,但其实施代理行为超越了代理权的范围或对代理权的限制。(3)代理权终止以后的无权代理。在代理权终止以后,代理人继续进行代理活动的,将构成无权代理。

狭义无权代理,是指行为人既没有被代理人实际授权,也没有足以使第三人善意误信其有代理权外观的代理。简单地讲,狭义无权代理是指表见代理以外的欠缺代理权的代理。一方面,它属于无权代理,即行为人没有代理权、超越代理权或在代理权终止以后,仍以他人的名义所从事的代理行为;另一方面,它不构成表见代理,即不存在"足以使第三人误信行为人有代理权"的外观表象。

狭义无权代理属于效力待定的行为,未经被代理人追认的,对被代理人不发生效力。相对人可以催告被代理人自收到通知之日起 30 日内予以追认

（被代理人也可以不待相对人催告主动追认）。被代理人未作表示的,视为拒绝追认。行为人实施的行为被追认前,善意相对人有撤销的权利。撤销应当以通知的方式作出。

行为人实施的代理行为被本人追认的,该行为对本人(被代理人)发生效力,追认之后,本人反悔拒不履约的,应承担违约责任。行为人实施的行为未被追认的,如果相对人主观是善意(不知道且不应知道行为人无权代理)的,则相对人有权请求行为人履行债务或者就其受到的损害请求行为人赔偿,但是,赔偿的范围不得超过被代理人追认时相对人所能获得的利益;但如果相对人主观是恶意(知道或者应当知道行为人无权代理)的,则相对人和行为人按照各自的过错承担责任。

与无权代理须作区分的概念是"无权处分"。无权处分,是指行为人对标的物没有处分权,以自己名义擅自处分他人之物。无权处分的情形,仅是处分行为(合同履行行为)效力待定,但合同效力不因当事人没有处分权而受影响。[1]

(三)表见代理及其法律后果

表见代理,是指行为人没有代理权、超越代理权或者代理权终止后仍然实施代理行为,相对人有理由相信行为人有代理权的代理。在表见代理情形,代理人的行为实为无权代理,即行为人没有代理权、超越代理权或者代理权终止后仍然实施代理行为。但表见代理与狭义无权代理相比,存在三个特征:(1)该无权代理行为在客观上存在代理权表象,以至于相对人有理由相信行为人有代理权。例如,被代理人并未授予行为人代理权,却将代理权证书、盖有被代理人印章的空白合同书等文件交与行为人,而行为人利用代理权证书和合同书与善意相对人进行交易。(2)相对人不知道行为人行为时没有代理权,且无过失,即相对人不知道且不应当知道无权代理人实际上没有代理

---

[1]《民法典合同编通则解释》(法释〔2023〕13号)第19条规定:"以转让或者设定财产权利为目的订立的合同,当事人或者真正权利人仅以让与人在订立合同时对标的物没有所有权或者处分权为由主张合同无效的,人民法院不予支持;因未取得真正权利人事后同意或者让与人事后未取得处分权导致合同不能履行,受让人主张解除合同并请求让与人承担违反合同的赔偿责任的,人民法院依法予以支持。前款规定的合同被认定有效,且让与人已经将财产交付或者移转登记至受让人,真正权利人请求认定财产权利未发生变动或者请求返还财产的,人民法院应予支持。但是,受让人依据民法典第三百一十一条等规定善意取得财产权利的除外。"

权。如果相对人明知行为人无代理权,或者应当知道行为人无代理权,却因过失而不知,则不构成表见代理。例如,在代理权终止之后被代理人已经发出了公告或者在公章被盗之后已经公告了该公章作废,相对人并没有阅读有关的报刊,则可以推定相对人主观上应当知道代理人不具有代理权。(3)无权代理行为形成的代理权表象,与被代理人有关,存在可归咎于被代理人的事由。在确定存在权利外观的情况下,应当考虑该权利外观是否基于被代理人的意志而形成。如果无权代理的发生与被代理人无关,则不构成表见代理。因此,无权代理人私刻被代理人的公章、伪造被代理人的营业执照,假冒他人的名义与第三人订立合同的,不构成表见代理,而仅为狭义无权代理。

一般认为,在下列情形中,行为人订立合同的行为构成表见代理:(1)行为人曾经是代理人并且与相对人发生过订立合同行为,订立的合同上加盖有被代理人公章或合同专用章。(2)行为人曾经是代理人并且与相对人发生过订立合同行为,在订立合同过程中提供了加盖有被代理人印鉴的介绍信。(3)行为人持有证明代理权的证书,并且按照一般商业习惯和理性认识无法从证书内容判定所订立的合同超越了代理权范围。(4)被代理人曾有授予行为人代理权的表示,按照一般理性判断该表示可以被相信。例如,在公开场合声明授予行为人代理权或者书面公开通知授予行为人代理权,实际上没有授予,相对人难以知晓。(5)被代理人明知行为人以自己名义订立合同,但不表示反对。(6)被代理人应当知道行为人以自己名义订立合同,但不表示反对。例如,被代理人将介绍信、公章、合同书交给行为人,或者出借给行为人,就属于应当知道行为人会以自己名义订立合同的情形。另外,当相对人已经将订立的合同提交给被代理人,但因被代理人没有阅读而未向相对人表示反对,也属于"应当知道"的情形。[1] (7)公司知道其项目部印章在他人承建工程期间对外使用,但并未反对的。[2]

表见代理的法律效果包括两方面:(1)就被代理人与合同相对人的关系

---

[1] 参见人民法院出版社编:《最高人民法院司法观点集成(民事卷Ⅰ)》,中国法制出版社 2017 年版,第 681~682 页;最高人民法院研究室编著:《最高人民法院关于合同法司法解释(二)理解与适用》,人民法院出版社 2009 年版,第 99~102 页。

[2] 参见最高人民法院民事裁定书,(2015)民申字 3341 号。

而言,若无权代理人的行为构成表见代理,则代理行为有效。表见代理人所从事的代理行为应直接归属于被代理人,即被代理人应受到表见代理人与相对人实施的民事法律行为的约束,直接享有或承担法律行为的权利、义务。在这一点上,表见代理与一般的有权代理是完全相同的。被代理人不得以其未授予代理人代理权、代理行为违背自己的意志和利益等为由,要求确认表见代理行为无效或拒绝接受代理行为的拘束。(2)就被代理人与无权代理人的关系而言,并不因为表见代理产生有权代理的后果而使无权代理人免除其应当向被代理人承担的责任。被代理人向善意相对人承担责任以后,有权要求无权代理人承担损害赔偿责任。

【风险提示】企业加强印章和文件管理的重要性

企业印章或文件若存在下列情形,可能会被认定为表见代理:(1)企业将业务介绍信、合同专用章或者盖有公章的空白合同书出借给个人,个人以出借企业名义签订的合同。(2)企业承包、租赁经营合同期满后,原企业承包人、租赁人用原承包、租赁企业的公章、业务介绍信、盖有公章的空白合同书签订的担保合同。(3)企业聘用的人员利用企业公章、业务介绍信、合同书保管不善,擅自使用企业公章、业务介绍信、盖有公章的空白合同书签订的合同。(4)企业聘用的人员被解聘后,行为人擅自利用保留的原单位公章签订的合同。(5)非本单位人员利用单位管理不善,擅自使用单位公章、业务介绍信、盖有公章的空白合同书,在单位场所签订的合同。[1]

针对企业印章与表见代理的关系,《民法典合同编通则解释》(法释〔2023〕13号)第22条规定:"法定代表人、负责人或者工作人员以法人、非法人组织的名义订立合同且未超越权限,法人、非法人组织仅以合同加盖的印章不是备案印章或者系伪造的印章为由主张该合同对其不发生效力的,人民法院不予支持。合同系以法人、非法人组织的名义订立,但是仅有法定代表人、负责人或者工作人员签名或者按指印而未加盖法人、非法人组织的印章,相对人能够证明法定代表人、负责人或者工作人员在订立合同时未超

---

[1] 参见人民法院出版社编:《最高人民法院司法观点集成(民事卷Ⅰ)》,中国法制出版社2017年版,第685~686页;最高人民法院研究室编著:《最高人民法院关于合同法司法解释(二)理解与适用》,人民法院出版社2009年版,第103~105页。

越权限的,人民法院应当认定合同对法人、非法人组织发生效力。但是,当事人约定以加盖印章作为合同成立条件的除外。合同仅加盖法人、非法人组织的印章而无人员签名或者按指印,相对人能够证明合同系法定代表人、负责人或者工作人员在其权限范围内订立的,人民法院应当认定该合同对法人、非法人组织发生效力。在前三款规定的情形下,法定代表人、负责人或者工作人员在订立合同时虽然超越代表或者代理权限,但是依据民法典第五百零四条的规定构成表见代表,或者依据民法典第一百七十二条的规定构成表见代理的,人民法院应当认定合同对法人、非法人组织发生效力。"

由此可见,企业应加强自身印章和文件的管理,否则,企业印章和相关文件一旦被他人利用,有可能构成表见代理。企业日常应建立健全印章使用制度,加强合同管理。如果遇到企业印章被盗、遗失,则企业应及时登报公告作废相关印章。在员工辞职或被解聘后,企业应及时收回离职员工手中的业务介绍信、授权委托书、盖有本企业印章的空白合同书,并及时通知有相关业务往来的单位。企业与业务往来单位事先有约定通知方式的,应按照约定的方式进行通知;没有约定的,应通知对方单位的法定代表人、相关业务负责人或者办公室,通知宜采用书面形式(包括信件、电子邮件、传真等)。

风险防控要点之六:合同示范条款

合同条款即合同内容。合同只需具备必要条款,即可成立。[1] 但是合同如果只有必要条款,在履行过程中难免会发生各种纷争。为了减少民事主体之间的合同纠纷,应当示范较为完备的合同条款,《民法典》第470条规定了一般合同通常应具有的条款,以提示缔约当事人。这些条款如下:

---

[1] 关于合同的必要条款,最高人民法院《民法典合同编通则解释》(法释〔2023〕13号)第3条第1款规定:"当事人对合同是否成立存在争议,人民法院能够确定当事人姓名或者名称、标的和数量的,一般应当认定合同成立。但是,法律另有规定或者当事人另有约定的除外。"

1. 当事人的姓名或者名称和住所。当事人是合同权利义务的承受者,当事人的姓名或者名称是任何合同的必要条款。除了当事人的姓名或者名称外,还应记载当事人的住所,甚至有必要记载当事人的身份证号或统一社会信用代码。

2. 标的。标的是合同权利义务指向的对象,它也是任何合同的必要条款。标的条款应当要写明标的名称,以使其特定化。

3. 数量。通说认为,数量也是合同必要条款,缺少此项,合同不能成立。[1]

4. 质量。质量虽然不是合同的必要条款,但在许多合同(特别是买卖合同、承揽合同、建设工程合同)中,标的(物)质量相当重要。在这些合同中,标的物质量要详细具体,比如规格、型号、技术指标、质量要求等应尽可能明确。

5. 价款或者报酬。价款是取得标的物应支付的代价,报酬是取得服务应支付的代价。无偿合同中,一方取得标的物或服务,无须付出代价,故而不存在价款或报酬。而在有偿合同中,必然涉及价款或报酬,故而应明确价款或报酬的数额或者其计算方式。

6. 履行期限、地点和方式。履行期限指合同义务完成的时间,它不仅关系当事人的期限利益,而且还是判断当事人是否违约的关键因素,故而十分重要。当然,履行期限没有约定,也不会影响合同成立,此时可以通过法律规定的合同漏洞填补规则进行解释。履行地点条款是确定货物交付地点的依据,是确定运费承担主体、风险承担主体的依据,也是确定诉讼管辖的依据之一。履行方式,例如,一次性交货还是分批交货,一次性付款还是分期付款,陆运、水运还是空运,涉及当事人的经济利益。履行期限、地点和方式等内容也应尽可能明确。

7. 违约责任。违约责任是促使合同当事人全面履行合同义务,并使守约方免受或少受损失的一项措施。虽然违约责任条款并非合同必要条款,但其对将来解决违约问题具有重要的意义。没有违约责任条款,守约方诉请违约方赔偿损失,须证明自己的损失。而如果合同事先约定了违约责任条款,守约方可直接依照合同约定主张损害赔偿。

8. 解决争议的方法。解决争议的方法,涉及选择解决争议的法律程序

---

[1] 参见梁慧星:《读条文 学民法》,人民法院出版社 2017 年版,第 168 页。

（诉讼或仲裁）、选择解决争议的法律机构（哪个仲裁委员会或哪个地方法院）、选择哪家检验或鉴定机构等。在涉外合同情形，还涉及适用哪个国家或地区的法律。

【风险提示】合同当事人的身份应明确

自然人同名现象非常普遍，有时甚至在同一村子或同一小区都有重名。在合同一方或双方为自然人时，缔约当事人不仅要核实对方的身份信息，而且要尽可能将完整的身份信息（特别是身份证号）载入合同中。以借款为例，自然人（借款人）出具借条、欠条，出借人应尽可能要求借款人将身份证号载明其中，并且要求借款人提供身份证复印件。因为在诉讼中，撰写起诉状时，被告的身份信息必须明确。倘若合同（包括借条、欠条）中的当事人信息不明确，维权成本和难度会因此而增加。

风险防控要点之七："阴阳合同"效力

"阴阳合同"，又称为"黑白合同"，由阳合同（"白合同"）与阴合同（"黑合同"）组成，阳合同为"面上"的合同（虚假表示），阴合同为"背后"的合同（隐藏行为）。虚假表示，又称"虚伪表示""伪装行为"，是指行为人和相对人通谋表示虚假意思的行为。隐藏行为是指被伪装行为所掩盖的，代表行为人和相对人真实意思的行为。[1]

（一）阴阳合同的法律效力

《民法典》第146条规定："行为人与相对人以虚假的意思表示实施的民事法律行为无效。以虚假的意思表示隐藏的民事法律行为的效力，依照有关法律规定处理。"

阳合同的条款即虚假表示，其构成要件包括：(1)当事人意思表示虚假，即当事人的表示行为与内心真实意思不一致。(2)当事人相互明知意思表示虚假。(3)各方当事人就虚假表示的内容达成合意。阳合同的条款不是当事

---

[1] 参见《〈中华人民共和国民法总则〉条文理解与适用》，人民法院出版社2017年版，第976页。

人真实意思表示,而且合同全体当事人都知道并非真实意思表示,故而该条款无效。

阴合同的条款即隐藏行为,虽为当事人真实意思表示,但并非必然有效,其是否有效要取决于是否符合合同生效要件。当事人基于不同的目的而订立"阴阳合同"。在许多情形下,当事人运用"阴阳合同"的目的是逃避法律监管,此时要看"阴阳合同"逃避的规定是否为效力性强制性规定。例如,当事人为支付赌债而搞的欠条或借条,因违反公序良俗与刑法相关规定而无效。但如果商品房买卖中当事人为逃避税收而签订两份合同("阴阳合同"),阴合同的价格条款应认定有效,逃税问题应由行政部门进行相应处罚。[1]

(二)建工领域的"黑白合同"

建设工程合同中常见的"黑白合同"处理规则,与《民法典》第146条有所不同。《最高人民法院关于审理建设工程施工合同纠纷案件适用法律问题的解释(一)》(以下简称《建设工程施工合同司法解释(一)》)第2条规定:"招标人和中标人另行签订的建设工程施工合同约定的工程范围、建设工期、工程质量、工程价款等实质性内容,与中标合同不一致,一方当事人请求按照中标合同确定权利义务的,人民法院应予支持。招标人和中标人在中标合同之外就明显高于市场价格购买承建房产、无偿建设住房配套设施、让利、向建设单位捐赠财物等另行签订合同,变相降低工程价款,一方当事人以该合同背离中标合同实质性内容为由请求确认无效的,人民法院应予支持。"

该条并非基于通谋虚伪表示无效和隐藏行为效力另作处理的法理,而是直接否定另行订立的合同中相关条款("黑合同")的效力,以备案的中标合同相关条款("白合同")为准。这样规定的法理在于,当事人另行订立与备案的中标合同实质性内容不一致的条款,往往是为了规避行政主管部门的管理,其行为已违反法律强制性规定,故而应否定"黑合同"的效力。须注意的是,对于非必须招标工程项目,当事人因客观情况发生了招标投标时难以预见的变化而另行签订合同的,不能认为属于"黑合同"。[2]

---

[1] 参见《最高人民法院民四庭2014年涉外商事海事审判综述》,载贺荣主编,最高人民法院民事审判第四庭编:《涉外商事海事审判指导》总第30辑,人民法院出版社2016年版,第237~238页。

[2] 参见最高人民法院民事审判第一庭编著:《最高人民法院新建设工程施工合同司法解释(一)理解与适用》,人民法院出版社2021年版,第223页。

【风险提示】阴阳合同存在举证上的困难

经济活动领域,当事人基于不同的目的签订了不同类型的"阴阳合同"。虽然根据《民法典》第146条之规定,在"阴阳合同"中,阳合同(虚假表示)无效,阴合同(隐藏行为)只要不存在法定的无效理由就应认定有效,但是在诉讼过程中,根据《民事诉讼法》"谁主张,谁举证"的规则,主张"阴阳合同"的当事人负有举证的义务,故而采用"阴阳合同"存在诉讼上的风险。此外,当事人签订"阴阳合同"在许多情形中是为了逃避国家机关的监管,故而,即便在诉讼中,当事人关于"阴阳合同"的主张能够得到人民法院的支持,但根据《民法典合同编通则解释》(法释〔2023〕13号)第16条规定之精神,如果存在当事人的违法行为未经处理,人民法院应当向有关行政管理部门提出司法建议。当事人的行为涉嫌犯罪的,应当将案件线索移送刑事侦查机关;属于刑事自诉案件的,应当告知当事人可以向有管辖权的人民法院另行提起诉讼。

【典型案例】某物业管理有限公司与某研究所房屋租赁合同纠纷案[1]

裁判要点 招投标程序中,中标通知书送达后,一方当事人不履行订立书面合同的义务,相对方请求确认合同自中标通知书到达中标人时成立的,人民法院应予支持。

案情简介 2021年7月8日,某研究所委托招标公司就案涉宿舍项目公开发出投标邀请。2021年7月28日,某物业管理有限公司(以下简称物业管理公司)向招标公司发出《投标文件》,表示对招标文件无任何异议,愿意提供招标文件要求的服务。2021年8月1日,招标公司向物业管理公司送达中标通知书,确定物业管理公司为中标人。2021年8月11日,某研究所向物业管理公司致函,要求解除与物业管理公司之间的中标关系,后续合同不再签订。物业管理公司主张中标通知书送达后双方租赁合同法律关系成立,某研究所应承担因违约给其造成的损失。某研究所辩称双方并未签订正式书面租赁合同,仅成立预约合同关系。

判决理由 法院生效裁判认为,从合同法律关系成立角度,招投标程序中的招标行为应为要约邀请,投标行为应为要约,经评标后招标人向特定投

---

[1] 本案例源于最高人民法院于2023年12月05日发布的《关于适用〈中华人民共和国民法典〉合同编通则若干问题的解释》相关典型案例。

标人发送中标通知书的行为应为承诺,中标通知书送达投标人后承诺生效,合同成立。预约合同是指约定将来订立本约合同的合同,其主要目的在于将来成立本约合同。《招标投标法》第46条第1款规定:"招标人和中标人应当自中标通知书发出之日起三十日内,按照招标文件和中标人的投标文件订立书面合同。招标人和中标人不得再行订立背离合同实质性内容的其他协议。"从该条可以看出,中标通知书发出后签订的书面合同必须按照招投标文件订立。本案中招投标文件对租赁合同内容已有明确记载,故应认为中标通知书到达投标人时双方当事人已就租赁合同内容达成合意。该合意与主要目的为签订本约合同的预约合意存在区别,应认为租赁合同在中标通知书送达时成立。中标通知书送达后签订的书面合同,按照上述法律规定其实质性内容应与招投标文件一致,因此应为租赁合同成立后法律要求的书面确认形式,而非新的合同。由于中标通知书送达后租赁合同法律关系已成立,故研究所不履行合同义务,应承担违约责任。

第五章 履约阶段风险防控

【本章导论】

民有私约如律令,合同是当事人之间的法律。法律的生命力在于实施,合同的生命力在于履行。履约阶段常见风险包括:(1)履约过程发现合同条款本应明确约定但没有约定或约定不明,此时涉及合同漏洞的填补;(2)履约应遵循的基本原则和具体规则以及合同义务类型;(3)缔约时的合同基础条件在履约阶段发生重大变化,此时涉及情事(情势)变更规则;(4)履约之际发现对方存在债务危机,此时涉及不安抗辩权;(5)债务人怠于行使其对第三人的权利而害及债权人的债权,此时涉及债权人代位权;(6)债务人实施导致其履约能力明显下降的行为(如无偿处分财产、放弃债权或担保、低价转让财产、高价受让财产),此时涉及债权人撤销权;(7)当事人一方不履行合同义务或者履行义务不符合约定,此时涉及违约责任问题。本章将围绕前述问题,对履约阶段的法律风险进行梳理,并提出相应防控措施。

风险防控要点之一:合同漏洞填补

合同是当事人为自己制定的法律,当事人的权利、义务应当以之为尺度来确定。[1] 故而,合同应力求完备,完备的合同让当事人在主张合同权利、履行合同义务时能够有"法"可依、有约可循。但是,现实生活中的合同,很难做到完美无缺。由于人的认知能力有限,再加上外在客观因素,当事人所订立

---

[1] 参见李永军:《合同法》,中国人民大学出版社2016年版,第160页。

的合同难免存在漏洞。所谓合同漏洞,是指当事人在合同中对于合同条款没有约定或者约定不明确的现象。[1] 它包括两种情形:一是本应约定的,没有约定。二是合同有约定,但约定不明确或相互矛盾。

合同漏洞的填补,应遵循以下程序:第一步,由当事人协商从而达成补充协议。第二步,在当事人不能达成补充协议的情况下,由法官按照合同相关条款或者交易习惯来确定。第三步,依照前两步仍不能确定的,适用《民法典》第511条的规定,具体如下:(1)质量要求不明确的,按照强制性国家标准履行;没有强制性国家标准的,按照推荐性国家标准履行;没有推荐性国家标准的,按照行业标准履行;没有国家标准、行业标准的,按照通常标准或者符合合同目的的特定标准履行。(2)价款或者报酬不明确的,按照订立合同时履行地的市场价格履行;依法应当执行政府定价或者政府指导价的,依照规定履行。(3)履行地点不明确,给付货币的,在接受货币一方所在地履行;交付不动产的,在不动产所在地履行;其他标的,在履行义务一方所在地履行。(4)履行期限不明确的,债务人可以随时履行,债权人也可以随时请求履行,但是应当给对方必要的准备时间。(5)履行方式不明确的,按照有利于实现合同目的的方式履行。(6)履行费用的负担不明确的,由履行义务一方负担;因债权人原因增加的履行费用,由债权人负担。

【风险提示】违约责任条款的重要性

违约责任条款不是合同必要条款,当事人没有约定违约责任条款的,守约方仍能根据《民法典》第584条的规定追究违约方的违约责任。《民法典》第584条规定:"当事人一方不履行合同义务或者履行合同义务不符合约定,造成对方损失的,损失赔偿额应当相当于因违约所造成的损失,包括合同履行后可以获得的利益;但是,不得超过违约一方订立合同时预见到或者应当预见到的因违约可能造成的损失。"尽管如此,我们仍然建议在合同中应明确违约责任。一方面,根据"谁主张,谁举证"的规则,在缺乏违约责任条款的情形下,原告(守约方)主张违约损害赔偿的,须证明"对方违约给自己造成的损失"。但如果合同订有违约责任条款,则原告(守约方)可请求按照违约责任

---

[1] 参见《民法学》编写组编:《民法学》(上册)(第2版),高等教育出版社2022年版,第396页。

条款追究对方违约责任,而无须特别证明自己的损失。另一方面,当事人约定的违约金条款可以起到惩罚性作用,更有利于保障守约方的合同权益。《民法典》第585条规定:"当事人可以约定一方违约时应当根据违约情况向对方支付一定数额的违约金,也可以约定因违约产生的损失赔偿额的计算方法。约定的违约金低于造成的损失的,人民法院或者仲裁机构可以根据当事人的请求予以增加;约定的违约金过分高于造成的损失的,人民法院或者仲裁机构可以根据当事人的请求予以适当减少。当事人就迟延履行约定违约金的,违约方支付违约金后,还应当履行债务。"

风险防控要点之二:合同履行原则

合同履行应遵循全面履行原则、诚信履行原则与节约资源、保护生态原则。《民法典》第509条规定:"当事人应当按照约定全面履行自己的义务。当事人应当遵循诚信原则,根据合同的性质、目的和交易习惯履行通知、协助、保密等义务。当事人在履行合同过程中,应当避免浪费资源、污染环境和破坏生态。"

当事人的合同义务包括主给付义务(主合同义务)、从给付义务(从合同义务)与附随义务。(1)主给付义务,指合同关系固有的、必备的,用以决定合同关系性质的基本义务。比如,买卖合同中,出卖人的主给付义务是交付标的物并转移标的物的所有权,买受人的主给付义务是支付价款。(2)从给付义务,指辅助主给付义务,确保债权人利益得到最大实现的义务。从给付义务的发生原因有三:一是基于法律明文规定。例如,《民法典》第599条规定:"出卖人应当按照约定或者交易习惯向买受人交付提取标的物单证以外的有关单证和资料。"此为出卖人的一项从给付义务。二是基于当事人的约定。例如,甲转让其企业与乙,约定由甲提供经销商的名单。三是基于诚信原则及补充的契约解释。例如,名马的出卖人应交付该马的血统证明书。(3)附随义务,是为了辅助债权人实现其利益,依诚信原则,债务人应负有的义务。它包括注意义务、告知义务、照顾义务、说明义务、保密义务、忠实义务、不作为义务等。附随义务并非自始确定,而是随着债的关系的发展,依照诚信原则的要求,当事人负有作为或者不作为的义务,以保障对方的利益。

合同一方当事人不履行主给付义务的,对方当事人可以解除合同,并追究其违约责任。合同一方当事人不履行从给付义务的,对方当事人可以要求其继续履行并赔偿损失,但一般不得请求解除合同,除非不履行该从给付义务致使不能实现合同目的或者当事人另有约定。合同一方当事人不履行附随义务,对方当事人不得解除合同,只能请求损害赔偿。

【风险提示】不履行开票义务的法律后果

开具发票是买卖合同出卖人(运输合同承运人、建工合同承包人等)的一项从给付义务,当事人一方未履行该项从给付义务的,同样构成违约。《民法典合同编通则解释》(法释〔2023〕13号)第26条规定:"当事人一方未根据法律规定或者合同约定履行开具发票、提供证明文件等非主要债务,对方请求继续履行该债务并赔偿因怠于履行该债务造成的损失的,人民法院依法予以支持;对方请求解除合同的,人民法院不予支持,但是不履行该债务致使不能实现合同目的或者当事人另有约定的除外。"

风险防控要点之三:情势变更规则

合同生效后,当事人应予以严守,非基于法律规定,任何一方均不得任意地解除、变更合同的内容,此为合同应予严守原则。合同乃是当事人对未来事项的安排。对未来事项的安排,必然建立在现实环境(基础)中。合同依法成立后,因不可归责于双方当事人的原因发生了缔约当事人不可预见的客观情况,致使合同赖以成立的环境或基础发生异常变动,若继续维护合同原有效力则显失公平,因此法律允许当事人对其变更或解除,即为情事变更规则(又称"情势变更规则")。

关于情事变更规则,《民法典》第533条规定:"合同成立后,合同的基础条件发生了当事人在订立合同时无法预见的、不属于商业风险的重大变化,继续履行合同对于当事人一方明显不公平的,受不利影响的当事人可以与对方重新协商;在合理期限内协商不成的,当事人可以请求人民法院或者仲裁机构变更或者解除合同。人民法院或者仲裁机构应当结合案件的实际情况,根据公平原则变更或者解除合同。"

情事变更规则的适用须同时满足以下条件:(1)须有情事(情势)变更的事实。所谓情事(情势),泛指作为合同成立基础或环境的客观情况。这里的变更,是指上述客观情况发生了异常变动。具体判断是否构成情事变更,应以是否导致合同基础丧失、是否致使合同目的落空、是否造成对价关系障碍为判断基础。(2)情事变更发生在合同有效成立后、合同终止前。(3)情事变更须是当事人在缔约时所不能预见,且不可归责于双方当事人的客观事实。(4)情事变更使合同履行显失公平。该显失公平应依理性人的看法加以判断,包括履行特别困难、债权人受领严重不足、履行对债权人无利益。[1]

情事变更规则的适用应遵循以下程序:(1)受不利影响的当事人负有"再交涉义务"。再交涉,即与对方重新协商合同的内容,受不利影响的当事人只需秉持诚信原则进行交涉即可。在履行再交涉义务期间,受不利影响的当事人享有中止履行抗辩权。最高人民法院释义提出:"在构成情势变更时,正是因为继续履行会对受不利一方造成显失公平的后果,法律才规定了再协商义务,以期调整当事人之间失衡的权利义务关系,使债务人免于承担不公平的法律后果。基于该立法目的以及相关制度设计,应可得出,在履行再交涉义务期间,债务人享有中止履行抗辩权。"[2](2)合理期限内协商不成的,受不利影响的当事人可以请求人民法院或者仲裁机构变更或者解除合同。当事人请求变更合同的,人民法院或者仲裁机构不得解除合同;当事人一方请求变更合同,对方请求解除合同的,或者当事人一方请求解除合同,对方请求变更合同的,人民法院或者仲裁机构应当结合案件的实际情况,根据公平原则判决变更或者解除合同。

【风险提示】政策变化不必然构成情事变更

以下情形通常不能认定为情事变更:(1)政策变化在合同签订前已存在。在三亚某投资有限公司、张某男与海南某房地产开发有限公司等确认合同效力纠纷案中,最高人民法院裁判认为:"当事人主张的政府政策调整内容,在

---

[1] 参见崔建远主编:《合同法》,法律出版社2016年版,第90页。
[2] 最高人民法院民法典贯彻实施工作领导小组主编:《中华人民共和国民法典合同编理解与适用》,人民法院出版社2020年版,第492页。

合同签订前已存在。当事人为专业房地产投资公司,以签订合同时无法预见此类政策为由主张构成不可抗力,不予支持。"[1](2)缔约前已出现政策逐步收紧现象的。在某公司与郑某平股权转让合同纠纷案中,最高人民法院裁判认为:"情势变更属于合同成立的基础环境发生了异常的变动,所造成的风险属于意外的风险。某公司作为矿产企业,在《股权转让协议》签订时对于案涉矿区位于风景名胜区内应当知晓,即使如某公司所称当地环保政策宽松,某公司在行政法规有明确的规定下,其对政策的走向应当有预见,之后当地政策逐步收紧导致探矿权不能延续对于某公司而言不属于意外风险。因此,本案并不适用《最高人民法院关于适用〈中华人民共和国合同法〉若干问题的解释(二)》第二十六条情势变更的规定。"[2](3)政策变化不会使合同继续履行显失公平的。在湖南某教育投资有限公司、湖南某大学合同纠纷案中,最高人民法院裁判指出:"案涉学生公寓的住宿费之所以从2003年交付使用至今一直没有调整,就是因为政府有关部门在2005年、2009年相继下发的文件中作出了住宿费价格的限制性规定,因此,双方遵照政府有关部门政策规定执行住宿费收费标准完全符合合同的约定。行政规范文件对于住宿费价格进行限定,虽然属于客观情况发生变化,但并没有超出双方约定的范围。某公司投入成本9165万元,收回住宿费约1.4亿元,其已取得适当利润。故而本案不适用情势变更原则。"[3]

风险防控要点之四:合同履行抗辩

(一)同时履行抗辩权

同时履行抗辩权,是指双务合同的当事人没有先后履行顺序的,一方在对方履行之前有权拒绝对方履行要求,一方在对方履行债务不符合约定时,有权拒绝其相应的履行要求。同时履行抗辩权的行使,须满足以下条件:

---

[1] 参见最高人民法院民事判决书,(2019)最高法民终960号。
[2] 参见最高人民法院民事判决书,(2019)最高法民终827号。
[3] 参见最高人民法院民事裁定书,(2021)最高法民申5253号。

(1)待履行的合同是双务合同;(2)合同没有约定先后履行顺序;(3)须对方未为履行或未为适当履行;(4)须对方的对待给付属于可能履行的义务。

须注意的是,如果合同一方当事人已经履行了合同主要义务,但未履行从给付义务或附随义务,则对方当事人一般不能行使同时履行抗辩权。《民法典合同编通则解释》(法释〔2023〕13号)第31条第1款规定:"当事人互负债务,一方以对方没有履行非主要债务为由拒绝履行自己的主要债务的,人民法院不予支持。但是,对方不履行非主要债务致使不能实现合同目的或者当事人另有约定的除外。"

（二）顺序履行抗辩权

顺序履行抗辩权,是指在双务合同中,负有先履行义务的一方当事人届期未履行义务或者履行义务不符合合同的约定的,负有后履行义务的当事人为了保护自己的利益,可以拒绝履行自己相应的义务。顺序履行抗辩权的行使,须满足以下条件:(1)待履行的合同是双务合同;(2)合同约定了先后履行顺序,或者虽然合同未约定,但根据交易习惯,合同义务有先后履行顺序;(3)双方合同义务均已届履行期;(4)负有先履行义务一方不履行合同义务或履行不符合合同约定;(5)负有先履行义务一方履行合同义务属于可能。

（三）不安抗辩权

不安抗辩权,是指双务合同生效后,应当先履行的当事人有证据证明对方当事人不能履行义务,或者存在不能履行合同义务的可能或危险时,在对方当事人没有履行或没有提供担保之前,有权中止履行合同义务。

行使不安抗辩权的条件包括:(1)存在于双务合同中;(2)负有先履行义务的一方(提出不安抗辩权的一方)其合同义务已届履行期;(3)负有后履行义务的一方当事人已经提出履行请求;(4)负有后履行义务的债务人存在不能履行义务的可能,且未提供担保的。《民法典》第527条第1款规定:"应当先履行债务的当事人,有确切证据证明对方有下列情形之一的,可以中止履行:(一)经营状况严重恶化;(二)转移财产、抽逃资金,以逃避债务;(三)丧失商业信誉;(四)有丧失或者可能丧失履行债务能力的其他情形。"

行使不安抗辩权的程序:(1)先履行义务一方(提出不安抗辩权的一方)应负举证义务,证明后履行义务一方有不能履行或可能不能履行合同的确切证据;(2)先履行一方应及时向对方通知自己行使不安抗辩权的事实;(3)对方当事人如果提供适当担保或者已经履行,先履行一方应恢复履行;(4)中止履行后,对方在合理期限内未恢复履行能力并且未提供适当担保的,中止履行的一方可以解除合同。

【风险提示】谨慎行使不安抗辩权

在合同已经约定了债务履行先后顺序的情形,根据意思自治原则与合同应予严守原则,合同当事人应按照约定的先后顺序履行。合同约定的应先履行义务的一方当事人,如果没有在合同约定的期限内履行合同义务,而仅以对方未履行作为拒绝履行的理由,将构成违约。《民法典》第527条第1款规定了不安抗辩权行使的条件,负有先履行义务的一方当事人有确切证据证明对方有这些条件之一的,才可以行使不安抗辩权。《民法典》第527条第2款规定:"当事人没有确切证据中止履行的,应当承担违约责任。"故而,负有先履行义务的一方当事人应谨慎行使不安抗辩权。

风险防控要点之五:债权人代位权

(一)债权人代位权的制度意义与类型

债权是请求权,而非支配权。债权人不能直接支配债务人的人身或财产,只能借助债务人履行债务的行为(自愿履行或强制履行),才能实现债权。然而,债务能否得到履行,在很大程度上取决于债务人所拥有的财产状况,即责任财产。债的保全,是指法律为了防止债务人的财产不当减少而给债权人的债权带来危害,允许债权人代债务人之位向第三人行使债务人的权利,或者请求人民法院撤销债务人单方实施或与第三人共同实施的民事法律行为的制度。其中,债权人代债务人之位向第三人行使债务人的权利的法律制度,称为债权人的代位权制度;债权人请求人民法院撤销债务人单方实施或与第三人实施的民事法律行为的制度,称为债权人的撤销权制度。

债权人的代位权,指当债务人怠于行使其对第三人享有的权利而害及债权人的债权时,债权人为保全自己的债权,可以自己的名义代位行使债务人对第三人的权利之权利。债权人的代位权分为两种:(1)债权已到期的债权人行使的代位权；(2)债权未到期的债权人行使的代位权(亦称"债权人代位权的提前行使""债权人代位保存权")。

(二)债权已到期的债权人之代位权

1. 立法规定

《民法典》第535条规定："因债务人怠于行使其债权或者与该债权有关的从权利,影响债权人的到期债权实现的,债权人可以向人民法院请求以自己的名义代位行使债务人对相对人的权利,但是该权利专属于债务人自身的除外。代位权的行使范围以债权人的到期债权为限。债权人行使代位权的必要费用,由债务人负担。相对人对债务人的抗辩,可以向债权人主张。"

2. 行使条件

债权人行使代位权须满足以下条件：(1)债务人对第三人享有债权。(2)债务人怠于行使其债权或者与该债权有关的从权利。(3)债务人已陷入迟延,即债务履行期已届满,但债务人尚未清偿全部债务。(4)有保全债权的必要,即债务人迟延履行已经影响债权人的到期债权实现。《民法典合同编通则解释》(法释〔2023〕13号)第33条规定："债务人不履行其对债权人的到期债务,又不以诉讼或者仲裁方式向相对人主张其享有的债权或者与该债权有关的从权利,致使债权人的到期债权未能实现的,人民法院可以认定为民法典第五百三十五条规定的'债务人怠于行使其债权或者与该债权有关的从权利,影响债权人的到期债权实现'。"(5)债务人的债权不具有专属性。《民法典合同编通则解释》第34条规定："下列权利,人民法院可以认定为民法典第五百三十五条第一款规定的专属于债务人自身的权利：(一)抚养费、赡养费或者扶养费请求权；(二)人身损害赔偿请求权；(三)劳动报酬请求权,但是超过债务人及其所扶养家属的生活必需费用的部分除外；(四)请求支付基本养老保险金、失业保险金、最低生活保障金等保障当事人基本生活的权利；(五)其他专属于债务人自身的权利。"

3. 行使程序

债权人代位权,由债权人以自己的名义(以债权人自己作为原告)向人民法院提起债权人代位权之诉,以债务人的相对人(又称次债务人)为被告,以债务人为第三人。此类案件,一般由被告(债务人的相对人)住所地人民法院管辖。《民法典合同编通则解释》(法释〔2023〕13号)第35条规定："债权人依据民法典第五百三十五条的规定对债务人的相对人提起代位权诉讼的,由被告住所地人民法院管辖,但是依法应当适用专属管辖规定的除外。债务人或者相对人以双方之间的债权债务关系订有管辖协议为由提出异议的,人民法院不予支持。"第36条规定:"债权人提起代位权诉讼后,债务人或者相对人以双方之间的债权债务关系订有仲裁协议为由对法院主管提出异议的,人民法院不予支持。但是,债务人或者相对人在首次开庭前就债务人与相对人之间的债权债务关系申请仲裁的,人民法院可以依法中止代位权诉讼。"

4. 行使效力

代位权的行使,对债权人产生的效力有:(1)债权人直接受偿;(2)债的关系的消灭。《民法典》第537条规定:"人民法院认定代位权成立的,由债务人的相对人向债权人履行义务,债权人接受履行后,债权人与债务人、债务人与相对人之间相应的权利义务终止。"

代位权的行使,对债务人产生的效力有:(1)负担行使代位权的必要费用。《民法典》第535条第2款规定:"债权人行使代位权的必要费用,由债务人负担。"(2)债务人对次债务人的权利的处分权受到限制。根据《民法典合同编通则解释》(法释〔2023〕13号)第41条的规定,债权人提起代位权诉讼后,债务人无正当理由不能减免相对人的债务或者延长相对人的履行期限。

代位权的行使,对债务人的相对人(次债务人)产生的效力有:(1)次债务人对债务人的抗辩,可以向债权人主张。但《民法典合同编通则解释》(法释〔2023〕13号)第41条规定:"债权人提起代位权诉讼后,债务人无正当理由减免相对人的债务或者延长相对人的履行期限,相对人以此向债权人抗辩的,人民法院不予支持。"(2)负担诉讼费。在代位权诉讼中,债权人(原告)胜诉的,诉讼费用由次债务人(被告)负担。

(三)债权未到期的债权人之代位权

1. 立法规定

《民法典》第536条规定:"债权人的债权到期前,债务人的债权或者与该债权有关的从权利存在诉讼时效期间即将届满或者未及时申报破产债权等情形,影响债权人的债权实现的,债权人可以代位向债务人的相对人请求其向债务人履行、向破产管理人申报或者作出其他必要的行为。"

2. 行使条件

债权未到期的债权人行使代位权须满足以下条件:(1)债权人对债务人

的债权合法有效,受法律保护。诸如赌债之类的债权因具有违法性,不受法律保护,赌债债权人当然不享有代位权。(2)债务人对次债务人(债务人的相对人)的债权已届履行期。如果次债务人的债务履行期限尚未届满,债务人尚不能诉请次债务人履行,债权人当然不能行使代位权。(3)债务人对次债务人的债权或者与该债权有关的从权利存在诉讼时效期间即将届满或者未及时申报破产债权。诉讼时效期间届满,意味着义务人一方将取得诉讼时效抗辩权;未及时申报破产债权,意味着未参与破产清算分配将可能导致债权落空。故而,在这两种情形下,债权虽未到期,但有保全的必要。(4)债务人怠于行使其债权或者与该债权有关的从权利,或怠于申报破产债权。

3. 行使方式与法律效果

债权未到期的债权人之代位权,又称"债权人代位保存权"。债权人代位保存权可以采取诉讼(或仲裁)和非诉两种方式行使,这与债权已到期的债权人之代位权必须通过诉讼方式行使有所区别。代位保存权行使的结果直接归属于债务人,即债权人可以代位向债务人的相对人请求其向债务人履行、向破产管理人申报或者作出其他必要的行为。行使代位保存权的必要费用,应由债务人承担,而且该项费用系为全体债权人共同利益而付出,具有共益性,故而可得到优先受偿。[1]

【风险提示】债权人代位权行使的重要意义

债务人怠于行使其对次债务人(债务人的相对人)的到期债权的,将导致其用以偿债的财产减少。如果债务人怠于行使债权的状态持续满3年,次债务人将取得诉讼时效抗辩权,从而有权拒绝履行债务。前述情况均会影响债权人债权的实现。《民法典》赋予债权人代位权,在债务人陷于履行迟延时,债权人可利用该项权利保护自身合法权益。债务人的债务履行期限虽未届满,但如果出现债务人的债权或者与该债权有关的从权利存在诉讼时效期间即将届满或者未及时申报破产债权等情形,债权人可提前行使代位权(代位保存权)。如果债权人未积极利用代位权或代位保存权,即便将来其对债务人提起的诉讼请求获得人民法院支持,届时又将面临执行难的困境。

---

[1] 参见最高人民法院民法典贯彻实施工作领导小组主编:《中华人民共和国民法典合同编理解与适用(一)》,人民法院出版社2020年版,第512~514页。

风险防控要点之六:债权人撤销权

(一)债权人撤销权之立法规定

债权人的撤销权(又称废罢诉权),指债权人对于债务人所为的危害债权的行为,可以请求人民法院予以撤销的权利。《民法典》第538条规定:"债务人以放弃其债权、放弃债权担保、无偿转让财产等方式无偿处分财产权益,或者恶意延长其到期债权的履行期限,影响债权人的债权实现的,债权人可以请求人民法院撤销债务人的行为。"第539条规定:"债务人以明显不合理的低价转让财产、以明显不合理的高价受让他人财产或者为他人的债务提供担保,影响债权人的债权实现,债务人的相对人知道或者应当知道该情形的,债权人可以请求人民法院撤销债务人的行为。"

(二)债权人撤销权的行使条件

债权人行使撤销权,首先应符合以下客观要件:(1)须有债务人减少财产的行为,具体包括:①债务人放弃对第三人的到期债权;②债务人放弃第三人提供的债权担保;③债务人向第三人无偿转让财产;④债务人恶意延长其到期债权的履行期限;⑤债务人以明显不合理的低价转让财产(转让价格未达到交易时交易地的市场交易价或者指导价70%的,一般可以认定为"明显不合理的低价");⑥债务人以明显不合理的高价受让他人财产(受让价格高于交易时交易地的市场交易价或者指导价30%的,一般可以认定为"明显不合理的高价");[1]⑦债务人为他人的债务提供担保。(2)债务人的行为须有害债权。即债务人减少财产的行为,减弱了对债权人的清偿能力,致使债权人的债

---

[1]《民法典合同编通则解释》(法释〔2023〕13号)第42条规定:"对于民法典第五百三十九条规定的'明显不合理'的低价或者高价,人民法院应当按照交易当地一般经营者的判断,并参考交易时交易地的市场交易价或者物价部门指导价予以认定。转让价格未达到交易时交易地的市场交易价或者指导价百分之七十的,一般可以认定为'明显不合理的低价';受让价格高于交易时交易地的市场交易价或者指导价百分之三十的,一般可以认定为'明显不合理的高价'。债务人与相对人存在亲属关系、关联关系的,不受前款规定的百分之七十、百分之三十的限制。"第43条规定:"债务人以明显不合理的价格,实施互易财产、以物抵债、出租或者承租财产、知识产权许可使用等行为,影响债权人的债权实现,债务人的相对人知道或者应当知道该情形,债权人请求撤销债务人的行为的,人民法院应当依据民法典第五百三十九条的规定予以支持。"

权有不能实现的危险。如果债务人减少财产的行为,不会影响其对债权人的清偿能力,则债权人无权撤销债务人的行为。(3)债务人的行为须以财产为标的。债务人的行为,非以财产为标的者不得撤销之,如结婚或离婚、收养或终止收养、继承的抛弃或承认、以提供劳务为目的之行为等,均不得成为撤销权的标的。这些行为即便减少了债务人的财产,减弱了对债权人的清偿能力,债权人也不能诉请撤销。(4)债务人减少财产的行为须在债权成立后所为。

债权人行使撤销权,主观要件须作区分。(1)债务人减少财产的行为若为"无偿处分财产权益",包括放弃其债权、放弃债权担保、无偿转让财产等,则通常不考虑债务人的动机,也不考虑债务人的相对人主观善恶,只要该项无偿处分财产权益行为影响债权人的债权实现的,债权人就可以请求人民法院撤销债务人的行为。(2)债务人减少财产的行为若为"延长其到期债权的履行期限",则要求债务人主观动机是为了逃避债务履行。(3)债务人减少财产的行为若为"以明显不合理的低价转让财产""以明显不合理的高价受让他人财产""为他人的债务提供担保"等情形,则主观要件方面不仅要求债务人存在逃避履行债务的动机,还要求债务人的相对人主观为恶意,即其明知或应知债务人是为了逃避债务。

(三)债权人撤销权的行使方式

债权人行使撤销权,应通过诉讼的方式。债权人撤销权的行使范围以债权人的债权为限。《最高人民法院关于适用〈中华人民共和国民法典〉合同编通则若干问题的解释》(法释〔2023〕13号)第44条第1款规定:"债权人依据民法典第五百三十八条、第五百三十九条的规定提起撤销权诉讼的,应当以债务人和债务人的相对人为共同被告,由债务人或者相对人的住所地人民法院管辖,但是依法应当适用专属管辖规定的除外。"该条规定,债权人向人民法院提起债权人撤销权之诉的,应将债务人和债务人的相对人列为共同被告,这一规定与《最高人民法院关于适用〈中华人民共和国合同法〉若干问题的解释(一)》(法释〔1999〕19号)的规定不同。[1]

---

[1] 最高人民法院在1999年12月19日发布的《关于适用〈中华人民共和国合同法〉若干问题的解释(一)》第24条规定:"债权人依照合同法第七十四条的规定提起撤销权诉讼时只以债务人为被告,未将受益人或者受让人列为第三人的,人民法院可以追加该受益人或者受让人为第三人。"

（四）债权人行使撤销权的法律效力

（1）对债务人和债务人的相对人而言，债务人影响债权人的债权实现的行为被撤销的，自始没有法律约束力。尚未依该行为给付的，终止给付；已为给付的，受领人（债务人的相对人）负有恢复原状的义务，即债务人的相对人因该行为而取得财产的，应返还给债务人，因标的物不存在而无法返还的，应折价赔偿；债务人的相对人如已向债务人支付了对价，其有权要求债务人返还。

（2）对于行使撤销权的债权人而言，其有权请求债务人的相对人向债务人返还所受利益（包括返还财产、折价补偿、履行到期债务等）[1] 若债务人的相对人向债权人本人返还所受利益，则债权人有义务将收取的利益加入债务人的一般财产，作为全体一般债权人的共同担保，而无优先受偿权。《民法典》第540条规定："债权人行使撤销权的必要费用，由债务人负担。"债权人行使撤销权所支付的合理的律师代理费、差旅费等费用，可以认定为民法典第540条规定的"必要费用"[2]

【风险提示】债权人行使撤销权须在法定期限内提起诉讼

当出现《民法典》第538条、第539条规定的债权人撤销权之法定事由时，债权人若要行使撤销权，须在法定的期限内向人民法院提起债权人撤销权之诉。《民法典》第541条规定："撤销权自债权人知道或者应当知道撤销事由之日起一年内行使。自债务人的行为发生之日起五年内没有行使撤销权的，该撤销权消灭。"债权人撤销权的法定行使期限，在性质上属于除斥期间。除斥期间是不变期间，不像诉讼时效期间那样存在中止、中断和延长的事由。"除斥期间一旦开始计算，就不停计算下去，直至期间届满权利即消

---

[1] 《民法典合同编通则解释》（法释〔2023〕13号）第46条规定："债权人在撤销权诉讼中同时请求债务人的相对人向债务人承担返还财产、折价补偿、履行到期债务等法律后果的，人民法院依法予以支持。债权人请求受理撤销权诉讼的人民法院一并审理其与债务人之间的债权债务关系，属于该人民法院管辖的，可以合并审理。不属于该人民法院管辖的，应当告知其向有管辖权的人民法院另行起诉。债权人依据其与债务人的诉讼、撤销权诉讼产生的生效法律文书申请强制执行的，人民法院可以就债务人对相对人享有的权利采取强制执行措施以实现债权人的债权。债权人在撤销权诉讼中，申请对相对人的财产采取保全措施的，人民法院依法予以准许。"

[2] 参见《民法典合同编通则解释》（法释〔2023〕13号）第45条第2款规定。

灭。"[1]《民法典》第541条规定的"一年期间",自债权人知道或者应当知道撤销事由之日起算,该条规定的"五年期间"自债务人的行为发生之日(撤销事由发生之日)起算,债权人未在前述期限内向人民法院提起债权人撤销权之诉的,其撤销权即告消灭。

风险防控要点之七:违约法律后果

(一)违约行为的概念与类型

1. 违约概念

《民法典》第577条规定:"当事人一方不履行合同义务或者履行合同义务不符合约定的,应当承担继续履行、采取补救措施或者赔偿损失等违约责任。"第578条规定:"当事人一方明确表示或者以自己的行为表明不履行合同义务的,对方可以在履行期限届满前请求其承担违约责任。"据此规定,违约即合同当事人不履行合同义务或者履行合同义务不符合约定的客观事实。根据履行期限是否到来,违约行为分为预期违约和实际违约两种类型。

2. 实际违约

实际违约,指合同义务履行期限已经届满,合同当事人不履行合同义务或者履行合同义务不符合合同约定或法律规定的客观事实。其形态分为三类型:(1)不履行,包括履行不能和拒绝履行。履行不能(给付不能),是指由于不可抗力以外的因素(比如特定标的物已被债务人转让给第三人或者已被他人毁损)导致债务人无法向债权人履行的客观事实。拒绝履行(给付拒绝),是指在合同履行期限到来以后,一方当事人无正当理由拒绝履行合同义务的客观事实。(2)不当履行,包括迟延履行、瑕疵履行、部分履行和其他不当履行行为。迟延履行(给付迟延),是指合同当事人的履行违反了履行期限的规定。瑕疵履行(瑕疵给付),是指合同当事人虽有履行,但履行有瑕疵。部分履行(部分给付),是指合同当事人虽有履行,但没有全部履行。(3)加害

---

[1] 梁慧星:《读条文 学民法》,人民法院出版社2017年版,第254页。

履行(加害给付),是指合同当事人一方虽有履行,但履行不仅有瑕疵,而且侵害了对方的固有权益。比如,出卖人交付的种猪有病毒,致使买受人的猪群受感染。加害履行的情形涉及违约责任与侵权责任的竞合。

债务履行要求履行主体、履行标的(数量和质量)、履行期限、履行地点和履行方式五方面内容都是完全和适当的。因此一般来说,债务不履行(违约行为)是对前述内容之部分或全部的违反。其中,履行迟延是对履行期限的违反,部分履行是对履行标的数量的违反,瑕疵履行和加害履行是对履行标的质量的违反,不履行(包括履行不能和拒绝履行)体现了对履行主体的违反。

3. 预期违约

预期违约,指在履行期限到来之前,合同一方当事人无正当理由而明确表示其在履行期到来后将不履行合同,或者以其行为表明其在履行期到来以后将不可能履行合同。预期违约包括明示毁约和默示毁约。明示毁约,指一方当事人无正当理由,明确肯定地向另一方当事人表示他将在履行期限到来时不履行合同。默示毁约,指在履行期到来之前,一方以自己的行为表明其将在履行期到来之后不履行合同,而另一方有足够的证据证明一方将不履行合同,且一方也不愿意提供必要的履行担保。[1] "以自己的行为表明将不履行合同义务",如企业(债务人一方)已经陷入停产、关闭等,[2] 又如,负有让与房屋产权义务的债务人在履行期限到来前已将房屋转让给第三人的情形。[3]

(二)违约责任的前提条件与基本特征

违约责任,指合同一方当事人不履行合同义务或者履行合同义务不符合约定时,应向对方当事人承担的民事责任。(1)违约责任的产生,以合同已生效为前提。合同未生效,则合同义务尚不存在,违约责任无从谈起。缔约当事人在合同订立过程中根据诚信原则相互应尽的义务,为先合同义务,违反

---

[1] 参见江必新主编:《合同风险及其防范控制全书》,中国法制出版社2019年版,第127页。
[2] 参见梁慧星:《读条文 学民法》,人民法院出版社2017年版,第254页。
[3] 默示预期违约规则是英国在1894年辛格夫人诉辛格案中确立的。在该案中,被告于婚前向原告许诺:婚后将把一栋房屋转归原告所有。但被告此后又将该房屋卖给第三人,使其许诺成为不可能。法院在判决中认为,尽管不排除被告重新买回该房屋以履行其许诺的可能性,但原告仍有权解除合同并请求赔偿。

先合同义务的责任为缔约过失责任,其有别于违约责任。(2)违约责任的产生,以合同当事人不履行合同义务或履行合同义务不符合合同约定或法律规定为条件。合同义务包括主合同义务(主给付义务)、从合同义务(从给付义务)和附随义务,这些义务有的是合同约定的义务,有的是法律规定的义务,无论是违反上述何种合同义务,均需承担违约责任。民法学说中,合同义务还包括不真正义务,不真正义务是债权人对自己利益的照顾义务,此种义务的违反,仅使债权人遭受权利受损或者丧失的不利后果,而不发生违约损害赔偿问题。[1]

违约责任存在以下特征:(1)违约责任具有相对性,违约责任只能在合同关系的当事人之间发生。《民法典》第593条规定:"当事人一方因第三人的原因造成违约的,应当依法向对方承担违约责任。当事人一方和第三人之间的纠纷,依照法律规定或者按照约定处理。"(2)违约责任可以由当事人约定。《民法典》第585条第1款规定:"当事人可以约定一方违约时应当根据违约情况向对方支付一定数额的违约金,也可以约定因违约产生的损失赔偿额的计算方法。"(3)违约责任主要具有补偿性,也兼具制裁性。《民法典》第585条第2款规定:"约定的违约金低于造成的损失的,人民法院或者仲裁机构可以根据当事人的请求予以增加;约定的违约金过分高于造成的损失的,人民法院或者仲裁机构可以根据当事人的请求予以适当减少。"

(三)违约责任的归责原则与免责事由

《民法典》确立的违约责任归责原则,以无过错责任原则(严格责任原则)

---

[1] 不真正义务的相关规定,例如,《民法典》第591条第1款规定:"当事人一方违约后,对方应当采取适当措施防止损失的扩大;没有采取适当措施致使损失扩大的,不得就扩大的损失请求赔偿。"又如,《民法典》第621条规定:"当事人约定检验期限的,买受人应当在检验期限内将标的物的数量或者质量不符合约定的情形通知出卖人。买受人怠于通知的,视为标的物的数量或者质量符合约定。当事人没有约定检验期限的,买受人应当在发现或者应当发现标的物的数量或者质量不符合约定的合理期限内通知出卖人。买受人在合理期限内未通知或者自收到标的物之日起二年内未通知出卖人的,视为标的物的数量或者质量符合约定……"不真正义务不是必须履行的义务,相对方通常不得诉请履行,对该义务的违反也不发生损害赔偿责任,而仅使负有该义务的人遭受权利的减损或者丧失的危险性。在此情形中,被害人所违反的是对自己利益的维护照顾义务(不真正义务)。被害人在法律上虽然不负有不损害自己权益的义务,但既然因自己的疏忽懈怠导致损害的发生或扩大,自己应负有责任,依照公平原则,自应依其程度忍受权利减损或者丧失的不利益。

为主,以过错责任原则为辅。《民法典》合同编通则分编将无过错责任原则作为确定行为人承担违约责任的一般标准,而典型合同分编在特殊情形下规定了过错责任原则,比如《民法典》第660条、第662条规定的赠与人的责任。[1]在一般的情形,违约责任的构成要件有二:一是存在违约行为,即合同当事人一方没有履行合同义务或履行合同义务不符合合同约定或法律规定。二是不存在法定或约定的免责事由。

违约责任的法定免(减)责事由包括不可抗力和非违约方存在过错。(1)不可抗力是不能预见、不能避免且不能克服的客观情况。《民法典》第180条第1款规定:"因不可抗力不能履行民事义务的,不承担民事责任。法律另有规定的,依照其规定。"不可抗力的法律后果,并不必然是完全免除违约责任。《民法典》第590条规定:"当事人一方因不可抗力不能履行合同的,根据不可抗力的影响,部分或者全部免除责任,但是法律另有规定的除外。因不可抗力不能履行合同的,应当及时通知对方,以减轻可能给对方造成的损失,并应当在合理期限内提供证明。当事人迟延履行后发生不可抗力的,不免除其违约责任。"(2)非违约方存在过错。非违约方存在过错,只能减轻违约方的违约责任,而不能免除违约方的违约责任。《民法典》第592条第2款规定:"当事人一方违约造成对方损失,对方对损失的发生有过错的,可以减少相应的损失赔偿额。"

(四)违约责任的类型与适用

1.违约责任类型之一:继续履行

继续履行是指一方违反合同义务时,另一方有权要求其根据合同约定继续履行合同义务。继续履行强调的是对未履行(或未履行完毕)的合同的继续履行,它可以与违约金、赔偿损失等责任形式并用,但不能与解除合同的方式并用。

---

[1]《民法典》第660条规定:"经过公证的赠与合同或者依法不得撤销的具有救灾、扶贫、助残等公益、道德义务性质的赠与合同,赠与人不交付赠与财产的,受赠人可以请求交付。依据前款规定应当交付的赠与财产因赠与人故意或者重大过失致使毁损、灭失的,赠与人应当承担赔偿责任。"第662条规定:"赠与的财产有瑕疵的,赠与人不承担责任。附义务的赠与,赠与的财产有瑕疵的,赠与人在附义务的限度内承担与出卖人相同的责任。赠与人故意不告知瑕疵或者保证无瑕疵,造成受赠人损失的,应当承担赔偿责任。"

继续履行的适用应满足以下条件:(1)有违约行为;(2)非违约方在合理期限内向违约方提出继续履行的要求;(3)合同义务在法律上或事实上能够履行或适合履行;(4)违约方有继续履行的能力,并且继续履行在经济上是合理的。

2. 违约责任类型之二:赔偿损失

赔偿损失,是指合同当事人不履行合同义务或者履行合同义务不符合合同约定时,依照法律规定或合同约定赔偿对方因违约所受到的损失的责任形式。赔偿损失具有法定的和约定的两种,约定的赔偿损失的适用优先于法定的赔偿损失的适用。损失赔偿的适用应满足以下条件:(1)有违约行为;(2)非违约方受到损失;(3)违约行为与损失之间存在因果关系。

违约损失赔偿遵循完全赔偿原则。《民法典》第584条前句规定:"当事人一方不履行合同义务或者履行合同义务不符合约定,造成对方损失的,损失赔偿额应当相当于因违约所造成的损失,包括合同履行后可以获得的利益。"据此规定可知,违约赔偿范围包括实际损失和可得利益损失。实际损失(积极损失),是指合同一方当事人的违约行为给对方造成的现有财产的减少和费用的支出。所谓可得利益损失(消极损失),指合同一方当事人的违约行为导致对方当事人丧失了在合同依约履行下所能够得到的利益。

违约损失赔偿受到以下规则限制:(1)合理预见规则。根据《民法典》第584条后句的规定,违约损失赔偿额不得超过违约一方订立合同时预见到或者应当预见到的因违约可能造成的损失。(2)止损义务规则。《民法典》第591条第1款规定:"当事人一方违约后,对方应当采取适当措施防止损失的扩大;没有采取适当措施致使损失扩大的,不得就扩大的损失请求赔偿。"(3)违约损害相抵规则。《民法典》第592条规定:"当事人都违反合同的,应当各自承担相应的责任。当事人一方违约造成对方损失,对方对损失的发生有过错的,可以减少相应的损失赔偿额。"

3. 违约责任类型之三:支付违约金

违约金,指按照当事人的约定,一方当事人违约时应支付给对方的一定数量的金钱。它具有以下特征:(1)违约金具有约定性;(2)违约金的数额是预先确定的;(3)违约金兼具有惩罚性和赔偿性。《民法典》第585条第2款规定:"约定的违约金低于造成的损失的,人民法院或者仲裁机构可以根据当事人的请求予以增加;约定的违约金过分高于造成的损失的,人民法院或者仲裁机构可以根据当事人的请求予以适当减少。"何为"约定的违约金过分高于造成的损失"?《民法典合同编通则解释》(法释〔2023〕13号)第65条第2款规定:"约定的违约金超过造成损失的百分之三十的,人民法院一般可以认定为过分高于造成的损失。"约定的违约金过分高于造成的损失的,违约方未必都有权要求减少违约金。根据《民法典合同编通则解释》第65条第3款的规定,恶意违约的当事人一方请求减少违约金的,人民法院一般不予支持。

(五)违约责任与定金规则

1.定金概念

《民法典》第586条第1款规定:"当事人可以约定一方向对方给付定金作为债权的担保。定金合同自实际交付定金时成立。"所谓定金,指合同当事人为了确保合同的履行,依据当事人双方的约定,由当事人一方在合同订立时,或订立后、履行前,按合同标的额的一定比例,预先给付对方当事人的一定金钱。关于《民法典》第586条第1款,可从以下三个方面理解:(1)定金是一种金钱担保。担保分为人保、物保和钱保。人保即人的担保,典型的如保证;物保即担保物权,包括抵押、质押、留置等;钱保即金钱担保,包括定金、押金、保证金等。(2)定金合同是实践合同。多数合同是诺成合同,当事人达成合意即可成立。实践合同的成立,不仅须有当事人之间的合意,而且还要有标的物的现实交付。定金合同自实际交付定金时成立,故而为实践合同。(3)定金合同是从合同。定金合同(条款)从属于被担保的主合同,主合同若不成立或无效,定金合同也将不成立或无效。

定金与订金、押金、保证金不同。一方面,法律规定了定金的上限,但并未规定订金、押金、保证金的上限。《民法典》第586条第2款规定:"定金的数额由当事人约定;但是,不得超过主合同标的额的百分之二十,超过部分不产生定金的效力。"另一方面,定金适用定金罚则,而订金、押金、保证金则否。关于定金罚则,《民法典》第587条规定:"债务人履行债务的,定金应当抵作价款或者收回。给付定金的一方不履行债务或者履行债务不符合约定,致使不能实现合同目的的,无权请求返还定金;收受定金的一方不履行债务或者履行债务不符合约定,致使不能实现合同目的的,应当双倍返还定金。"

2. 定金类型

《民法典》第 587 条规定的定金属于违约定金。《民法典合同编通则解释》第 67 条还规定了立约定金、成约定金和解约定金。

(1) 立约定金。《民法典合同编通则解释》第 67 条第 2 款规定："当事人约定以交付定金作为订立合同的担保，一方拒绝订立合同或者在磋商订立合同时违背诚信原则导致未能订立合同，对方主张适用民法典第五百八十七条规定的定金罚则的，人民法院应予支持。"立约定金可以被称为为主合同的订立而签订的从合同。立约定金的效力是独立于主合同的，其在主合同之前就成立并生效。凡在协议中设定立约定金的，其法律效力自当事人实际交付定金时就发生，在其所担保的定约行为没有发生时，违反承诺的当事人就要受到定金罚则的处罚。

(2) 成约定金。《民法典合同编通则解释》第 67 条第 3 款规定："当事人约定以交付定金作为合同成立或者生效条件，应当交付定金的一方未交付定金，但是合同主要义务已经履行完毕并为对方所接受的，人民法院应当认定合同在对方接受履行时已经成立或者生效。"成约定金的法律意义在于，当事人在约定成约定金后，定金未交付的，合同当然不成立或不生效。在当事人约定有成约定金的情况下，定金的交付是合同成立与否或生效与否的关键，但也不绝对。如果当事人自愿履行了合同主要义务并为对方所接受，该合同就不再以定金交付与否作为成立或生效的标志。

(3) 解约定金。《民法典合同编通则解释》第 67 条第 4 款规定："当事人约定定金性质为解约定金，交付定金的一方主张以丧失定金为代价解除合同的，或者收受定金的一方主张以双倍返还定金为代价解除合同的，人民法院应予支持。"解约定金的功能有二：一是担保当事人不轻易解除合同。二是确立了合同解除时的赔偿金额。[1]

3. 定金罚则的具体适用

并非一方违约就必然适用定金罚则，违约有根本违约与轻微违约、全部未履行与部分未履行之分，是否适用定金罚则、如何适用定金罚则，因违约形

---

[1] 参见最高人民法院民事审判庭第二庭、研究室编著：《最高人民法院民法典合同编通则司法解释理解与适用》，人民法院出版社 2023 年版，第 750~751 页。

态不同而有所差异。(1) 如果双方都根本违约,则不适用定金罚则;如果一方根本违约,另一方轻微违约,则适用定金罚则。《民法典合同编通则解释》第68条第1款规定:"双方当事人均具有致使不能实现合同目的的违约行为,其中一方请求适用定金罚则的,人民法院不予支持。当事人一方仅有轻微违约,对方具有致使不能实现合同目的的违约行为,轻微违约方主张适用定金罚则,对方以轻微违约方也构成违约为由抗辩的,人民法院对该抗辩不予支持。"(2) 全部未履行按照合同整体适用定金罚则,部分未履行则按比例适用定金罚则。《民法典合同编通则解释》第68条第2款规定:"当事人一方已经部分履行合同,对方接受并主张按照未履行部分所占比例适用定金罚则的,人民法院应予支持。对方主张按照合同整体适用定金罚则的,人民法院不予支持,但是部分未履行致使不能实现合同目的的除外。"(3) 不可抗力是法定的免责事由,故而不适用定金罚则。《民法典合同编通则解释》第68条第3款规定:"因不可抗力致使合同不能履行,非违约方主张适用定金罚则的,人民法院不予支持。"

4. 定金条款与违约金条款并存时的处理规则

当事人在合同中可能同时约定了违约金条款和定金条款,对此,《民法典》第588条第1款规定:"当事人既约定违约金,又约定定金的,一方违约时,对方可以选择适用违约金或者定金条款。"在一方违约时,非违约方能否同时主张违约金和定金,学界颇有争论。最高人民法院民法典贯彻实施工作领导小组主编的《中华人民共和国民法典合同编理解与适用(二)》一书认为,违约金条款和定金条款属于选择性竞合关系,选择权人一旦选择了一项权利,另一项权利即消灭。[1] 最高人民法院也有相关裁判指出"定金与违约金不能同时适用,只能选择其一"[2]。此外,最高人民法院相关裁判文书还指出,当事人在合同中对不同标的物分别约定了违约金和定金,守约方就违约方的违约事由针对不同标的物分别主张对应的违约金及双倍返还定金的,人

---

[1] 参见最高人民法院民法典贯彻实施工作领导小组主编:《中华人民共和国民法典合同编理解与适用(二)》,人民法院出版社2020年版,第805页。
[2] 最高人民法院民事判决书,(2015)民提字第209号;最高人民法院民事判决书,(2021)最高法民终457号。

民法院应当予以支持。[1] 定金罚则与损失赔偿责任可以并用。《民法典》第588条第2款规定："定金不足以弥补一方违约造成的损失的，对方可以请求赔偿超过定金数额的损失。"

【风险提示】定金与订金不能相互混淆

定金与订金就一字之差，但二者含义不同。定金具有双向担保功能，给付定金一方根本违约的，对方可不予退还定金；收受定金一方根本违约的，则应双倍返还定金。但订金是单向担保，交付订金一方违约的，对方可不予退还；但收受订金一方违约的，则不适用双倍返还规则。鉴于实践中人们经常混用"定金"与"订金"两个概念，《民法典合同编通则解释》（法释〔2023〕13号）第67条第1款规定："当事人交付留置金、担保金、保证金、订约金、押金或者订金等，但是没有约定定金性质，一方主张适用民法典第五百八十七条规定的定金罚则的，人民法院不予支持。当事人约定了定金性质，但是未约定定金类型或者约定不明，一方主张为违约定金的，人民法院应予支持。"

【典型案例】某旅游管理公司与某村村民委员会等合同纠纷案[2]

裁判要点　当事人签订具有合作性质的长期性合同，因政策变化对当事人履行合同产生影响，但该变化不属于订立合同时无法预见的重大变化，按照变化后的政策要求予以调整亦不影响合同继续履行，且继续履行不会对当事人一方明显不公平，该当事人不能依据《民法典》第533条请求变更或者解除合同。该当事人请求终止合同权利义务关系，守约方不同意终止合同，但双方当事人丧失合作可能性导致合同目的不能实现的，属于《民法典》第580条第1款第2项规定的"债务的标的不适于强制履行"，应根据违约方的请求判令终止合同权利义务关系并判决违约方承担相应的违约责任。

案情简介　2019年年初，某村村委会、村股份经济合作社（甲方）与某旅游管理有限公司（乙方）就某村村域范围内旅游资源开发建设签订经营协议，约定经营期限50年。2019年年底，某村所在市辖区水务局将经营范围内河沟两侧划定为城市蓝线，对蓝线范围内的建设活动进行管理。2019年11月

---

[1] 参见最高人民法院民事判决书，(2018)最高法民终576号。
[2] 本案例源于最高人民法院于2023年12月5日发布的《最高人民法院关于适用〈中华人民共和国民法典〉合同编通则若干问题的解释》相关典型案例。

左右,某旅游管理有限公司得知河沟两侧被划定为城市蓝线。2020年5月11日,某旅游管理有限公司书面通知要求解除相关协议。经调查,经营协议确定的范围绝大部分不在蓝线范围内,且对河道治理验收合格就能对在蓝线范围内的部分地域进行开发建设。

判决理由　生效判决认为,双方约定就经营区域进行民宿与旅游开发建设,因流经某村村域的河道属于签订经营协议时既有的山区河道,不属于无法预见的重大变化,城市蓝线主要是根据江、河、湖、库、渠和湿地等城市地标水体来进行地域界限划定,主要是为了水体保护和控制,某旅游管理有限公司可在履行相应行政手续审批或符合政策文件的具体要求时继续进行开发活动,故城市蓝线划定不构成情势变更。某村村委会、村股份经济合作社并不存在违约行为,某旅游管理有限公司明确表示不再对经营范围进行民宿及旅游资源开发,属于违约一方。某旅游管理有限公司以某村村委会及村股份经济合作社根本违约为由要求解除合同,明确表示不再对经营范围进行民宿及旅游资源开发,某村村委会及村股份经济合作社不同意解除合同或终止合同权利义务,双方已构成合同僵局。考虑到双方合同持续履行长达50年,须以双方自愿且相互信赖为前提,如不允许双方权利义务终止,既不利于充分发挥土地等资源的价值利用,又不利于双方利益的平衡保护,案涉经营协议已丧失继续履行的现实可行性,合同权利义务关系应当终止。

第六章　合同解除风险防控

【本章导论】

　　合同终止的事由包括合同履行完毕(债务清偿)、标的物提存、债务抵销、债务免除、债权债务混同以及合同解除。在法律实务中，合同解除最易引发纠纷，故而本章聚焦于合同解除的风险防控。合同解除主要包括两种类型：一类是协商解除(也叫协议解除、合意解除)，另一类是单方解除。协商解除实质就是以后合同来消灭前合同。单方解除，即合同一方当事人根据双方约定的解除条件或法律规定的解除条件，单方面行使解除权，从而使合同归于终止的行为。单方解除又分为约定解除和法定解除。在约定解除和法定解除情形下，合同当事人一方可行使解除权从而单方面解除合同。此外，《民法典》及相关司法解释还规定了情势(情事)变更的合同解除与合同僵局的合同解除，这两种情形的合同解除须通过诉讼或仲裁解决。本章主要介绍了协商解除、单方解除、情势变更情形的合同解除、合同僵局情形的合同解除的风险防控，并简要介绍了后合同义务的风险防控。

风险防控要点之一：协商解除

　　《民法典》第562条第1款规定："当事人协商一致，可以解除合同。"协商解除，也叫协议解除、合意解除，是指当事人双方通过协商同意将合同解除的行为。协商解除行为不是解除权行使行为，它不以解除权的存在为必要。协商解除实质就是以后合同(第二契约)来消灭前合同(第一契约)，当事人协商解除合同所达成的合意本质上就是一项合同。《民法典》第464条第1款规定:"合同是民事主体之间设立、变更、终止民事法律关系的协议。"协商解除就是所谓的"终止民事法律关系的协议",此种协议一经达成、生效,原来的合同就消灭、解除。

协商解除不要求双方当事人就所有事项均已协商清楚。《民法典合同编通则解释》(法释〔2023〕13号)第52条第1款规定:"当事人就解除合同协商一致时未对合同解除后的违约责任、结算和清理等问题作出处理,一方主张合同已经解除的,人民法院应予支持。但是,当事人另有约定的除外。"如果合同已经协商解除,但双方协商时未对合同解除后的违约责任、结算和清理等问题作出处理,则应当依据《民法典》第566条、第567条和有关违约责任的规定处理。[1]

【风险提示】当事人对合同解除后的问题未协商清楚容易引起纠纷

协商解除实质就是以后合同(第二契约)来消灭前合同(第一契约)。合同应力求完备,合同漏洞(没有约定或约定不明)容易引发纠纷。在协商解除情形,当事人也应力求对合同解除后的事项协商清楚,避免"第二契约"出现合同漏洞。虽然当事人就解除合同协商一致时未对合同解除后的违约责任、结算和清理等问题作出处理不影响合同的解除,但是如果这些事项未协商清楚,合同解除后,当事人仍会因"历史遗留问题"产生纠纷。

风险防控要点之二:约定解除

约定解除,即合同双方当事人事先约定了解除条件,当合同解除条件出现时,一方当事人单方面行使解除权而使合同归于终了的行为。在约定解除的情形中,当事人可以在合同中自由约定解除事由,只要该事由不违反法律、行政法规的强制性规定、禁止性规定,不违背公序良俗,不损害社会公共利益

---

[1] 《民法典》第566条规定:"合同解除后,尚未履行的,终止履行;已经履行的,根据履行情况和合同性质,当事人可以请求恢复原状或者采取其他补救措施,并有权请求赔偿损失。合同因违约解除的,解除权人可以请求违约方承担违约责任,但是当事人另有约定的除外。主合同解除后,担保人对债务人应当承担的民事责任仍应当承担担保责任,但是担保合同另有约定的除外。"第567条规定:"合同的权利义务关系终止,不影响合同中结算和清理条款的效力。"

和第三人利益即可。

须注意的是,"约定解除"与"附解除条件的合同"是两个不同的概念。(1)就附解除条件的合同而言,《民法典》第158条规定:"民事法律行为可以附条件,但是根据其性质不得附条件的除外。附生效条件的民事法律行为,自条件成就时生效。附解除条件的民事法律行为,自条件成就时失效。"据此规定,附解除条件的合同,在条件成就时,合同就自动失效。(2)就约定解除而言,《民法典》第562条第2款规定:"当事人可以约定一方解除合同的事由。解除合同的事由发生时,解除权人可以解除合同。"据此规定,当事人约定的合同解除事由发生时,解除权人可以解除合同。解除权人解除合同的,应在法定的或约定的解除权行使期限内,向对方发出解除合同的通知。合同自通知到达对方时解除。与"附解除条件的合同"不同的是,在约定解除的情形,解除事由发生时,合同不会自动失效,只有解除权人行使解除权并在解除通知到达对方之后,合同才会发生解除的法律后果。

【风险提示】约定解除条件成就,守约方不必然享有解除权

合同约定的解除条件出现时,守约方是否当然享有解除权,学界存在争议。第一种观点认为,根据意思自治原则,只要约定的解除条件成就,当事人即可解除合同;第二种观点认为,要根据诚信原则对合同约定的解除条件进行解释,限制合同解除权。最高人民法院在2019年11月印发的《全国法院民商事审判工作会议纪要》(法〔2019〕254号)第47条采用了第二种观点,其内容为:"合同约定的解除条件成就时,守约方以此为由请求解除合同的,人民法院应当审查违约方的违约程度是否显著轻微,是否影响守约方合同目的实现,根据诚实信用原则,确定合同应否解除。违约方的违约程度显著轻微,不影响守约方合同目的实现,守约方请求解除合同的,人民法院不予支持;反之,则依法予以支持。"

风险防控要点之三:法定解除

《民法典》第563条第1款规定:"有下列情形之一的,当事人可以解除合同:(一)因不可抗力致使不能实现合同目的;(二)在履行期限届满前,当事人一方明确表示或者以自己的行为表明不履行主要债务;(三)当事人一方迟延履行主要债务,经催告后在合理期限内仍未履行;(四)当事人一方迟延履行债务或者有其他违约行为致使不能实现合同目的;(五)法律规定的其他情形。"该条第2款规定:"以持续履行的债务为内容的不定期合同,当事人可以随时解除合同,但是应当在合理期限之前通知对方。"

(一)不可抗力情形的合同解除

因不可抗力致使不能实现合同目的,双方当事人都有权解除合同。[1] 不可抗力,是指不能预见、不能避免且不能克服的客观情况(《民法典》第180条第2款)。"不能预见"是指根据现有的技术水平,一般对某事件发生没有预知能力;"不能避免且不能克服"是指当事人已经尽到最大努力和采取一切可以采取的措施,仍不能避免某种事件的发生并不能克服事件所造成的后果。[2]

不可抗力的发生原因有:(1)自然灾害,包括洪水、旱灾、飓风、地震、海啸、火山喷发、泥石流等。(2)社会异常事件,包括战争或者武装冲突、全面罢工、骚乱、恐怖行动等。(3)国家(政府)行为,包括征收征用、禁运、货币管制等。以上事件并不必然就是不可抗力,只有同时符合"不能预见、不能避免、不能克服"的条件,才能被认定为不可抗力。[3] 此外,在合同订立后,因国家法律、法规及政策出台导致当事人签订的合同不能履行的,亦属不可抗力,而成为合同解除的正当事由。[4]

司法实践中以下事件通常不被认定为"不可抗力":(1)项目因违反法律

---

[1] 参见梁慧星:《读条文 学民法》,人民法院出版社2017年版,第242页。
[2] 参见最高人民法院民法典贯彻实施工作领导小组主编:《中华人民共和国民法典总则编理解与适用(下)》,人民法院出版社2020年版,第906~907页。
[3] 参见韩世远:《合同法总论(第4版)》,法律出版社2018年版,第483~485页。
[4] 在最高人民法院发布的公报案例长春泰恒房屋开发有限公司与长春市规划和自然资源局国有土地使用权出让合同纠纷案中,最高人民法院裁判指出:"案涉《国有建设用地使用权出让合同》约定,案涉国有建设用地使用权以'毛地'方式出让,地上建筑物未拆迁部分由泰恒公司负责。上述合同签订后的两个月内,国务院于2011年1月21日出台《国有土地上房屋征收与补偿条例》,明确规定市、县级人民政府负责本行政区域的房屋征收与补偿工作。据此,因上述法规的出台,使泰恒公司无法取得拆迁主体资格,无法按照《国有建设用地使用权出让合同》的约定完成案涉土地的拆迁整理工作,进而无法实现对案涉土地进行开发的合同目的,故泰恒公司请求解除案涉《国有建设用地使用权出让合同》,符合本案其合同目的无法实现的客观实际。"

和行政法规而最终不能进行。在仲圣控股有限公司与山东鲁能集团有限公司借款合同纠纷案中，最高人民法院裁判指出："不动产开发项目因违反法律和行政法规而最终不能进行，不属于不能预见、不能避免并不能克服的客观情况，不能归因于不可抗力。"[1]（2）应当可以预见自然灾害可能造成的影响。在营口金舵手船务有限公司与中国人民财产保险股份有限公司汕头市分公司水路货物运输合同纠纷案中，最高人民法院裁判指出："船务公司应当可以预见可能遇到较大风浪及其影响，可采取及时停靠附近港口等措施，且不能证明事故发生海域当时的风浪超过其船舶抗风能力的，不构成不可抗力。"[2]（3）合同一方当事人未尽到安全保障义务，发生自然灾害造成损害的。在呼和浩特市四星经贸有限公司与呼和浩特市农牧业生产资料公司损害赔偿纠纷再审案中，最高人民法院裁判指出："库房出租方没有安装避雷针，因雷击火灾致库存商品受损的，不能以不可抗力免责。"[3]（4）正常商业风险。在申诉人安某与被申诉人邵某某房屋买卖合同纠纷案中，最高人民法院再审指出："房屋价格较大幅度的上涨虽然可能超出当事人的预见，但仍属于正常商业风险，不属于不可抗力。"[4]（5）合同签订前已经出台相关政策的。在海南碧桂园房地产开发有限公司与三亚凯利投资有限公司、张某男等确认合同效力纠纷案中，最高人民法院裁判指出："早在2016年2月23日海南省人民政府便实施了'两个暂停政策'……《资产转让合同》于2017年7月15日签订，凯利公司作为在海南省三亚市登记注册的专业房地产投资公司，海南省人民政府的'两个暂停政策'不属于凯利公司在签订该合同时无法预见的客观情况，不属于不可抗力。"

不可抗力的发生尚不足以发生解除权，尚须因此而不能实现合同目的（合同目的的不达）。如果不可抗力导致合同完全不能履行，合同目的根本不能实现，则当事人可以解除合同。如果不可抗力只是导致合同部分不能履行，可导致合同的变更，但部分履行已严重影响当事人合同目的的实现的，当事人仍可主张解除合同。如果不可抗力只是暂时阻碍了合同的履行，债务人可延

---

[1] 参见最高人民法院民事裁定书，(2011)民申字第608号。
[2] 参见最高人民法院民事裁定书，(2012)民申字第1027号。
[3] 参见最高人民法院民事判决书，(2008)民抗字第14号。
[4] 参见最高人民法院民事判决书，(2017)最高法民再26号。

期履行,但延期履行已严重影响当事人合同目的实现的,当事人亦可主张解除合同。[1]

(二)预期违约情形下的合同解除

在履行期限届满前,当事人一方明确表示或者以自己的行为表明不履行主要债务,此即预期违约。预期违约包括明示毁约和默示毁约,"当事人一方明确表示将不履行合同义务"即为明示毁约,"当事人一方以自己的行为表明将不履行合同义务"即为默示毁约。

在合同的履行期限届满之前,当事人还没有履行合同的义务,一般不产生违约问题。但是,在履行期限届满前,一方当事人明确表示或者以自己的行为表明不履行合同的,合同的目的将不能实现。在这种情况下,如果要求另一方当事人(守约方)在履行期限届满后才能主张补救,则将对另一方当事人造成损失,不利于保护守约方的合法权益。所以,在预期违约的情况下,应当允许守约方解除合同。

(三)迟延履行并经催告情形的合同解除

合同一方当事人迟延履行主要债务,经催告后在合理期限内仍未履行。此种情形表明债务人根本就没有履行合同的诚意,或根本不能履行合同。因此守约方可以主张解除合同,脱离合同的束缚。须注意的是,(1)在此情形中,违约方迟延履行的内容是"主要债务",即主给付义务。如果违约方迟延履行的是从给付义务或附随义务,守约方一般仅能请求违约方继续履行或赔偿损失,通常不能主张解除合同,除非迟延履行从给付义务导致守约方的合同目的不能实现。[2] (2)违约方迟延履行的,守约方不能即刻解除,须经催告后才能解除。例如,甲公司向乙公司订购一批布料,约定在 6 月 1 日前交货。6 月 2 日,甲未收到该布料,此时甲能否立刻单方解除合同?答案是否定的。但是,如果本案中甲遂催告乙:"贵方务必于 6 月 22 日前送到,否则我方将单方解除该项合同。"6 月 23 日,甲仍未收到布料,则甲公司即可解除合同。

---

[1] 参见韩世远:《合同法总论》(第 4 版),法律出版社 2018 年版,第 659 页。
[2] 在武汉东原毅安房地产开发有限公司、武汉国华礼品发展有限公司合同纠纷案,最高人民法院作出的(2020)最高法民终 1111 号民事判决书指出,在土地开发合同中,办理顺位抵押的义务属于合同的从义务,不是合同的主义务。一方当事人未在合同约定的期限内办理土地顺位抵押,构成对合同从义务的瑕疵履行,不构成根本违约,另一方当事人不能据此取得法定解除权。

（四）违约致使合同目的落空情形的合同解除

当事人一方迟延履行债务或有其他违约行为致使不能实现合同目的，对方当事人可以主张解除合同。不能实现合同目的，即合同目的落空（又称"合同目的不达"）。"不能实现合同目的"是合同法定解除的实质性条件，合同一方当事人违约导致对方当事人的合同目的不能实现，此种违约构成根本违约。根本违约制度确立的重要意义，不仅是使非违约方在对方违约时获得解除合同的救济，更是在严格限制非违约方滥用合同解除权，维护合同予以严守之原则。[1] 因合同目的不能实现而解除合同适用于迟延履行、不能履行、不适当履行、拒绝履行等各种违约形态，而且无须履行催告程序。

判断是否构成根本违约（合同目的不能实现）一般综合考虑以下因素：(1)违约部分的价值与整个合同金额之间的比例。例如，卖方交付的不符合约定的标的物的价值占整个合同金额的大部分，一般可以认为构成根本违约。(2)违约部分对合同目标实现的影响程度。例如，在成套设备中，某一配件尽管价值不大，但该配件的瑕疵如果导致整套设备无法正常运转，则也可以认定为根本违约。(3)时间因素对合同目的实现的影响程度。一般来说，时间因素不是合同中的决定性要素，一方迟延履行通常不会导致另一方的合同目的落空，故而不允许非违约方立即解除合同。此时，应先由非违约方向违约方进行催告，只有经催告后违约方在合理期限内仍未履行的，非违约方才可以解除合同。但有些合同中，当事人基于特殊目的，时间因素至关重要，如为庆祝生日预订蛋糕、中秋节前订购月饼，此时一方迟延履行有可能导致对方合同目的的落空。(4)违约的后果及损害能否得到修补。如果这种违约是可以修补的，一般不能认定其构成根本违约。(5)在分批交货合同中，某一批交货义务的违反对整个合同的影响程度。如果某一批交货义务的违反并不影响其他交货义务的履行，则对某一批交货义务的违反一般不构成根本违约，否则有可能构成根本违约。(6)一方违约导致合同不能继续履行的，则构成根本违约。[2]

---

[1] 参见最高人民法院民法典贯彻实施工作领导小组主编：《中华人民共和国民法典合同编理解与适用（一）》，人民法院出版社2020年版，第638~639页。

[2] 参见最高人民法院民事审判第二庭编著：《最高人民法院关于买卖合同司法解释理解与适用》，人民法院出版社2012年版，第409~410页。

(五)法定解除的其他情形

法律规定了有些情形下合同当事人一方或者双方享有任意解除权,即便对方没有违约,当事人也可以单方解除合同。常见的有:(1)不定期合同的解除。《民法典》第563条第2款规定:"以持续履行的债务为内容的不定期合同,当事人可以随时解除合同,但是应当在合理期限之前通知对方。"(2)定作人的任意解除权。《民法典》第787条规定:"定作人在承揽人完成工作前可以随时解除合同,造成承揽人损失的,应当赔偿损失。"(3)托运人的解除权。《民法典》第829条规定:"在承运人将货物交付收货人之前,托运人可以要求承运人中止运输、返还货物、变更到达地或者将货物交给其他收货人,但是应当赔偿承运人因此受到的损失。"(4)技术开发合同的解除。《民法典》第857条规定:"作为技术开发合同标的的技术已经由他人公开,致使技术开发合同的履行没有意义的,当事人可以解除合同。"(5)保管合同的解除。《民法典》第899条规定:"寄存人可以随时领取保管物。当事人对保管期限没有约定或者约定不明确的,保管人可以随时请求寄存人领取保管物……"(6)委托合同的解除。《民法典》第933条规定:"委托人或者受托人可以随时解除委托合同。因解除合同造成对方损失的,除不可归责于该当事人的事由外,无偿委托合同的解除方应当赔偿因解除时间不当造成的直接损失,有偿委托合同的解除方应当赔偿对方的直接损失和合同履行后可以获得的利益。"

【风险提示】突发公共卫生事件不必然可以成为合同解除事由

《最高人民法院关于依法妥善审理涉新冠肺炎疫情民事案件若干问题的指导意见(一)》(法发〔2020〕12号)第3条指出:受疫情或者疫情防控措施直接影响而产生的合同纠纷案件,除当事人另有约定外,在适用法律时,应当综合考量疫情对不同地区、不同行业、不同案件的影响,准确把握疫情或者疫情防控措施与合同不能履行之间的因果关系和原因力大小,按照以下规则处理:(一)疫情或者疫情防控措施直接导致合同不能履行的,依法适用不可抗力的规定,根据疫情或者疫情防控措施的影响程度部分或者全部免除责任。当事人对于合同不能履行或者损失扩大有可归责事由的,应当依法承担相应责任。因疫情或者疫情防控措施不能履行合同义务,当事人主张其尽到及时通知义务的,应当承担相应举证责任。(二)疫情或者疫情防控措施仅导致合同履行困难的,当事人可以重新协商;能够继续履行的,人民法院应当切实加强调解工作,积极引导当事人继续履行。当事人以合同履行困难为由请求解除合同的,人民法院不予支持。继续履行合同对于一方当事人明显不公平,其请求变更合同履行期限、履行方式、价款数额等的,人民法院应当结合案件实际情况决定是否予以支持。合同依法变更后,当事人仍然主张部分或者全部免除责任的,人民法院不予支持。因疫情或者疫情防控措施导致合同目的不能实现,当事人请求解除合同的,人民法院应予支持。(三)当事人存在因疫情或者疫情防控措施得到政府部门补贴资助、税费减免或者他人资助、债务减免等情形的,人民法院可以作为认定合同能否继续履行等案件事实的参考因素。

风险防控要点之四:解除权行使

(一)解除权行使规则

约定解除与法定解除,都是由合同一方当事人依据单方的意思表示消灭既存的合同。当事人行使解除权,系单方法律行为,仅需一方的意思表示即可,而无须取得对方的同意。行使解除权的意思表示,系有相对人的意思表示,故解除合同的意思表示应向相对人发出,并于该意思表示(解除合同的通知)到达对方的时候发生解除的效力。解除合同的通知,可以是书面的,也可以是口头的。[1] 如果解除合同的通知载明债务人在一定期限内不履行债务则合同自动解除,债务人在该期限内未履行债务,合同自通知载明的期限届满时解除。对方对解除合同有异议的,任何一方当事人均可以请求人民法院或者仲裁机构确认解除行为的效力。《民法典合同编通则解释》(法释〔2023〕13号)第53条规定:"当事人一方以通知方式解除合同,并以对方未在约定的

---

[1] 在佛山市顺德区胜电厂有限公司与广东南华石油有限公司、广东省石油企业集团燃料油有限公司买卖合同纠纷案中,最高人民法院判决指出:"只要解除权人通过一定的形式向对方当事人表达了解除合同的意思且该意思表示为对方所知悉,即可发生解除合同的效力,并不一定非要采取书面文字通知的方式,更不需要被通知人的同意。"参见最高人民法院民事判决书,(2006)民二终字第200号。

异议期限或者其他合理期限内提出异议为由主张合同已经解除的,人民法院应当对其是否享有法律规定或者合同约定的解除权进行审查。经审查,享有解除权的,合同自通知到达对方时解除;不享有解除权的,不发生合同解除的效力。"

最高人民法院指出:"解除权之行使,只需向他方当事人以意思表示为之,不必请求法院为宣告解除之形成判决。根据《民法典》第565条第1款之规定,在单方通知解除,合同解除的时间是通知到达对方时。人民法院的判决在合同解除纠纷中的作用,仅仅是确认当事人有无解除合同的权利,以及当事人是否已经合法解除了合同,而不是代替当事人作出解除合同的决定,或者决定当事人之间的合同应当自何时起解除。如果解除权人根据《民法典》第565条之规定通知解除合同后,仍起诉请求解除合同,人民法院宜在判决说理部分确认合同已于解除通知送达当事人之日解除,进而对合同解除后的法律后果作出裁判。"[1]

当然,解除权人也可以通过诉讼(或仲裁)的方式行使合同解除权。《民法典》第565条第2款规定:"当事人一方未通知对方,直接以提起诉讼或者申请仲裁的方式依法主张解除合同,人民法院或者仲裁机构确认该主张的,合同自起诉状副本或者仲裁申请书副本送达对方时解除。"《民法典合同编通则解释》(法释〔2023〕13号)第54条规定:"当事人一方未通知对方,直接以提起诉讼的方式主张解除合同,撤诉后再次起诉主张解除合同,人民法院经审理支持该主张的,合同自再次起诉的起诉状副本送达对方时解除。但是,当事人一方撤诉后又通知对方解除合同且该通知已经到达对方的除外。"当事人通过诉讼(或仲裁)的方式主张解除合同的,无须事先向合同相对人发送解约通知。

(二)解除权行使后果

《民法典》第566条第1款规定:"合同解除后,尚未履行的,终止履行;已经履行的,根据履行情况和合同性质,当事人可以请求恢复原状或者采取其他补救措施,并有权请求赔偿损失。"合同解除有无溯及力(是否要恢复原状)

---

[1] 最高人民法院民法典贯彻实施工作领导小组编著:《中国民法典适用大全(合同卷)》,人民法院出版社2022年版,第2361页。

取决于两个方面：一是当事人的意志，二是合同的履行情况和合同性质。根据履行情况和合同性质能够恢复原状的，当事人可以要求恢复原状，根据合同的履行情况没有必要恢复原状的，当事人可以不要求恢复原状；根据合同的性质不可能恢复原状的，则当事人不能要求恢复原状。从合同性质看，一般认为继续性合同解除后，不具有溯及力。继续性合同是指一方或双方履行行为处于继续状态的合同，如劳动合同、导游合同等。

《民法典》第566条第2款规定："合同因违约解除的，解除权人可以请求违约方承担违约责任，但是当事人另有约定的除外。"如果合同系因不可抗力的原因而解除的，则当事人双方都不承担损害赔偿责任；但如果合同系因违约行为而解除的，则违约的一方当事人应赔偿因已方债务不履行给非违约方所造成的损失，除非当事人另有约定。此处的"违约"，包括实际违约和预期违约；此处的损失，包括实际损失（积极损失）和可得利益损失（消极损失）。

《民法典》第566条第3款规定："主合同解除后，担保人对债务人应当承担的民事责任仍应当承担担保责任，但是担保合同另有约定的除外。"除合同当事人另有约定的外，担保合同（包括抵押合同、质押合同、保证合同等）担保的范围包括主债权及其利息、违约金、损害赔偿金和实现债权的费用等。[1] 因此，如果因被担保的债务人（主债务人）一方违约，对方主张解除合同，主债务人固然要承担违约责任，担保人也要就主债务人的违约责任（包括违约金、损害赔偿等）承担担保责任。

【风险提示】合同解除权应在一定期限内行使

最高人民法院相关裁判指出："合同解除权作为一种形成权，其行使会引起当事人合同关系的重大变化，如解除权人长期不行使解除的权利，就会使合同关系处于不确定的状态，故合同解除权应在一定期限内行使，以促使法律关系尽早确定。解除权人未在法定或者约定期限内行使权利，证明其并无解除合同的意愿。其此后主张合同解除的，不应予支持。"[2] 关于解除权行使期限，《民法典》第564条规定："法律规定或者当事人约定解除权行使期限，

---

[1] 参见《民法典》第389条和第691条的规定。
[2] 参见最高人民法院民事裁定书，(2021)最高法民申1273号。

期限届满当事人不行使的,该权利消灭。法律没有规定或者当事人没有约定解除权行使期限,自解除权人知道或者应当知道解除事由之日起一年内不行使,或者经对方催告后在合理期限内不行使的,该权利消灭。"

风险防控要点之五:情势变更情形的合同解除

合同依法成立后,因不可归责于双方当事人的原因发生了缔约当事人不可预见的客观情况,致使合同赖以成立的环境或基础发生异常变动,若继续维护合同原有效力则显失公平,即为情事(情势)变更。《民法典》第533条规定:"合同成立后,合同的基础条件发生了当事人在订立合同时无法预见的、不属于商业风险的重大变化,继续履行合同对于当事人一方明显不公平的,受不利影响的当事人可以与对方重新协商;在合理期限内协商不成的,当事人可以请求人民法院或者仲裁机构变更或者解除合同。人民法院或者仲裁机构应当结合案件的实际情况,根据公平原则变更或者解除合同。"

为正确理解与适用《民法典》第533条规定的情事(情势)变更规则,《民法典合同编通则解释》(法释〔2023〕13号)第32条规定:"合同成立后,因政策调整或者市场供求关系异常变动等原因导致价格发生当事人在订立合同时无法预见的、不属于商业风险的涨跌,继续履行合同对于当事人一方明显不公平的,人民法院应当认定合同的基础条件发生了民法典第五百三十三条第一款规定的'重大变化'。但是,合同涉及市场属性活跃、长期以来价格波动较大的大宗商品以及股票、期货等风险投资型金融产品的除外。合同的基础条件发生了民法典第五百三十三条第一款规定的重大变化,当事人请求变更合同的,人民法院不得解除合同;当事人一方请求变更合同,对方请求解除合同的,或者当事人一方请求解除合同,对方请求变更合同的,人民法院应当结合案件的实际情况,根据公平原则判决变更或者解除合同。人民法院依据民法典第五百三十三条的规定判决变更或者解除合同的,应当综合考虑合同基础条件发生重大变化的时间、当事人重新协商的情况以及因合同变更或者解除给当事人造成的损失等因素,在判项中明确合同变更或者解除的时间。当事人事先约定排除民法典第五百三十三条适用的,人民法院应当认定该约定无效。"

最高人民法院民二庭、研究室负责人就《民法典合同编通则司法解释》答记者问指出："根据民法典第533条的规定,情势变更是不同于商业风险的重大变化。一般认为,正常的价格变动是商业风险,但因政策变动或者供求关系的异常变动导致价格发生当事人在订立合同时无法预见的涨跌,按照原定价格履行合同将带来显失公平的结果,则应当认定发生了情势变更。这里有一个从量变到质变的过程。正常的价格变动是量变,是商业风险,但如果超出了量的积累,达到了质的变化,则应当认定为情势变更。所谓质的变化,要求价格的变化必须异常,从而使当事人一方依照合同的约定履行将导致明显不公平。当然,合同涉及市场属性活跃、长期以来价格波动较大的大宗商品以及股票、期货等风险投资型金融产品的除外。另外,根据民法典第533条的规定,在发生情势变更的情形下,人民法院可以根据当事人的请求变更或者解除合同。问题是,如果当事人请求变更合同,人民法院能否解除合同;如果当事人请求解除合同,人民法院能否变更合同?对此,解释规定,当事人请求变更合同的,人民法院不得解除合同;当事人一方请求变更合同,对方请求解除合同的,或者当事人一方请求解除合同,对方请求变更合同的,人民法院应当结合案件的实际情况,根据公平原则判决变更或者解除合同。人民法院依据情势变更原则变更或者解除合同,不同于当事人一方行使合同变更权或者解除权导致合同变更或者解除,而是通过裁判来变更或者解除合同。因此,在确定具体的变更或者解除合同的时间时,人民法院应综合考量合同基础条件发生重大变化的时间、当事人重新协商的情况以及因合同变更或者解除给当事人造成的损失等因素确定。最后,情势变更原则体现了国家通过司法权对合同自由的干预,因此,当事人事先约定排除情势变更原则适用的约定应被认定无效。"

【风险提示】当事人以情势变更为由解除合同须遵循法定程序

在发生情事(情势)变更的情形,受不利影响的当事人负有"再交涉义务",即其应先与对方重新协商合同的内容。在与对方交涉无果后,受不利影响的当事人应通过诉讼或仲裁请求变更或解除合同,而不能单方擅自终止合同。如果受不利影响的当事人未通过诉讼或仲裁请求解除合同,而仅向对方发出解除合同的通知,则不发生解除合同的效果。受不利影响的当事人单方擅自终止合同的,不能免除违约责任。最高人民法院相关裁判指出:"情势变更本质是使当事人享有请求变更或解除合同的请求权。情势变更并非法定免责事由,人民法院享有公平裁量权。合同一方当事人认为构成情势变更,在不能与合同相对方协商解除合同的情况下,应当请求人民法院变更或解除合同,由人民法院裁量决定是否准许,而不能在单方擅自终止合同后,以构成情势变更为由要求免除其违约责任。"[1]

风险防控要点之六:合同僵局情形的合同解除

合同僵局是指在合同生效后、履行过程中,一方当事人因为经济变化或其他原因,难以继续履行该合同而需要提前解约,另一方当事人拒绝解约的情形。在一方违约的情形中,通常只有守约方才有解除合同的权利,违约方不享有单方解除权。但在长期性合同中,如果合同陷入僵局,守约方拒绝解除合同,故意"拖垮"违约方,应当允许违约方通过诉讼解除合同。在2006年《最高人民法院公报》第6期刊载的某公司诉冯某某商铺买卖合同纠纷案中,某公司作为违约方,在事实上已无法继续履行商铺买卖合同的情形下,提出与商铺业主解除买卖合同,除退还购房款外,愿给予合理的经济补偿。但作为商铺业主的冯某某却不同意解除合同,坚决不退商铺,导致施工不能继续,6万平米建筑闲置。法官在该案的裁判中首次提出了允许违约方解除合同的观点,这实际上是承认了违约方享有解除权。

《全国法院民商事审判工作会议纪要》(法〔2019〕254号)第48条规定:"违约方不享有单方解除合同的权利。但是,在一些长期性合同如房屋租赁合同履行过程中,双方形成合同僵局,一概不允许违约方通过起诉的方式解除合同,有时对双方都不利。在此前提下,符合下列条件,违约方起诉请求解除合同的,人民法院依法予以支持:(1)违约方不存在恶意违约的情形;(2)违约方继续履行合同,对其显失公平;(3)守约方拒绝解除合同,违反诚实信用

---

[1] 最高人民法院民事裁定书,(2017)最高法民申27号。

原则。人民法院判决解除合同的,违约方本应当承担的违约责任不能因解除合同而减少或者免除。"

《民法典》第580条第2款在《全国法院民商事审判工作会议纪要》第48条规定的基础上进行了修改,在立法层面规定了合同僵局问题。《民法典》第580条第1款规定:"当事人一方不履行非金钱债务或者履行非金钱债务不符合约定的,对方可以请求履行,但是有下列情形之一的除外:(一)法律上或者事实上不能履行;(二)债务的标的不适于强制履行或者履行费用过高;(三)债权人在合理期限内未请求履行。"该款首先规定了,在当事人一方违约的情形,对方可以请求继续履行;同时规定了,"继续履行"的三种除外情形。《民法典》第580条第2款规定:"有前款规定的除外情形之一,致使不能实现合同目的的,人民法院或者仲裁机构可以根据当事人的请求终止合同权利义务关系,但是不影响违约责任的承担。"

综合以上规定可知,违约方起诉解除合同必须要满足以下条件:(1)必须是非金钱债务。(2)存在"继续履行"的三种除外情形之一,即存在"法律上或者事实上不能履行""债务的标的不适于强制履行或者履行费用过高""债权人在合理期限内未请求履行"之一。(3)违约方不存在恶意违约的情形。(4)违约方继续履行合同,对其显失公平。(5)守约方拒绝解除合同,违反诚实信用原则。

[风险提示]违约方不能以通知方式解除合同

须注意的是,(1)违约方只能通过诉讼请求人民法院解除合同,而不能通知解除合同。"使用通知方式解除合同的权利属于享有法定或者约定解除权的当事人才能行使的权利,而违约方并不享有单方通知解除权。如违约方认为合同继续履行下去将给其自身造成重大损害因而对其显失公平,应当通过起诉的方式向法院提出解除案涉租赁合同的诉讼请求,故违约方向非违约方发送解除合同的通知,不能产生解除双方之间合同的法律后果。"[1] (2)人民法院判决解除合同的,违约方本应当承担的违约责任不能因解除合同而减少或者免除。

---

[1] 参见最高人民法院民事裁定书,(2020)最高法民申6019号。

风险防控要点之七：后合同义务

《民法典》第558条规定："债权债务终止后，当事人应当遵循诚信等原则，根据交易习惯履行通知、协助、保密、旧物回收等义务。"合同的效力是在当事人之间产生债权债务关系，故而债权债务终止即合同终止。《民法典》第558条规定的"通知、协助、保密、旧物回收等义务"发生在合同终止后，故而这类义务在学理上称为"后合同义务"。常见的后合同义务，比如，合伙合同终止后的竞业禁止义务，房屋租赁合同终止后出租人容许承租人在适当地方粘贴搬迁启示的义务，用人单位为离职劳动者办理档案转移手续的义务。[1]

关于后合同义务的性质，可以从两方面理解：（1）合同有效是后合同义务存在的前提。后合同义务是合同终止后当事人应当履行的义务，因此合同成立并有效是后合同义务存在的前提，合同不成立、无效或者被撤销都不会产生后合同义务。（2）后合同义务是一种法定义务，其产生不是根据合同双方当事人的约定，而是基于诚信等原则和交易习惯产生的义务，目的是维护给付效果或者妥善处理合同终止事务。后合同义务虽然是法定义务，但当事人也可以在合同中具体约定合同终止后的义务及其相应的法律责任。

【风险提示】违反后合同义务须承担赔偿责任

合同当事人一方违反后合同义务，对方有权请求其赔偿实际损失。最高人民法院关于印发的《全国法院贯彻实施民法典工作会议纪要》（法〔2021〕94号）第10条规定："当事人一方违反民法典第五百五十八条规定的通知、协助、保密、旧物回收等义务，给对方当事人造成损失，对方当事人请求赔偿实

---

[1] 最高人民法院民一庭曾指出"不论劳动者存在何种错误而解除合同，用人单位都无权以任何理由扣留已离职的劳动者的档案。为离职的劳动者办理档案转移是用人单位法定后合同义务，用人单位应当按照《劳动合同法》的规定为劳动者办理档案转移手续，而不应扣留劳动者个人档案。"参见最高人民法院民事审判第一庭：《为离职的劳动者办理档案转移是用人单位法定后合同义务》，载最高人民法院民事审判第一庭编：《民事审判指导与参考》总第43集，法律出版社2011年版，第146页；人民法院出版社编：《最高人民法院司法观点集成·民事卷Ⅴ》，中国法制出版社2017年版，第3332页。

际损失的,人民法院应当支持。"关于该条规定,最高人民法院研究室释义指出:"违反后合同义务要承担相应的责任,这种责任是根据法律直接规定而产生的债,与不当得利、无因管理、侵权行为、合同、缔约过失共同构成债的体系,因而是一种独立的民事责任,与其他民事责任是并列、平行的,不是补充性的民事责任。违反后合同义务的赔偿范围限于实际损失,而不包括可得利益损失。这是因为可得利益损失是当事人订立合同时根据客观情况能够预见或者应当预见到的损失,而违反后合同义务的损失当事人是无法预见的,只能根据实际损失赔偿。"[1]

【典型案例】孙某与某房地产公司合资、合作开发房地产合同纠纷案[2]

裁判要点　合同一方当事人以通知形式行使合同解除权的,须以享有法定或者约定解除权为前提。不享有解除权的一方向另一方发出解除通知,另一方即便未在合理期限内提出异议,也不发生合同解除的效力。

案情简介　2014年5月,某房地产开发有限公司(以下简称房地产公司)与孙某签订《合作开发协议》。协议约定:房地产公司负有证照手续办理、项目招商、推广销售的义务,孙某承担全部建设资金的投入;房地产公司拟定的《项目销售整体推广方案》,应当与孙某协商并取得孙某书面认可;孙某投入500万元(保证金)资金后,如果销售额不足以支付工程款,孙某再投入500万元,如不到位按违约处理;孙某享有全权管理施工项目及承包商、施工场地权利,房地产公司支付施工方款项必须由孙某签字认可方能转款。

同年10月,房地产公司向孙某发出协调函,双方就第二笔500万元投资款是否达到支付条件产生分歧。2015年1月20日,房地产公司向孙某发出《关于履行的通知》,告知孙某5日内履行合作义务,向该公司支付500万元投资款,否则将解除《合作开发协议》。孙某在房地产公司发出协调函后,对其中提及的需要支付的工程款并未提出异议,亦未要求该公司提供依据,并于2015年1月23日向该公司发送回复函,要求该公司近日内尽快推出相关

---

[1] 最高人民法院研究室编著:《〈全国法院贯彻实施民法典工作会议纪要〉条文及适用说明》,人民法院出版社2021年版,第30页。

[2] 本案例源于最高人民法院于2023年12月5日发布的《关于适用〈中华人民共和国民法典〉合同编通则若干问题的解释》相关典型案例。

楼栋销售计划并取得其签字认可,尽快择期开盘销售,并尽快按合同约定设立项目资金管理共同账户。房地产公司于2015年3月13日向孙某发出《解除合同告知函》,通知解除《合作开发协议》。孙某收到该函后,未对其形式和内容提出异议。2015年7月17日,孙某函告房地产公司,请该公司严格执行双方合作协议约定,同时告知"销售已近半月,望及时通报销售进展实况"。后孙某诉至法院,要求房地产公司支付合作开发房地产收益分红总价值3000万元;房地产公司提出反诉,要求孙某给付违约金300万元。一审、二审法院认为,孙某收到解除通知后,未对通知的形式和内容提出异议,亦未在法律规定期限内请求人民法院或者仲裁机构确认解除合同的效力,故认定双方的合同已经解除。孙某不服二审判决,向最高人民法院申请再审。

判决理由 生效裁判认为,房地产公司于2015年3月13日向孙某发送《解除合同告知函》,通知解除双方签订的《合作开发协议》,但该《解除合同告知函》产生解除合同的法律效果须以该公司享有法定或者约定解除权为前提。从案涉《合作开发协议》的约定看,孙某第二次投入500万元资金附有前置条件,即房地产公司应当对案涉项目进行销售,只有在销售额不足以支付工程款时,才能要求孙某投入第二笔500万元。结合《合作开发协议》的约定,能否认定房地产公司作为守约方,享有法定解除权,应当审查该公司是否依约履行了己方合同义务。包括案涉项目何时开始销售,销售额是否足以支付工程款;房地产公司在房屋销售前后,是否按照合同约定,将《项目销售整体推广方案》报孙某审批;工程款的支付是否经由孙某签字等一系列事实。一审、二审法院未对上述涉及房地产公司是否享有法定解除权的事实进行审理,即以孙某"未在法律规定期限内请求人民法院或者仲裁机构确认解除合同的效力"为由,认定《合作开发协议》已经解除,属于认定事实不清,适用法律错误。

第 三 编

典型合同风险防控

第七章　买卖合同风险防控

【本章导论】

根据《民法典》第595条的规定,"买卖合同是出卖人转移标的物的所有权于买受人,买受人支付价款的合同。"根据该定义,买卖合同具有双务性、有偿性、诺成性、不要式性,出卖人的主给付义务是转移标的物的所有权,买受人的主给付义务是支付价款。需要注意的是,虽然该条将买卖合同限定为转移标的物所有权的行为,但实践中,有些买卖虽然不是转移标的物的所有权,比如,期货买卖、经营权交易,也应当被纳入买卖合同的范畴。买卖合同的内容一般包括标的物的名称、数量、质量、价款、履行期限、履行地点和方式、包装方式、检验标准和方法、结算方式、合同使用的文字及其效力等条款。根据买卖合同的定义,出卖人的权利主要是获取价款,出卖人的义务主要是交付符合约定的标的物,但也包括其他义务;买受人的主要权利是获得标的物的所有权,买受人的主要义务是按照合同约定支付价款。

风险防控要点之一:出卖人交付标的物义务

根据《民法典》第598条的规定,出卖人应当按照合同约定的时间、地点、质量、包装、交付方式向买受人交付标的物。

1.关于交付时间,根据《民法典》第601条的规定,"出卖人应当按照约定的时间交付标的物"。如果当事人约定的时间是期间,出卖人可以在该期间内的任何时间点交付,此时,履行期限成为出卖人的利益,买受人无权要求出卖人提前履行合同义务,如果买受人希望出卖人提前履行,只能与出卖人另行协商履行的具体时间。如果当事人未约定交付期限或者约定不明确，可以协议补充；无法达成补充协议的，按照合同有关条款或者交易习惯确定；仍不能确定的，债务人可以随时履行，债权人也可以随时请求履行，但应当给对方必要的准备时间。

2. 关于交付地点，按照《民法典》第 603 条第 1 款的规定，"出卖人应当按照约定的地点交付标的物"。当事人如果没有约定地点或者约定不明确，按照《民法典》第 510 条之规定[1]处理；如果仍不能确定，按照《民法典》第 603 条第 2 款的规定，需要区分标的物是否需要运输。标的物需要运输的，出卖人应当将标的物交付给第一承运人以运交给买受人。标的物不需要运输的，出卖人和买受人订立合同时知道标的物在某一地点的，出卖人应当在该地点交付标的物；不知道标的物在某一地点的，应当在出卖人订立合同时的营业地交付标的物。

3. 关于交付标的物的质量，根据《民法典》第 615 条的规定，出卖人应当按照约定的质量要求交付标的物；出卖人提供有关标的物质量说明的，交付的标的物应当符合该说明的质量要求。当事人对标的物的质量没有约定或约定不明确，依据《民法典》第 510 条仍不能确定的，适用《民法典》第 511 条第 1 项的规定。该项具体内容为："质量要求不明确的，按照强制性国家标准履行；没有强制性国家标准的，按照推荐性国家标准履行；没有推荐性国家标准的，按照行业标准履行；没有国家标准、行业标准的，按照通常标准或者符合合同目的的特定标准履行。"当出卖人所交付的标的物在品质上不符合合同约定或法律规定的标准，导致其用途或价值降低或消失时，出卖人所应承担的责任就是出卖人对物的瑕疵担保责任，但出卖人该责任的承担还需以买受人善意且无重大过失为条件。如果当事人之间特别约定减轻或者免除出卖人因物的瑕疵而承担的责任，但是出卖人故意或者因重大过失而不告知买受人标的物存在瑕疵的，出卖人无权主张减轻或者免除物的瑕疵责任。

4. 关于包装方式，根据《民法典》第 619 条的规定，"出卖人应当按照约定

---

[1] 《民法典》第 510 条规定："合同生效后，当事人就质量、价款或者报酬、履行地点等内容没有约定或者约定不明确的，可以协议补充；不能达成补充协议的，按照合同相关条款或者交易习惯确定。"

的包装方式交付标的物"。对包装方式没有约定或者约定不明确,按照《民法典》第510条仍不能确定的,应当按照通用的方式包装;没有通用方式的,应当采取足以保护标的物的包装方式。包装方式主要是为了确保交付的标的物不会发生毁损灭失,所以包装方式最基本的要求是足以保护标的物。但是,在具体的买卖合同中,有时包装方式会成为买受人特别在意的合同内容,如包装的美观等,如果买受人与出卖人约定了特别的包装方式,出卖人应当依约履行。此外,《民法典》合同编贯彻绿色原则,于该法第619条规定,包装方式需要符合绿色原则要求,需要有利于节约资源、保护生态环境。通用包装方式足以保护标的物的,则无须浪费资源。

5. 关于交付方式,既包括出卖人将标的物置于买受人实际控制之下的现实交付,亦包括交付提取标的物单证的拟制交付。交付就是转移占有的过程,最为典型的方式就是将标的物实际置于买受人控制,此时买受人直接占有标的物,即完成交付。有时,标的物可能并不直接处于出卖人直接占有中,此时出卖人可以将提取标的物的单证交付给买受人,买受人凭此单证于指定地方领取标的物,出卖人交付单证意味着已经完成交付。此外还有三种替代交付的方式:简易交付、指示交付和占有改定。《民法典》第226条规定了简易交付,"动产物权设立和转让前,权利人已经占有该动产的,物权自民事法律行为生效时发生效力"。该法第227条规定了指示交付,"动产物权设立和转让前,第三人占有该动产的,负有交付义务的人可以通过转让请求第三人返还原物的权利代替交付"。该法第228条规定了占有改定,"动产物权转让时,当事人又约定由出让人继续占有该动产的,物权自该约定生效时发生效力"。

【风险提示】电子产品的交付规则

出卖人的主给付义务之一是交付标的物,传统的买卖标的物是肉眼可以识别的有形物。在现代社会中,信息产品交易在经济活动领域日益活跃,已引起立法专家和审判实务界的注意。那么,如何认定无实物载体的电子信息产品的交付呢?关于这一点,《民法典》第512条规定,电子合同的标的物为采用在线传输方式交付的,合同标的物进入对方当事人指定的特定系统且能够检索识别的时间为交付时间;合同另有约定的,按照其约定。《买卖合同司法解释》(法释〔2020〕17号)第2条进一步指出,当事人对电子信息产品的交付方式约定不明确,又无法达成补充协议的,买受人收到约定的电子信息产品或者权利凭证即为交付。买受人取得访问或使用特定信息产品的密码,可以认定为买受人取得权利凭证。[1]

风险防控要点之二:出卖人让与所有权义务

按照《民法典》第598条的规定,出卖人不仅负有交付标的物的义务,而且还负有转移标的物所有权的义务。买卖合同最重要的特征之一在于所有权转移,即标的物的所有权从出卖人处转移至买受人处,所以出卖人负有转移标的物所有权的义务,这也是出卖人的主给付义务。

交付标的物与转移标的物的所有权具有密切相关性,根据《民法典》第224条的规定,在动产买卖中,标的物所有权自标的物交付时转移,但法律另有规定或当事人另有约定的除外,例如,《民法典》第641条规定的所有权保留买卖。可见,动产买卖中,交付行为既是履行交付标的物义务的行为,也是转移标的物所有权的行为。但是,根据《民法典》第209条的规定,标的物为不动产的买卖中,所有权自办理所有权转移登记手续后才发生转移。值得注意的是,根据《民法典》第225条的规定,车辆、航空器、船舶等价值较大的特殊动产,其所有权一般也自交付时起转移,但未依法办理登记手续的,其所有权转移的效力不得对抗善意第三人。

买卖合同因出卖人的主给付义务之一为让与标的物所有权,所以具有权利转让行为的一般性,其他权利转让行为如果法律没有特别规定,则可以参照买卖合同规则。对此,《最高人民法院关于审理买卖合同纠纷案件适用法律问题的解释》(法释〔2020〕17号,以下简称《买卖合同解释》)第32条第1款明确规定,"法律或者行政法规对债权转让、股权转让等权利转让合同有规定的,依照其规定;没有规定的,人民法院可以根据民法典第四百六十七条和

---

[1] 参见人民法院出版社编:《最高人民法院司法观点集成(民事卷Ⅱ)》,中国法制出版社2017年版,第1390页。

第六百四十六条的规定，参照适用买卖合同的有关规定。"股权转让、债权转让、知识产权转让等权利转让行为，如果法律明确规定了具体规则，则适用这些具体规则，如果法律没有规定，则可以参照适用买卖合同的规则。

【风险提示】交付标的物不等同于让与所有权

我国《民法典》关于物权变动遵循了形式主义，即动产物权以交付为要件，不动产物权以登记为要件。在买卖合同中，出卖人的核心义务有二：一是交付标的物，二是让与标的物的所有权。就动产买卖而言，出卖人交付了标的物，通常也就履行了让与所有权的合同义务。但就不动产买卖而言，出卖人交付了标的物，标的物所有权并未转移；只有买卖双方办理了不动产所有权转移登记（过户登记），才会发生所有权权属的变动。因此，在不动产买卖中，出卖人的合同义务不仅包括交付标的物，还包括协助办理过户登记手续。如果出卖人未配合买受人办理过户登记手续，或者该不动产属于不能办理过户登记的情形，即便出卖人已经交付了标的物（不动产），仍然不能免除其违约责任。

风险防控要点之三：从给付义务与附随义务

当事人的合同义务不仅有主给付义务，还有从给付义务。《民法典》第599条规定，出卖人应当按照约定或者交易习惯向买受人交付提取标的物单证以外的有关单证和资料。这是出卖人的从给付义务。根据《买卖合同解释》（法释〔2020〕17号）第4条之规定，《民法典》第599条规定的"提取标的物单证以外的有关单证和资料"，主要应当包括保险单、保修单、普通发票、增值税专用发票、产品合格证、质量保证书、质量鉴定书、品质检验证书、产品进出口检疫书、原产地证明书、使用说明书、装箱单等。需要注意的是，从给付义务不构成主给付义务的对待给付，一方当事人未履行合同从给付义务不能成为对方当事人行使同时履行抗辩权或先履行抗辩权的正当事由。

合同当事人除了负担给付义务之外，还负担附随义务。《民法典》第509条第2款规定，"当事人应当遵循诚信原则，根据合同的性质、目的和交易习惯履行通知、协助、保密等义务。"在买卖合同中,一方当事人可能知悉对方当事人的身份信息、隐私、商业秘密等,对此,当事人应当予以保密;如果当事人违反保密义务,则属于违反合同的附随义务,应当承担相应的民事责任。该条第3款还规定,"当事人在履行合同过程中,应当避免浪费资源、污染环境和破坏生态。"《民法典》第9条规定了民法的绿色原则,"民事主体从事民事活动,应当有利于节约资源、保护生态环境。"具体到买卖合同之中,根据《民法典》第625条规定,出卖人负有回收义务,以实现资源重复高效利用。出卖人的回收义务源于法律、行政法规的特别规定,或者源于当事人之间的约定。出卖人回收义务的条件是,标的物有效使用年限届满。出卖人回收义务的实现方式既可以是自行回收,也可以是委托他人对标的物予以回收。

【风险提示】未收到发票不能成为买受方拒付款项的正当事由

开具发票(包括普通发票和增值税专用发票)是出卖人的一项合同义务,但仅为一项从给付义务,而非主给付义务。合同一方当事人未履行合同从给付义务,不能成为对方行使同时履行抗辩权或先履行抗辩权的正当事由。在"N公司诉建设集团第四工程公司买卖合同案"中,生效裁判指出:"案涉《柴油买卖合同》中约定,N公司需向建设集团第四工程公司开具相应发票后,建设集团第四工程公司方依据发票向N公司支付货款。建设集团第四工程公司以未收到发票为由主张涉案款项未达到支付货款条件,实质上是在以同时履行抗辩权或先履行抗辩权拒绝履行付款义务。但根据《中华人民共和国发票管理办法》的规定,开具发票的义务属合同的从给付义务,与建设集团第四工程公司向N公司支付货款这一主合同义务不能构成相应对等,故建设集团第四工程公司不能因N公司未出具发票而主张同时履行抗辩权或先履行抗辩权。"[1]

---

[1] 参见北京市第一中级人民法院民事判决书,(2021)京01民终第7900号。

风险防控要点之四：一物数卖法律后果

《买卖合同解释》(法释〔2020〕17号)规定了一物数卖的法律规则。其中第6条规定了"出卖人就同一普通动产订立多重买卖合同,在买卖合同均有效的情况下,买受人均要求实际履行合同的"情形应当如何处理。第一,交付优先原则。动产买卖中,出卖人负有交付标的物的义务,并且按照《民法典》第224条的规定,动产所有权转移自交付时发生效力,所以,先行受领交付的买受人请求确认所有权已经转移的,人民法院应予支持。第二,先行支付价款次之。如果出卖人未向任何买受人交付标的物,则标的物所有权仍然属于出卖人,此时,一物数卖难以满足数个买受人获得标的物所有权的需求,该司法解释只能做出强制性规定,"先行支付价款的买受人请求出卖人履行交付标的物等合同义务的,人民法院应予支持"。第三,合同成立在先规则。如果数个买受人均未受领交付,也未支付价款,则合同依法成立在先的买受人请求出卖人履行交付标的物等合同义务的,人民法院应予支持。综上所述,普通动产买卖中,该司法解释首先坚持交付优先原则,因为交付发生转移标的物所有权的效力;其次,在没有交付的情形下,先行支付价款者优先;最后才是合同成立在先规则。司法实践中,如果难以确定合同成立的先后顺序,则可以由人民法院按照平等原则、公平原则合理确定标的物的归属。

《买卖合同解释》(法释〔2020〕17号)第7条规定了出卖人就同一船舶、航空器、机动车等特殊动产订立多重买卖合同,在买卖合同均有效的情况下,买受人均要求实际履行合同时,应当如何处理。虽然《民法典》第225条规定了特殊动产的登记对抗主义,但是特殊动产也是动产,其物权变动仍然遵循交付主义。所以,在特殊动产一物数卖的情形下,其遵循的首要原则仍然是交付优先原则。第一,先行受领交付的买受人请求出卖人履行办理所有权转移登记手续等合同义务的,人民法院应予支持。第二,既然《民法典》第225条规定了特殊动产的登记对抗规则,则登记在买卖合同履行中将产生一定的效力。如果数个买受人均未受领交付,先行办理所有权转移登记手续的买受人请求出卖人履行交付标的物等合同义务的,人民法院应予支持。第三,如果数个买受人均未受领交付,也未办理所有权转移登记手续,合同依法成立在先的买受人请求出卖人履行交付标的物和办理所有权转移登记手续等合同义务的,人民法院应予支持。第四,当交付与登记出现冲突时,即出卖人将标的物交付给买受人之一,又为其他买受人办理所有权转移登记,则交付优位于登记,已受领交付的买受人请求将标的物所有权登记在自己名下的,人民法院应予支持。

【风险提示】一物数卖出卖人应承担违约责任

一物数卖情形,出卖人与各个买受人签订的买卖合同,只要符合民事法律行为的生效要件(当事人具备相应民事行为能力、意思表示真实、不违反效力性强制性规定并不违背公序良俗),则均为有效合同。在此情形下,出卖人只能对其中一个买受人履行合同义务,而其他买受人可要求出卖人承担违约责任。为防止出卖人一物数卖,买受人在缔约时,可明确出卖人毁约时的违约责任,借此提高出卖人违约成本。

风险防控要点之五:无权处分法律后果

(一)立法与司法解释规定

《民法典》第597条第1款规定:"因出卖人未取得处分权致使标的物所有权不能转移的,买受人可以解除合同并请求出卖人承担违约责任。"《民法典合同编通则解释》(法释〔2023〕13号)第19条规定:"以转让或者设定财产权利为目的订立的合同,当事人或者真正权利人仅以让与人在订立合同时对标的物没有所有权或者处分权为由主张合同无效的,人民法院不予支持;因未取得真正权利人事后同意或者让与人事后未取得处分权导致合同不能履行,受让人主张解除合同并请求让与人承担违反合同的赔偿责任的,人民法院依法予以支持。前款规定的合同被认定有效,且让与人已经将财产交付或者移转登记至受让人,真正权利人请求认定财产权利未发生变动或者请求返还财产的,人民法院应予支持。但是,受让人依据民法典第三百一十一条等规定善意取得财产权利的除外。"

(二) 无权处分的概念

无权处分行为,意指出卖人在订立买卖合同之时对标的物并没有处分权。在买卖合同中,出卖人对标的物没有处分权,出卖人也就可能无法履行转移标的物所有权的义务。所以,无权处分合同涉及买卖合同效力与合同履行两个方面的问题。买卖合同的生效,只是给出卖人设定了"交付标的物并转移标的物所有权"的给付义务,给买受人设定了"支付价款"的给付义务,合同本身不会使出卖人与买受人丧失标的物或货币所有权。为履行该项买卖合同而进行的处分行为,将使出卖人丧失标的物所有权。

(三) 无权处分情形的合同效力

根据《民法典》第215条的规定,"当事人之间订立有关设立、变更、转让和消灭不动产物权的合同,除法律另有规定或者当事人另有约定外,自合同成立时生效;未办理物权登记的,不影响合同效力。"该条被称为物权变动的区分原则,即物权的变动包括变动原因行为和变动物权结果,二者的效力依据各自效力规则而判断,物权是否能够变动不影响合同效力。无权处分行为指向出卖人对标的物没有处分权,所以不能在法律上处分标的物,但是无权处分下签订的买卖合同的效力判断是先于合同履行的。买卖合同效力基于民事法律行为效力规则进行判断。在无权处分行为中,虽然出卖人对标的物并无所有权,但是该情形并不影响买卖合同的效力。如果买卖合同不存在法律规定的无效、可撤销或效力待定等情形,则只要符合《民法典》第143条规定的内容,就应当认定为有效。

(四) 无权处分情形的物权变动

买卖合同有效,合同履行则需要基于出卖人是否可以转移标的物所有权而判断。转移标的物所有权属于合同履行的问题,也属于物权变动内容。虽然出卖人在订立合同时对标的物没有所有权或处分权,但并不表明出卖人绝对地不能转移标的物所有权。在合同订立之后,出卖人从标的物所有权人处(真正权利人)合法受让所有权或者取得处分权的,出卖人可以依法向买受方转让标的物所有权。反之,如果出卖人未能取得处分权致使标的物所有权不能转移,买受人可以解除合同并请求出卖人承担违约责任。如果出卖人未能取得处分权,即便标的物已交付给买受人或者移转登记至买受人,买受人也不能取得所有权,真正权利人可要求返还财产,除非买受人的行为符合善意取得规定。

【风险提示】买受人善意取得将使真正权利人丧失所有权

实践中存在"真正权利人基于某种原因而将标的物交由他人占有(动产)或登记在他人名下(不动产),动产占有人或不动产登记名义人擅自将标的物转让给第三人"的情形。虽然一般情形下无权处分人转让所有权的行为,未经真正权利人追认,不发生效力,但是如果买受人的行为满足《民法典》第311条规定的善意取得构成要件,则买受人取得标的物所有权。在此情形下,原所有权人(真正权利人)丧失所有权,其只能向无权处分人主张赔偿。《民法典》第311条规定的善意取得构成要件包括:(1)受让人受让该不动产或者动产时是善意,即受让人不知道且正常不会知道转让人是无权处分;(2)无权处分人以合理的价格转让标的物;(3)转让的不动产或者动产依照法律规定应当登记的已经登记,不需要登记的已经交付给受让人。

风险防控要点之六:质量瑕疵担保责任

质量瑕疵担保责任,是指出卖人因其交付的标的物质量不符合合同的约定而应向买受人承担的责任。《民法典》第615条规定,出卖人应当按照约定的质量要求交付标的物。合同遵循对待给付原则,买卖合同中,买受人支付价款,其对待给付的对象是获得心仪的标的物。如果出卖人交付的标的物不符合合同约定,则买受人的对待给付不能得到满足。所以,出卖人应当交付符合买受人价款对待给付的标的物。

关于交付标的物的质量,出卖人提供有关标的物质量说明的,交付的标的物应当符合该说明的质量要求。如果当事人对标的物的质量要求没有约定或者约定不明确,双方当事人可协议补充,亦可按照合同相关条款或交易习惯确定。如果双方当事人达不成补充协议,且无法按照合同相关条款或交易习惯确定的,则适用《民法典》第511条第1项的规定,"质量要求不明确的,按照强制性国家标准履行;没有强制性国家标准的,按照推荐性国家标准履行;没有推荐性国家标准的,按照行业标准履行;没有国家标准、行业标准的,按照通常标准或者符合合同目的的特定标准履行。"

当出卖人交付的标的物不符合买卖合同的约定时,买受人享有解除权。第一,就标的物的主从关系而言,如果标的物的主物不符合合同约定,买受人解除合同的效力及于从物;如果标的物的从物不符合合同约定,解除的效力不及于主物。第二,就标的物的数量角度而言,如果其中部分标的物不符合合同约定,买受人可以就部分标的物而解除合同;但如果该部分标的物与其他部分分离使标的物的价值明显受损的,当事人可以就全部标的物解除合同。第三,就标的物分批交付角度而言,如果一批标的物不符合约定,致使该批标的物不能实现合同目的,则买受人可以就该批标的物解除合同;如果该批标的物结合其他批次标的物,致使买卖合同目的不能实现,买受人可以就该批与其他批次标的物解除合同。

当出卖人交付的标的物不符合买卖合同的约定时,买受人不仅享有解除权,而且还可以依据《民法典》第582条至第584条的规定请求出卖人承担违约责任。《买卖合同解释》(法释〔2020〕17号)第17条释义指出:"标的物质量不符合约定,买受人依照民法典第五百八十二条的规定要求减少价款的,人民法院应予支持。当事人主张以符合约定的标的物和实际交付的标的物按交付时的市场价值计算差价的,人民法院应予支持。价款已经支付,买受人主张返还减价后多出部分价款的,人民法院应予支持。"

【风险提示】出卖人应按约定或法定的质量要求交付标的物

按照约定或法定的质量要求交付标的物,不仅是出卖人的一项合同义务,也是其法定义务。合同对标的物质量有特别约定的,应按照合同约定的标准交付。出卖人向买受人交付的标的物质量不符合要求的,买受人可以要求出卖人修理、更换,也可以要求减少价款;因标的物质量不符合要求,致使不能实现合同目的的,买受人可以主张解除合同,并追究出卖人的违约责任。如果出卖人交付的标的物存在缺陷,给买受人的人身、财产造成损害的,还应赔偿买受人的损害,甚至可能要承担惩罚性赔偿。《民法典》第1207条规定:"明知产品存在缺陷仍然生产、销售,或者没有依据前条规定采取有效补救措施,造成他人死亡或者健康严重损害的,被侵权人有权请求相应的惩罚性赔偿。"由此可见,交付质量合格的标的物,对出卖人来说,既是一项合同义务,也是一项法定义务。

风险防控要点之七:权利瑕疵担保责任

出卖人的权利瑕疵担保义务是指,"出卖人就交付的标的物,负有保证第三人对该标的物不享有任何权利的义务。"违反该义务而应承担的违约责任,即为权利瑕疵担保责任。权利瑕疵担保制度设立的目的在于,确保买卖的标的物能够完全归属于买受人,买受人在缔约时无须过分关注标的物的全部真实状况,进而促进物的流转和经济的发展。

权利瑕疵担保责任的构成要件有三:(1)标的物存在权利瑕疵。权利瑕疵不限于标的物的所有权,也包括标的物上的其他负担(比如设定抵押权或质权、处于出租状态等)。出卖标的物如对他人合法权益(如知识产权)造成侵犯,同样也应认定出卖的标的物存在权利瑕疵。(2)权利瑕疵必须在买卖合同成立时已经存在,且在合同履行时仍未消除。如果在履行过程中权利瑕疵已经消除(比如无处分权的出卖人依法取得了所有权或处分权),则不成立权利瑕疵担保责任。(3)买受人须不知权利瑕疵存在。买受人订立合同时知道或者应当知道第三人对买卖的标的物享有权利的,出卖人不承担权利瑕疵担保责任(《民法典》第613条)。

出卖人的权利瑕疵担保责任是法定责任、无过错责任。即使买卖合同没有约定出卖人的权利瑕疵担保义务以及与之相应的法律责任,出卖人也负有此项义务,违反该义务的,须承担权利瑕疵担保责任。只要买卖标的物存有权利瑕疵,出卖人即需承担瑕疵担保责任,无论其主观上是否存在过错[1]。出卖人违反权利瑕疵担保义务的,买受人享有中止支付价款权。《民法典》第614条规定:"买受人有确切证据证明第三人对标的物享有权利的,可以中止支付相应的价款,但是出卖人提供适当担保的除外。"如果出卖人因未取得标的物的处分权而不能转移标的物所有权,买受人可以要求解除合同并请求出

---

[1] 参见最高人民法院民法典贯彻实施工作领导小组主编:《中华人民共和国民法典合同编理解与适用(二)》,人民法院出版社2020年版,第935~936页。

卖人承担违约责任。如果出卖标的物存在权利瑕疵，致使买受人的合同目的不能实现，买受人有权主张解除合同并追究出卖人的违约责任。

【风险提示】免除权利瑕疵担保责任的特约并非在任何情况下都有效

意思自治是民法的一项基本原则。基于意思自治（合同自由）的基本原则，买卖双方当事人在合同中特别约定排除或减轻出卖人权利瑕疵担保义务、免除或减轻出卖人的权利瑕疵担保责任，此种约定如果不损害他人合法权益、不违背公序良俗，应认定为有效约定。尽管如此，若出卖人恶意不告知权利瑕疵，则不得援用该项免责（减责）条款。

风险防控要点之八：买受人的支付价款义务

根据买卖合同的定义，买受人的主给付义务是支付价款。第一，买受人应当按照合同约定的数额和支付方式支付价款。如果当事人对支付价款没有约定或者约定不明确，可以协议补充；不能达成补充协议的，按照合同有关条款、合同性质、合同目的或者交易习惯确定。仍不能确定的，支付方式按照有利于实现合同目的的方式履行；支付价款按照订立合同时履行地的市场价格履行，依法应当执行政府定价或者政府指导价的，依照规定履行。第二，买受人应当按照约定的地点支付价款。对支付地点没有约定或者约定不明确的，当事人可以协议补充；不能达成补充协议的，按照合同有关条款、合同性质、合同目的或者交易习惯确定。仍不能确定的，买受人应当在出卖人的营业地支付。但是，约定支付价款以交付标的物或者交付提取标的物单证为条件的，在交付标的物或者交付提取标的物单证的所在地支付。第三，买受人应当按照约定的时间支付价款。支付时间没有约定或者约定不明确的，当事人可以协议补充；不能达成补充协议的，按照合同有关条款、合同性质、合同目的或者交易习惯确定。仍不能确定的，买受人应当在收到标的物或者提取标的物单证的同时支付。第四，买受人应当按照约定的货币种类支付价款。货币种类也是价款的重要因素，可能影响出卖人交易的意愿，所以买受人应当依约定货币种类支付。

【风险提示】买受人怠于履行付款义务的法律后果

买卖合同是双务合同,双务合同是指双方当事人均负有对待给付的义务。出卖人的主给付义务是交付标的物并转移标的物所有权,买受人的主给付义务就是支付价款。买受人需要在合同约定的时间履行付款义务,否则将承担迟延履行的违约责任。买受人迟延履行,经催告后仍未履行付款义务的,出卖人有权单方解除合同并追究买受人的违约责任。

风险防控要点之九:买受人的及时检验义务

买受人收到标的物时应当在约定的检验期间内检验;没有约定检验期间的,应当及时检验。第一,如果当事人之间约定了检验期间,那么,买受人在检验期间内应当将标的物的数量或者质量不符合约定的情形通知出卖人;如果买受人没有履行通知义务,则标的物的数量或者质量应视为符合约定。第二,如果当事人之间没有约定检验期间,买受人应当在合理期间内将标的物的数量或质量不符合约定的情形通知出卖人;如果买受人在合理期间内未通知或者自收到标的物之日起二年内未通知出卖人,则标的物的数量或者质量视为符合约定。第三,如果标的物有质量保证期,适用质量保证期,不适用该二年的规定。第四,如果当事人约定的检验期限过短,根据标的物的性质和交易习惯,买受人在检验期限内难以完成全面检验的,该期限仅视为买受人对标的物的外观瑕疵提出异议的期限。如果约定的检验期限或质量保证期短于法律、行政法规的规定的,应以法律、行政法规规定的期限为准。第五,如果当事人对检验期间未作约定,那么从买受人签收的载明标的物数量、型号、规格的送货单、确认单等推定买受人已经对数量和外观瑕疵进行检验,但是有相关证据足以推翻的除外。第六,根据债的相对性,如果买卖合同中约定出卖人向第三人交付,则标的物的检验标准以买受人和出卖人之间约定的标准为准。

买受人的通知义务与及时检验义务相伴而生,如果买受人在检验期限、质量保证期限内未将标的物数量或质量不符合约定的情形通知出卖人,权利自期限经过后消灭,出卖人不负责任,买受人须自己承担不利益的后果。司法实践中,在某电池公司诉某汽车公司买卖合同纠纷案中,[1]人民法院已经确立"买受人未在约定的检验期间对商品质量提出异议的,视为标的物质量符合约定"的规则。"在买卖合同中,当事人约定检验期间的,买受人应当在约定的检验期间内将标的物的质量不符合约定的情形通知出卖人,怠于通知的,视为标的物的质量符合约定。买受人在约定的检验期间届满后,主张产品质量瑕疵的,除非具备法定情形,不应排除该检验期间的约定。"

【风险提示】买受人怠于履行及时检验义务的法律后果

买受人的及时检验义务为买受人的不真正义务,不真正义务是指义务人违反该义务并不产生法律上的责任,但会出现现实中的不利益。买受人应在约定的检验期间内检验,没有约定检验期间的,应当及时检验。买受人如果对标的物数量或质量有异议,应及时通知出卖人。如果买受人在约定检验期间内或合理期间内未通知出卖人,或者自收到标的物之日起两年内未通知出卖人的,则标的物的数量或者质量视为符合约定。

风险防控要点之十:标的物的风险负担规则

买卖合同中,出卖人负有交付标的物的义务,但在标的物从出卖人处转移至买受人处这个完整的过程中,标的物可能出现毁损、灭失的风险,那么,该风险该由哪方承担?

根据《民法典》第604条的规定,原则上,标的物毁损、灭失的风险自交付时起转移,标的物交付之前的风险由出卖人承担,标的物交付之后的风险由买受人承担。在此原则之下,重点问题就是确定交付的时间节点,这在出卖人交付标的物的义务中已经叙述。当然,当事人可以对该规定进行另外约定,此外,法律也规定了特殊情形下标的物毁损灭失的风险负担规则。

---

[1] 本案为人民法院案例库参考案例,入库编号2024-16-2-84-001,裁判文书号——一审:山东省高级人民法院民事判决书,(2018)鲁民初174号(2018年12月31日);二审:最高人民法院民事判决书,(2019)最高法民终1850号(2020年5月18日);再审:最高人民法院民事裁定书,(2021)最高法民申2163号(2021年6月3日)。

根据《民法典》以及《买卖合同解释》相关规定，实践中当事人需要注意以下特别规则：

第一，根据《民法典》第605条的规定，因买受人的原因致使标的物未按照约定的期限交付的，视为出卖人在此时已经交付，风险自买受人违反约定时起转移。因为如果买受人在约定的期限内可以按时受领标的物，则标的物可能不会遭受毁损灭失，或者在交付完成后毁损灭失，同样符合《民法典》第604条规定的原则性规则。

第二，根据《民法典》第606条的规定，买卖承运人运输的在途标的物，毁损、灭失的风险自合同成立时起由买受人承担，当事人也可以做出特别约定。需要注意的是，根据《买卖合同解释》（法释〔2020〕17号）第10条的规定，"出卖人出卖交由承运人运输的在途标的物，在合同成立时知道或者应当知道标的物已经毁损、灭失却未告知买受人，买受人主张出卖人负担标的物毁损、灭失的风险的，人民法院应予支持。"

第三，根据《民法典》第607条的规定，出卖人按照约定将标的物运送至买受人指定地点并交付给承运人后，标的物毁损、灭失的风险由买受人承担。根据《买卖合同解释》（法释〔2020〕17号）第9条的规定，当事人可以特别约定该规则的排除适用。此外，标的物需要运输的，风险自出卖人将标的物交付给第一承运人时起转移。出卖人将标的物置于约定的交付地点，风险自买受人违反约定没有收取标的物时起转移。

第四，根据《民法典》第610条的规定，因标的物不符合质量要求，致使不能实现合同目的，并且买受人拒绝接受标的物或者解除合同的，标的物毁损、灭失的风险由出卖人承担。

【风险提示】标的物风险负担规则与物权变动规则不同

标的物风险负担规则的原则性规则是，标的物风险自交付时转移。因为，就现实角度而言，标的物由谁占有，占有人更能控制、防止标的物发生毁损、灭失。这一规则不仅适用于动产买卖情形，也适用于不动产买卖情形。根据《民法典》物权编相关规定，动产物权的变动一般以交付为要件，不动产物权的变动一般以登记为要件。故而，物权变动规则与标的物风险负担规则有所不同。在房屋买卖的情形，如果当事人没有特别约定，房屋交付后风险负担就发生转移,但倘若尚未办理过户登记,则所有权尚未发生变动,此时将发生风险负担主体与所有权主体不一致的情形。

风险防控要点之十一:分期付款买卖注意事项

《民法典》特别规定了不同情形下的买卖规则,其中,分期付款买卖,指的是买受人将应付的价款,在一定期间内分数次向出卖人支付。《买卖合同解释》(法释〔2020〕17号)第27条特别规定,民法典第634条第1款规定的"分期付款",系指买受人将应付的总价款在一定期限内至少分三次向出卖人支付。

在分期付款买卖中,出卖人虽先交付标的物,但买受人并非一次性支付全部价款,而是按合同约定的期限分数次向出卖人支付。分期付款买卖在本质上仍属于买卖,但与一般买卖相比,又具有其特殊性:买受人应付的价款是分期支付的。分期付款买卖的支付期限和次数由双方当事人在合同中约定。

《民法典》第634条特别规定了分期付款买卖中买受人违约时出卖人的权利,分期付款的买受人未支付到期价款的数额达到全部价款的1/5,经催告后在合理期限内仍未支付到期价款的,出卖人可以请求买受人支付全部价款或者解除合同。《买卖合同解释》(法释〔2020〕17号)第28条规定,分期付款买卖合同约定出卖人在解除合同时可以扣留已受领价金,出卖人扣留的金额超过标的物使用费以及标的物受损赔偿额,买受人请求返还超过部分的,人民法院应予支持。当事人对标的物的使用费没有约定的,人民法院可以参照当地同类标的物的租金标准确定。

【风险提示】分期付款买受人未及时付款的法律后果

分期付款买卖赋予买受人延时支付价款的权利,但是,如果分期付款的买受人未支付到期价款的数额达到全部价款的1/5,可能会产生合同被解除或者买受人被请求支付全部价款的风险。

风险防控要点之十二：所有权保留条款法律效果

所有权保留的买卖涉及当事人对标的物所有权的安排,按照《民法典》第641条的规定,"当事人可以在买卖合同中约定买受人未履行支付价款或者其他义务的,标的物的所有权属于出卖人。"买卖合同中,出卖人的主给付义务之一即为转移标的物所有权,但是为了保障出卖人的利益,在买受人没有完全支付对价的情形下,出卖人以保留的所有权保护自己的权利更为有利。需注意的是,所有权保留之后可能涉及出卖人所有权与第三人利益的冲突问题,《民法典》采取的解决方案是登记对抗主义,即"出卖人对标的物保留的所有权,未经登记,不得对抗善意第三人"。

所有权保留买卖中,出卖人已经履行了交付标的物的义务,如果发生买受人不能支付价款的情形,出卖人可以将标的物取回。当然,《民法典》第642条不仅规定了未付款的取回权,还规定了其他情形下出卖人的取回权,例如买受人未按照约定完成特定条件或者将标的物出卖、出质或作出其他不当处分。关于取回权的实现方式,出卖人可以与买受人协商取回标的物;协商不成的,可以参照适用担保物权的实现程序。《买卖合同解释》(法释〔2020〕17号)第26条对出卖人的取回权进行了限制,即在以下两种情形下出卖人不享有取回权:(1)买受人已经支付标的物总价款的75%以上;(2)第三人依据《民法典》第311条的规定已经善意取得标的物所有权或者其他物权。

《民法典》不仅规定了出卖人的取回权,而且规定了买受人的回赎权。买受人的回赎权,应在双方约定或者出卖人指定的合理回赎期限内行使,否则,逾期不候,出卖人有权再卖给第三人。《民法典》第643条第1款规定了买受人的回赎期,根据该款规定,出卖人依法取回标的物后,买受人在双方约定或者出卖人指定的合理回赎期限内,消除出卖人取回标的物的事由的,可以请求回赎标的物。第643条第2款规定了未在回赎期限内回赎标的物的法律后果,根据该款规定,买受人在回赎期限内没有回赎标的物,出卖人可以以合理价格将标的物出卖给第三人,出卖所得价款扣除买受人未支付的价款以及必要费用后仍有剩余的,应当返还买受人;不足部分由买受人清偿。

【风险提示】所有权保留条款不适用于不动产买卖

《买卖合同解释》(法释〔2020〕17号)第25条将所有权保留买卖的对象限缩于动产交易中,该条规定:"买卖合同当事人主张民法典第六百四十一条关于标的物所有权保留的规定适用于不动产的,人民法院不予支持。"因此,不动产买卖合同中当事人约定的所有权保留条款,属于无效条款。不动产买卖,只要买卖双方办理了不动产所有权转移登记,所有权就发生变动,由买受方取得所有权。买受方未支付或未全部支付购房款,不影响所有权的变动。即便不动产买卖双方已将买受方付清款项作为所有权变动条件,此种约定也属于无效约定。

【典型案例】汤某、刘某龙、马某太、王某刚诉新疆鄂尔多斯彦海房地产开发有限公司商品房买卖合同纠纷案(最高人民法院指导案例72号)

裁判要点　借款合同双方当事人经协商一致,终止借款合同关系,建立商品房买卖合同关系,将借款本金及利息转化为已付购房款并经对账清算的,不属于《物权法》第186条规定禁止的情形,该商品房买卖合同的订立目的,亦不属于新《民间借贷司法解释》第24条规定的"作为民间借贷合同的担保"。在不存在《中华人民共和国合同法》第52条规定情形的情况下,该商品房买卖合同具有法律效力。但对转化为已付购房款的借款本金及利息数额,人民法院应当结合借款合同等证据予以审查,以防止当事人将超出法律规定保护限额的高额利息转化为已付购房款。

案情简介　原告汤某、刘某龙、马某太、王某刚诉称:根据双方合同约定,新疆鄂尔多斯彦海房地产开发有限公司(以下简称彦海公司)应于2014年9月30日向四人交付符合合同约定的房屋。但至今为止,彦海公司拒不履行房屋交付义务。故请求判令:(1)彦海公司向汤某、刘某龙、马某太、王某刚支付违约金6000万元;(2)彦海公司承担汤某、刘某龙、马某太、王某刚主张权利过程中的损失费用416,300元;(3)彦海公司承担本案的全部诉讼费用。

彦海公司辩称:汤某、刘某龙、马某太、王某刚应分案起诉。四人与彦海公司没有购买和出售房屋的意思表示,双方之间房屋买卖合同名为买卖实为借贷,该商品房买卖合同系为借贷合同的担保,该约定违反了《中华人民共和国担保法》第40条、《物权法》第186条的规定而无效。双方签订的商品房买卖合同存在显失公平、乘人之危的情况。四人要求的违约金及损失费用亦无事实依据。

  法院经审理查明：汤某、刘某龙、马某太、王某刚与彦海公司于 2013 年先后签订多份借款合同，通过实际出借并接受他人债权转让，取得对彦海公司合计 2.6 亿元借款的债权。为担保该借款合同履行，四人与彦海公司分别签订多份商品房预售合同，并向当地房屋产权交易管理中心办理了备案登记。该债权陆续到期后，因彦海公司未偿还借款本息，双方经对账，确认彦海公司尚欠四人借款本息 361,398,017.78 元。双方随后重新签订商品房买卖合同，约定彦海公司将其名下房屋出售给四人，上述欠款本息转为已付购房款，剩余购房款 38,601,982.22 元，待办理完毕全部标的物产权转移登记后一次性支付给彦海公司。汤某等四人提交与彦海公司对账表显示，双方之间的借款利息系分别按照月利率 3% 和 4%、逾期利率 10% 计算，并计算复利。

  裁判结果 新疆维吾尔自治区高级人民法院于 2015 年 4 月 27 日作出 (2015) 新民一初字第 2 号民事判决，判令：(1) 彦海公司向汤某、马某太、刘某龙、王某刚支付违约金 9,275,057.23 元；(2) 彦海公司向汤某、马某太、刘某龙、王某刚支付律师费 416,300 元；(3) 驳回汤某、马某太、刘某龙、王某刚的其他诉讼请求。上述款项，应于判决生效后十日内一次性付清。宣判后，彦海公司以双方之间买卖合同系借款合同的担保，并非双方真实意思表示，且欠款金额包含高利等为由，提起上诉。最高人民法院于 2015 年 10 月 8 日作出 (2015) 民一终字第 180 号民事判决：(1) 撤销新疆维吾尔自治区高级人民法院 (2015) 新民一初字第 2 号民事判决；(2) 驳回汤某、刘某龙、马某太、王某刚的诉讼请求。

  判决理由 法院生效裁判认为：本案争议的商品房买卖合同签订前，彦海公司与汤某等四人之间确实存在借款合同关系，且为履行借款合同，双方签订了相应的商品房预售合同，并办理了预购商品房预告登记。但双方系争商品房买卖合同是在彦海公司未偿还借款本息的情况下，经重新协商并对账，将借款合同关系转变为商品房买卖合同关系，将借款本息转为已付购房款，并对房屋交付、尾款支付、违约责任等权利义务作出了约定。民事法律关系的产生、变更、消灭，除基于法律特别规定，需要通过法律关系参与主体的意思表示一致形成。民事交易活动中，当事人意思表示发生变化并不鲜见，该意思表示的变化,除为法律特别规定所禁止外,均应予以准许。本案双方经协商一致终止借款合同关系,建立商品房买卖合同关系,并非为双方之间的借款合同履行提供担保,而是借款合同到期彦海公司难以清偿债务时,通过将彦海公司所有的商品房出售给汤某等四位债权人的方式,实现双方权利义务平衡的一种交易安排。该交易安排并未违反法律、行政法规的强制性规定,不属于《物权法》第186条规定禁止的情形,亦不适用新《民间借贷司法解释》第24条规定。尊重当事人嗣后形成的变更法律关系性质的一致意思表示,是贯彻合同自由原则的题中应有之义。彦海公司所持本案商品房买卖合同无效的主张,不予采信。

但在确认商品房买卖合同合法有效的情况下,由于双方当事人均认可该合同项下已付购房款系由原借款本息转来,且彦海公司提出该欠款数额包含高额利息。在当事人请求司法确认和保护购买者合同权利时,人民法院对基于借款合同的实际履行而形成的借款本金及利息数额应当予以审查,以避免当事人通过签订商品房买卖合同等方式,将违法高息合法化。经审查,双方之间借款利息的计算方法,已经超出法律规定的民间借贷利率保护上限。对双方当事人包含高额利息的欠款数额,依法不能予以确认。由于法律保护的借款利率明显低于当事人对账确认的借款利率,故应当认为汤某等四人作为购房人,尚未足额支付合同约定的购房款,彦海公司未按照约定时间交付房屋,不应视为违约。汤某等四人以彦海公司逾期交付房屋构成违约为事实依据,要求彦海公司支付违约金及律师费,缺乏事实和法律依据。一审判决判令彦海公司承担支付违约金及律师费的违约责任错误,本院对此予以纠正。

第八章 城镇房屋租赁合同风险防控

【本章导论】

目前我国对城镇房屋租赁合同没有一个明确规范的概念,它是租赁合同的重要组成部分,依据我国民法典和最高人民法院的司法解释,大家共识是:城镇房屋租赁合同是指城市、镇规划区内的房屋所有人或者管理人将作为租赁物的城镇房屋交付承租人使用、收益,承租人支付租金并于租赁结束后返还租赁物的合同。[1] 在城镇房屋租赁合同中,出租人是有义务将租赁物交付对方使用、收益的一方当事人,通常是租赁物的所有权人或者管理人,承租人则是依照房屋租赁合同可以取得租赁物的使用权和收益权,并向出租人交付租金的一方当事人。出租人和承租人既可以是自然人,也可以是法人和非法人组织。城镇房屋租赁合同既要遵循一般租赁合同的基本原理,又有许多特殊的地方。在实践中,应当充分考虑它的特殊性。

风险防控要点之一:租赁合同效力审查

城镇房屋租赁合同一般是要式合同,合同的主要条款包括:出租人与承租人的基本情况,租赁物的名称、种类、数量与现状,租赁物用途,租赁期限,租赁物的装饰与装修,水、电、燃气、网络使用、停车、物业等及相关费用情况,

---

[1] 根据《民法典》第703条"租赁合同是出租人将租赁物交付承租人使用、收益,承租人支付租金的合同"和《最高人民法院关于审理城镇房屋租赁合同纠纷案件具体应用法律若干问题的解释(2020修正)》第1条"本解释所称城镇房屋,是指城市、镇规划区内的房屋"的规定,来确定该合同的基本概念。

是否转租以及转租的条件,租金、支付方式与押金,租赁物的维修,安全使用责任,租赁物期满后添附物的归属,不可抗力,违约责任,续租的条件与方式,租赁物的交付和合同的生效等内容。一份有效的城镇房屋租赁合同,除了要具备这些条款外,还要考虑合同的签约主体是否适当,合同的标的物是否符合安全与合法要求以及一些特殊规定。

1.出租人是房屋所有人或者房屋的管理人。根据民法基本原理,房屋所有人或者房屋的管理人才享有房屋占有、使用、收益和处分的权利,房屋所有人或者房屋的管理人才有权出租房屋。判断房屋的所有人或者出租人最有效的方法是:(1)要查看房屋的不动产产权证书,不动产产权证书记载的所有人或者共有人就是房屋所有人,不动产产权证书记载的所有人或者共有人才有权以自己的名义签订房屋租赁合同。(2)未取得不动产产权证书,可以出示建设工程规划许可证。出租人是否已经取得建设工程规划许可证和建设工程规划许可证上记载的申请人是否与出租人相一致,同时也要查看租赁物是否是按照建设工程规划许可证的规定建设的房屋。根据《最高人民法院关于审理城镇房屋租赁合同纠纷案件具体应用法律若干问题的解释(2020修正)》第2条、第3条规定,出租人就未取得建设工程规划许可证或者未按照建设工程规划许可证的规定建设的房屋,以及未经批准或者未按照批准内容建设的临时建筑,与承租人订立的租赁合同无效。[1] (3)房屋的实际占有人或者管理人是否具有房屋所有人的授权委托手续。房屋管理人只有取得了房屋所有人的授权委托手续才有资格签订房屋租赁合同,且签订房屋租赁合同时授权委托手续应在有效期间。否则,有可能构成无权代理,最终导致合同无效的后果。(4)出租人为非特殊主体。一方面出租人不是廉租房或者未上市的经济适用房的户主;另一方面也不属于未经批准与审批的国家机关企事业单位的公有住房的产权人。(5)承租人应具有相应的承租能力与合理使

---

[1]《最高人民法院关于审理城镇房屋租赁合同纠纷案件具体应用法律若干问题的解释(2020修正)》第2条规定:"出租人就未取得建设工程规划许可证或者未按照建设工程规划许可证的规定建设的房屋,与承租人订立的租赁合同无效。但在一审法庭辩论终结前取得建设工程规划许可证或者经主管部门批准建设的,人民法院应当认定有效。"第3条第1款规定:"出租人就未经批准或者未按照批准内容建设的临时建筑,与承租人订立的租赁合同无效。但在一审法庭辩论终结前经主管部门批准建设的,人民法院应当认定有效。"

用能力。作为租赁房屋的承租人应当是具有完全民事行为能力的自然人和依法成立的法人、非法人组织,且对房屋的使用是正当合理的需求。

2. 特殊类型的房产在一定条件下禁止出租。《最高人民法院关于审理城镇房屋租赁合同纠纷案件具体应用法律若干问题的解释(2020 修正)》的第 1 条明确规定了"依照国家福利政策租赁公有住房、廉租住房、经济适用住房产生的纠纷案件,不适用本解释"。由此可以看出,这三类房屋是基于国家的福利政策而产生,与普通的城镇房屋租赁合同有所不同,有着特殊的调整规范。(1)已购公有住房。已购公有住房也叫"房改房",是指城镇职工根据国家和县级以上地方人民政府有关城镇住房制度改革政策规定,按照成本价(或者标准价)购买的公有住房。[1] 该类房屋取得的方式有特殊规定:一是购房者必须是本单位的职工,二是在购买价格上享受诸如工龄补贴等福利优惠政策,三是该类房屋的土地取得方式通常是划拨。该类房屋是否可以出租,目前在我国没有明确的规定。但依据《已购公有住房和经济适用住房上市出售管理暂行办法》的规定精神,可以看出该类房屋已经取得产权证书的可以上市交易,上市交易后的房产是可以出租的,但取得产权证书前不得交易和出租。(2)经济适用住房是指政府提供政策优惠,限定套型面积和销售价格按照合理标准建设,面向城市低收入住房困难家庭供应,具有保障性质的政策性住房。[2] 经济适用住房包含安居工程住房和集资合作建设的住房。[3] 经济适用房较之商品房,具有经济性和适用性的特点。经济性是指住宅价格相对于市场价格比较适中,能够适应中低收入家庭的承受能力;适用性是指在住房设计及建筑标准上强调住房的使用效果。在购买经济适用房时,需要满

---

[1] 《已购公有住房和经济适用住房上市出售管理暂行办法》第 3 条规定:"本办法所称已购公有住房和经济适用住房,是指城镇职工根据国家和县级以上地方人民政府有关城镇住房制度改革政策规定,按照成本价(或者标准价)购买的公有住房,或者按照地方人民政府指导价购买的经济适用住房。本办法所称经济适用住房包括安居工程住房和集资合作建设的住房。"

[2] 《经济适用住房管理暂行办法》第 2 条规定:"本办法所称经济适用住房,是指政府提供政策优惠,限定套型面积和销售价格,按照合理标准建设,面向城市低收入住房困难家庭供应,具有保障性质的政策性住房。"

[3] 《已购公有住房和经济适用住房上市出售管理暂行办法》第 3 条规定:"本办法所称已购公有住房和经济适用住房,是指城镇职工根据国家和县级以上地方人民政府有关城镇住房制度改革政策规定,按照成本价(或者标准价)购买的公有住房,或者按照地方人民政府指导价购买的经济适用住房。本办法所称经济适用住房包括安居工程住房和集资合作建设的住房。"

足一定的条件,且需严格执行申请、审批、公示制度。经济适用住房建设用地的供应原则上实行划拨方式。《经济适用住房管理办法》第29条和第30条明确规定其产权证书上要注明经济适用住房、划拨土地,且购买经济适用住房不满5年,不得直接上市交易。[1] 由此可见,经济适用住房未满5年不得转让和出租。(3)保障性租赁住房和公共租赁住房。保障性租赁住房针对住房困难包括从事基本公共服务人员在内的新市民、青年人,不设收入线门槛。公共租赁住房也叫公租房,是指政府投资或者提供政策支持,通过实物配租和租赁补贴等方式对城市中等偏下收入住房困难家庭、新就业大学生、外来务工人员等提供的政策性住房,仅供经申请且经相关部门审核后符合公租房保障条件的家庭居住。二者的区别在于保障性租赁住房属普惠性公共服务,公租房属国家基本公共服务,政府承担兜底保障责任;同时在申请对象申请条件、筹资渠道、使用面积、实施区域、退出管理、检测评价等方面均有不同。二者的共同点在于房屋的产权均属于政府有关部门,承租人必须是特定主体。该类房屋的出租人和承租人存在违法出租或转租行为,除收回租赁物外还需承担相应法律责任[2]。此类房屋是禁止转租的。

---

[1] 《经济适用住房管理办法》第29条规定:"居民个人购买经济适用住房后,应当按照规定办理权属登记。房屋、土地登记部门在办理权属登记时,应当分别注明经济适用住房、划拨土地。"第30条规定:"经济适用住房购房人拥有有限产权。购买经济适用住房不满5年,不得直接上市交易,购房人因特殊原因确需转让经济适用住房的,由政府按照原价格并考虑折旧和物价水平等因素进行回购。购买经济适用住房满5年,购房人上市转让经济适用住房的,应按照届时同地段普通商品住房与经济适用住房差价的一定比例向政府交纳土地收益等相关价款,具体交纳比例由市、县人民政府确定,政府可优先回购;购房人也可以按照政府所定的标准向政府交纳土地收益等相关价款后,取得完全产权。上述规定应在经济适用住房购买合同中予以载明,并明确相关违约责任。"

[2] 《公共租赁住房管理办法》第27条第1款规定:"承租人有下列行为之一的,应当退回公共租赁住房:(一)转借、转租或者擅自调换所承租公共租赁住房的;(二)改变所承租公共租赁住房用途的;(三)破坏或者擅自装修所承租公共租赁住房,拒不恢复原状的;(四)在公共租赁住房内从事违法活动的;(五)无正当理由连续6个月以上闲置公共租赁住房的。"《公共租赁住房管理办法》第36条规定:"承租人有下列行为之一的,由市、县级人民政府住房保障主管部门责令按市场价格补缴从违法行为发生之日起的租金,记入公共租赁住房管理档案,处以1000元以下罚款;有违法所得的,处以违法所得3倍以下但不超过3万元的罚款:(一)转借、转租或者擅自调换所承租公共租赁住房的;(二)改变所承租公共租赁住房用途的;(三)破坏或者擅自装修所承租公共租赁住房,拒不恢复原状的;(四)在公共租赁住房内从事违法活动的;(五)无正当理由连续6个月以上闲置公共租赁住房的。有前款所列行为,承租人自退回公共租赁住房之日起五年内不得再次申请公共租赁住房;造成损失的,依法承担赔偿责任。"

3. 未经审批的国有性质的房产禁止租赁。国家机关和事业单位对其管理使用的房产,未经事先上报同级财政部门审核批准的,不得对外进行出租。[1]

4. 其他不得出租的房屋类型。除了上述几类房屋外,房屋本身存在问题的也不得进行出租。一是根据《商品房屋租赁管理办法》(住房和城乡建设部令第6号)第6条的规定,房屋本身存在特殊属性未达到使用条件的不得对外出租。[2] 二是房地产因其权属的原因不得转让,进而也不得出租。例如,《城市房地产管理法》规定的权属存在限制的几种情形[3]以及未经整体验收合格的房屋[4]和消防验收不合格的房屋[5]。

5. 已设定抵押权的房屋在没有特别约定的情况下可以出租。抵押权设立前,房屋所有人可以出租该房屋,《民法典》第405条和第725条明确规定了

---

[1]《行政单位国有资产管理暂行办法》(财政部令第35号)第24条规定:"行政单位拟将占有、使用的国有资产对外出租、出借的,必须事先上报同级财政部门审核批准。未经批准,不得对外出租、出借。同级财政部门应当根据实际情况对行政单位国有资产对外出租、出借事项严格控制,从严审批。《事业单位国有资产管理暂行办法》(财政部令第100号)第21条第1款规定:"事业单位利用国有资产对外投资、出租、出借和担保等应当进行必要的可行性论证,并提出申请,经主管部门审核同意后,报同级财政部门审批。法律、行政法规和本办法第五十六条另有规定的,依照其规定。"

[2]《商品房屋租赁管理办法》(住房和城乡建设部令第6号)第6条规定:"有下列情形之一的房屋不得出租:(一)属于违法建筑的;(二)不符合安全、防灾等工程建设强制性标准的;(三)违反规定改变房屋使用性质的;(四)法律、法规规定禁止出租的其他情形。"第8条规定:"出租住房的,应当以原设计的房间为最小出租单位,人均租住建筑面积不得低于当地人民政府规定的最低标准。厨房、卫生间、阳台和地下储藏室不得出租供人员居住。"

[3]《城市房地产管理法》第38条规定:"下列房地产,不得转让:(一)以出让方式取得土地使用权的,不符合本法第三十九条规定的条件的;(二)司法机关和行政机关依法裁定、决定查封或者以其他形式限制房地产权利的;(三)依法收回土地使用权的;(四)共有房地产,未经其他共有人书面同意的;(五)权属有争议的;(六)未依法登记领取权属证书的;(七)法律、行政法规规定禁止转让的其他情形。

[4]《建筑法》第61条第2款规定:"建筑工程竣工经验收合格后,方可交付使用;未经验收或者验收不合格的,不得交付使用。"

[5]《消防法》第13条规定:"国务院住房和城乡建设主管部门规定应当申请消防验收的建设工程竣工,建设单位应当向住房和城乡建设主管部门申请消防验收。前款规定以外的其他建设工程,建设单位在验收后应当报住房和城乡建设主管部门备案,住房和城乡建设主管部门应当进行抽查。依法应当进行消防验收的建设工程,未经消防验收或者消防验收不合格的,禁止投入使用;其他建设工程经依法抽查不合格的,应当停止使用。"

"买卖不破租赁"基本原则[1];抵押期间房屋所有人也可以出租房屋(抵押合同中明确约定不得租赁的除外),但须征得抵押权人的同意。《民法典》第406条规定了抵押期间抵押物可以转让的基本原则,[2]从其可以转让的基本原则规定中可以推断出抵押期间出租是被法律所允许的。

6.已设定居住权的房屋。已设定居住权的房屋所有人和居住权人均不得出租。根据《民法典》第369条的规定,除非当事人约定允许出租的情形。[3]

7.严禁业主擅自将住宅用途改变为经营性用途。根据《民法典》第279条的规定,业主只有在遵守法律、法规以及管理规约的前提下,经过本栋及相邻有利害关系的业主一致同意后才可以把住宅用途改变为经营性用途。[4] 在签订城镇房屋租赁合同中如果存在此类问题,需要出租人提供相应证据。

签订城镇房屋租赁合同除了遵守上述特别规定外,也要遵守《民法典》关于合同有效的其他条件:当事人具备签约能力,意思表示真实且内容不违反法律、

---

[1]《民法典》第405条规定:"抵押权设立前,抵押财产已经出租并转移占有的,原租赁关系不受该抵押权的影响。"第725条规定:"租赁物在承租人按照租赁合同占有期限内发生所有权变动的,不影响租赁合同的效力。"《最高人民法院关于审理城镇房屋租赁合同纠纷案件具体应用法律若干问题的解释(2020修正)》第14条规定:"租赁房屋在承租人按照租赁合同占有期限内发生所有权变动,承租人请求房屋受让人继续履行原租赁合同的,人民法院应予支持。但租赁房屋具有下列情形或者当事人另有约定的除外:(一)房屋在出租前已设立抵押权,因抵押权人实现抵押权发生所有权变动的;(二)房屋在出租前已被人民法院依法查封的。"

[2]《民法典》第406条规定:"抵押期间,抵押人可以转让抵押财产。当事人另有约定的,按其约定。抵押财产转让的,抵押权不受影响。抵押人转让抵押财产的,应当及时通知抵押权人。抵押权人能够证明抵押财产转让可能损害抵押权的,可以请求抵押人将转让所得的价款向抵押权人提前清偿债务或者提存。转让的价款超过债权数额的部分归抵押人所有,不足部分由债务人清偿。"

[3]《民法典》第369条规定:"居住权不得转让、继承。设立居住权的住宅不得出租,但是当事人另有约定的除外。"

[4]《民法典》第279条规定:业主不得违反法律、法规以及管理规约,将住宅改变为经营性用房。业主将住宅改变为经营性用房的,除遵守法律、法规以及管理规约外,应当经有利害关系的业主一致同意。《最高人民法院关于审理建筑物区分所有权纠纷案件适用法律若干问题的解释(2020修正)》第10条规定:"业主将住宅改变为经营性用房,未依据民法典第二百七十九条的规定经有利害关系的业主一致同意,有利害关系的业主请求排除妨害、消除危险、恢复原状或者赔偿损失的,人民法院应予支持。将住宅改变为经营性用房的业主以多数有利害关系的业主同意其行为进行抗辩的,人民法院不予支持。"

行政法规的强制性规定和公序良俗的基本原则。[1] 此外,城镇房屋租赁合同的最高年限是20年,超过20年期限的部分会被认定无效;[2] 租赁期限约定不明的,可以推定为无固定期限租赁合同,当事人可以随时解除合同。[3]

【风险提示】

签订城镇房屋租赁合同时要注意考察出租人和承租人的资格,同时要考虑租赁物的特殊情形。重点要考察出租人是否为房屋所有人或者房屋的管理人,通过查看不动产登记证书、授权委托书等内容进行甄别。对于依照国家福利政策购买的公有住房、经济适用住房要查看房屋是否符合相关法律法规规定的上市条件,已满足上市条件的可以租赁,未满足上市条件的不得租赁,保障性租赁住房和公共租赁住房的承租人禁止再转租。国家机关和事业单位对其管理使用的房产在事先经过同级财政部门审批后方可出租。房屋本身属于违法建筑的或者不符合消防安全、防灾等工程建设强制性标准的或者违反规定改变房屋使用性质的,不得出租。已设定抵押权的房屋在没有特别约定的情况下可以出租,但抵押合同中明确约定不得出租的除外。已设定居住权的房屋原则上不得出租,当事人已经约定允许出租的除外;《城市房地产管理法》也明确界定了存在下列情形的,不得出租:司法机关和行政机关依法裁定、决定查封或者以其他形式限制房地产权利的;依法收回土地使用权的;共有房地产,未经其他共有人书面同意的;权属有争议的;租赁期限超过20年的,超出时限部分会被认定为无效。租赁期限约定不明的,推定为无固定期限租赁合同,当事人可以随时解除合同。业主将住宅用途改变为经营性用途的,则要求本栋及相邻有利害关系的业主一致同意,并遵守法律、法规以及管理规约。在实践中,租赁物存在部分有证部分无证时,通常法院认定有证的部分有效,无证的部分则无效,但无证部分按照实际情况比照有证的单价来计算占用费。

---

[1] 《民法典》第143条规定:"具备下列条件的民事法律行为有效:(一)行为人具有相应的民事行为能力;(二)意思表示真实;(三)不违反法律、行政法规的强制性规定,不违背公序良俗。"《民法典》第153条规定:"违反法律、行政法规的强制性规定的民事法律行为无效。但是,该强制性规定不导致该民事法律行为无效的除外。违背公序良俗的民事法律行为无效。"

[2] 《民法典》第705条规定:"租赁期限不得超过二十年。超过二十年的,超过部分无效。租赁期限届满,当事人可以续订租赁合同;但是,约定的租赁期限自续订之日起不得超过二十年。"

[3] 《民法典》第730条规定:"当事人对租赁期限没有约定或者约定不明确,依据本法第五百一十条的规定仍不能确定的,视为不定期租赁;当事人可以随时解除合同,但是应当在合理期限之前通知对方。"

风险防控要点之二：租赁房屋装饰装修

房屋装饰装修是实现房屋居住或者合理使用的通常合理要求。一般来说，承租人一旦租赁了房屋，要根据己方生产生活需要，对房屋本身的内部或者外部进行必要的装饰装修，正常情况下只要承租人没有对租赁物进行安全性、重要功能的改变或者破坏，作为出租人应当满足承租人的合理需求。

1. 房屋装饰装修要取得出租人同意

目前，房屋装饰装修在我国的主要法律法规中还没有一个明确的界定，参照《山东省建筑装饰装修管理办法》的规定，可以概括为：房屋装饰装修是指装饰装修人使用建筑装饰装修材料，对建筑物、构筑物内部和外表进行修饰处理的活动，包括公共建筑装饰装修和住宅装饰装修。[1] 房屋装饰装修的目的是满足承租人对租赁物的使用需求。为此，承租人在装饰装修前或者在房屋租赁合同中明确约定出租人同意承租人进行必要的装饰装修或者装修设计与装修方案须得到出租人的批准，出租人已经同意或者批准的，可以自行装饰装修。否则，承租人不但要承担相应的违约责任，并且还有可能要承担恢复原状或者赔偿损失的民事责任，甚至还会受到行政处罚。当然出租人也可以在满足承租人要求的情况下自己或者委托他人进行装修。装饰装修的材料也要符合环保要求。

2. 房屋装饰装修要保障房屋的安全性或者未发生功能性改变

房屋装饰装修的基础是租赁物必须是合法建筑或者已经取得了建设工程规划许可证。对房屋装饰装修必须确保房屋的安全性不受任何影响。其安全性主要包括：严禁变动建筑主体和承重结构，将没有防水要求的房间或者阳台改为卫生间、厨房间，扩大承重墙上原有的门窗尺寸，拆除连接阳台的砖、混凝土墙体，损坏房屋原有节能设施以及其他影响建筑结构和使用安

---

[1] 《山东省建筑装饰装修管理办法》（自2009年3月1日起施行）第2条规定："本办法所称建筑装饰装修，是指装饰装修人使用建筑装饰装修材料，对建筑物、构筑物内部和外表进行修饰处理的活动，包括公共建筑装饰装修和住宅装饰装修。"

全的行为。[1] 住宅改为营业用房,非承重外墙开设门窗,拆改供暖、供气管道和设施等功能性有所变动的,需要报有关部门批准后方可装修。[2] 无论出租人或是承租人装饰装修房屋使用的材料均要达到环保要求,能够适合居住或者生产需要。否则,装修人要承担恢复原状、重作和赔偿损失的法律责任。[3]

3. 装饰装修前要履行开工申报程序

业主或者承租人在装饰装修前应当向物业管理企业或者房屋管理机构申报登记(承租人申报的需提交业主同意证明或者租赁合同中同意装修的条款),经过物业或者房屋管理机构同意后方可开始装修,[4] 并与物业公司签订

---

[1]《住宅室内装饰装修管理办法》第5条规定:"住宅室内装饰装修活动,禁止下列行为:(一)未经原设计单位或者具有相应资质等级的设计单位提出设计方案,变动建筑主体和承重结构;(二)将没有防水要求的房间或者阳台改为卫生间、厨房间;(三)扩大承重墙上原有的门窗尺寸,拆除连接阳台的砖、混凝土墙体;(四)损坏房屋原有节能设施,降低节能效果;(五)其他影响建筑结构和使用安全的行为。本办法所称建筑主体,是指建筑实体的结构构造,包括屋盖、楼盖、梁、柱、支撑、墙体、连接接点和基础等。本办法所称承重结构,是指直接将本身自重与各种外加作用力系统地传递给基础地基的主要结构构件和其连接接点,包括承重墙体、立杆、柱、框架柱、支墩、楼板、梁、屋架、悬索等。"

[2]《住宅室内装饰装修管理办法》第6条规定:"装修人从事住宅室内装饰装修活动,未经批准,不得有下列行为:(一)搭建建筑物、构筑物;(二)改变住宅外立面,在非承重外墙上开门、窗;(三)拆改供暖管道和设施;(四)拆改燃气管道和设施。本条所列第(一)项、第(二)项行为,应当经城市规划行政主管部门批准;第(三)项行为,应当经供暖管理单位批准;第(四)项行为应当经燃气管理单位批准。"第7条规定:"住宅室内装饰装修超过设计标准或者规范增加楼面荷载的,应当经原设计单位或者具有相应资质等级的设计单位提出设计方案。"《民法典》第279条规定:"业主不得违反法律、法规以及管理规约,将住宅改变为经营性用房。业主将住宅改变为经营性用房的,除遵守法律、法规以及管理规约外,应当经有利害关系的业主一致同意。"《最高人民法院关于审理建筑物区分所有权纠纷案件适用法律若干问题的解释(2020修正)》第10条规定:"业主将住宅改变为经营性用房,未依据民法典第二百七十九条的规定经有利害关系的业主一致同意,有利害关系的业主请求排除妨害、消除危险、恢复原状或者赔偿损失的,人民法院应予支持。将住宅改变为经营性用房的业主以多数有利害关系的业主同意其行为进行抗辩的,人民法院不予支持。"

[3]《住宅室内装饰装修管理办法》第28条规定:"住宅室内装饰装修工程使用的材料和设备必须符合国家标准,有质量检验合格证明和有中文标识的产品名称、规格、型号、生产厂厂名、厂址等。禁止使用国家明令淘汰的建筑装饰装修材料和设备。"

[4]《住宅室内装饰装修管理办法》第14条规定:"申报登记应当提交下列材料:(一)房屋所有权证(或者证明其合法权益的有效凭证);(二)申请人身份证件;(三)装饰装修方案;(四)变动建筑主体或者承重结构的,需提交原设计单位或者具有相应资质等级的设计单位提出的设计方案;(五)涉及本办法第六条行为的,需提交有关部门的批准文件,涉及本办法第七条、第八条行为的,需提交设计方案或者施工方案;(六)委托装饰装修企业施工的,需提供该企业相关资质证书的复印件。非业主的住宅使用人,还需提供业主同意装饰装修的书面证明。"

装修管理服务协议,且承诺要按照已经签署的协议履行有关装修的义务。[1]否则,有可能构成违建,并要承担违建的法律后果。

4. 装饰装修竣工后要接受有关部门的验收

装饰装修竣工后,装修人要接受物业公司和有关部门的验收,验收合格后才能使用。[2] 未经验收合格的不得使用,存在违建行为要承担相应法律责任,违建行为未处理完毕,有可能影响到不动产权属登记工作。

5. 出租人和承租人应当对装饰装修行为的费用和合同到期后装饰装修的归属和处置进行明确约定

出租人和承租人应当在租赁合同中或者装饰装修行为开始前就装饰装修行为的费用如何分担以及合同期满后如何处置装饰装修物达成一致意见。装饰装修行为可以由出租人承担,也可以由承租人承担。装饰装修费用没有约定,一旦发生纠纷,处理原则是:一是出租人同意承租人装修装饰但装饰装修费用没有达成一致协议的,可以按照办理合法建设手续的由出租人承担,未办理合法建设手续的由出租人和承租人根据过错程度分担;[3]承租人经出租人同意装饰装修,租赁期间届满或者合同解除时,除当事人另有约定外,未形成附合的装饰装修物,可由承租人拆除。[4] 二是未经出租人同意承租人擅

---

[1]《住宅室内装饰装修管理办法》第16条规定:"装修人,或者装修人和装饰装修企业,应当与物业管理单位签订住宅室内装饰装修管理服务协议。住宅室内装饰装修管理服务协议应当包括下列内容:(一)装饰装修工程的实施内容;(二)装饰装修工程的实施期限;(三)允许施工的时间;(四)废弃物的清运与处置;(五)住宅外立面设施及防盗窗的安装要求;(六)禁止行为和注意事项;(七)管理服务费用;(八)违约责任;(九)其他需要约定的事项。"

[2]《住宅室内装饰装修管理办法》第30条规定:"住宅室内装饰装修工程竣工后,装修人应当按照工程设计合同约定和相应的质量标准进行验收。验收合格后,装饰装修企业应当出具住宅室内装饰装修质量保修书。物业管理单位应当按照装饰装修管理服务协议进行现场检查,对违反法律、法规和装饰装修管理服务协议的,应当要求装修人和装饰装修企业纠正,并将检查记录存档。"

[3]《最高人民法院关于审理城镇房屋租赁合同纠纷案件具体应用法律若干问题的解释(2020修正)》第12条规定:"承租人经出租人同意扩建,但双方对扩建费用的处理没有约定的,人民法院按照下列情形分别处理:(一)办理合法建设手续的,扩建造价费用由出租人负担;(二)未办理合法建设手续的,扩建造价费用由双方按照过错分担。"

[4]《最高人民法院关于审理城镇房屋租赁合同纠纷案件具体应用法律若干问题的解释(2020修正)》第8条规定:"承租人经出租人同意装饰装修,租赁期间届满或者合同解除时,除当事人另有约定外,未形成附合的装饰装修物,可由承租人拆除。因拆除造成房屋毁损的,承租人应当恢复原状。"

自装饰装修或者扩建的,费用由承租人承担。[1] 三是承租人经出租人同意装饰装修,合同解除时没有事先约定装饰装修费用分担的,要区分导致合同解除的原因,公平分担。《最高人民法院关于审理城镇房屋租赁合同纠纷案件具体应用法律若干问题的解释(2020修正)》第9条有明确界定。[2] 四是房屋租赁合同无效时要区分是否形成附合的装饰装修物。未形成附合的装饰装修物,出租人同意利用的,可折价归出租人所有;不同意利用的,可由承租人拆除。已形成附合的装饰装修物,出租人同意利用的,可折价归出租人所有;不同意利用的,由双方各自按照导致合同无效的过错分担现值损失。[3]

【风险提示】

城镇房屋的出租人可以根据承租人的要求进行房屋装饰装修,也可以同意承租人自行装饰装修,承租人装饰装修租赁物的要事先征得出租人同意或者事后得到出租人的追认。如果未得到同意或事后追认,承租人要最终承担装饰装修费用;如果装饰装修没有形成附合物,由承租人自行拆除;如果装饰装修已经形成附合物,根据最后的残值来决定相应的归属原则;《最高人民法院关于审理城镇房屋租赁合同纠纷案件具体应用法律若干问题的解释(2020修正)》第7、8、9条提出了合同无效和解除时的处理规则。

---

[1]《最高人民法院关于审理城镇房屋租赁合同纠纷案件具体应用法律若干问题的解释(2020修正)》第11条规定:"承租人未经出租人同意装饰装修或者扩建发生的费用,由承租人负担。出租人请求承租人恢复原状或者赔偿损失的,人民法院应予支持。"

[2]《最高人民法院关于审理城镇房屋租赁合同纠纷案件具体应用法律若干问题的解释(2020修正)》第9条规定:"承租人经出租人同意装饰装修,合同解除时,双方对已形成附合的装饰装修物的处理没有约定的,人民法院按照下列情形分别处理:(一)因出租人违约导致合同解除,承租人请求出租人赔偿剩余租赁期内装饰装修残值损失的,应予支持;(二)因承租人违约导致合同解除,承租人请求出租人赔偿剩余租赁期内装饰装修残值损失的,不予支持。但出租人同意利用的,应在利用价值范围内予以适当补偿;(三)因双方违约导致合同解除,剩余租赁期内的装饰装修残值损失,由双方根据各自的过错承担相应的责任;(四)因不可归责于双方的事由导致合同解除的,剩余租赁期内的装饰装修残值损失,由双方按照公平原则分担。法律另有规定的,适用其规定。"

[3]《最高人民法院关于审理城镇房屋租赁合同纠纷案件具体应用法律若干问题的解释(2020修正)》第7条规定:"承租人经出租人同意装饰装修,租赁合同无效时,未形成附合的装饰装修物,出租人同意利用的,可折价归出租人所有;不同意利用的,可由承租人拆除。因拆除造成房屋毁损的,承租人应当恢复原状。已形成附合的装饰装修物,出租人同意利用的,可折价归出租人所有;不同意利用的,由双方各自按照导致合同无效的过错分担现值损失。"

无论是出租人还是承租人装饰装修房屋，都必须把安全性和不改变房屋的结构作为第一要务来办理，严禁违法违章装饰装修，要与物业公司签订相应的物业管理服务合同，并接受装饰装修竣工后的验收，否则可能被界定为违建行为，除要自行整改外，还要承担相应的处罚责任。

风险防控要点之三：承租人的转租行为

转租是指承租人将租赁物转让给第三人使用、收益，承租人与第三人形成新的租赁合同关系，而承租人与出租人的租赁关系继续存在的一种交易形式。在转租中涉及三方当事人和两个租赁法律关系。即出租人与承租人之间初始租赁关系，承租人与次承租人之间的再租赁关系，原则上只有初始租赁关系合法有效，再租赁关系才能有效，但也有特殊情况。在房屋转租期间，出租人与承租人之间具有房屋租赁法律关系，与次承租人之间没有房屋租赁法律关系，即使同意将租赁物出租给次承租人，出租人与次承租人之间也没有房屋租赁法律关系，出租人与承租人之间始终保持房屋租赁法律关系，但有其特殊的情形是当承租人拖欠租金时次承租人可以代承租人支付所欠租金和违约金，代付租金和违约金可以冲抵次承租人应当向转租人（原承租人）支付的租金。城镇房屋是否可以转租的问题，通常应当在租赁合同中予以约定，这是承租人取得转租权利的基础。[1]

1. 承租人取得转租权的方式

我国对转租行为采取限制主义立法模式，不允许承租人在未经出租人同意的情况下转租租赁物，并通过赋予出租人解除权的方式保护出租人的利益。承租人要想取得转租权，一方面是事先约定。事先约定方式既可以是在房屋租赁合同中有具体条款进行明确约定，也可以是承租人在转租前征得出租人的同意。出租人同意的形式可以是口头的也可以是书面的，但为了防止

---

〔1〕《民法典》第716条规定："承租人经出租人同意，可以将租赁物转租给第三人。承租人转租的，承租人与出租人之间的租赁合同继续有效；第三人造成租赁物损失的，承租人应当赔偿损失。承租人未经出租人同意转租的，出租人可以解除合同。"《商品房屋租赁管理办法》（住房和城乡建设部令第6号）第11条第1款规定："承租人转租房屋的，应当经出租人书面同意。"

事后因是否同意之事发生纠纷,书面同意是最好的方式。《商品房屋租赁管理办法》(住房和城乡建设部令第 6 号)第 11 条中也认可了书面同意的方式。另一方面是出租人事后追认。出租人对承租人的转租行为事先并不知情,事后明示同意或者有条件地默示认可。默示认可是指出租人知道或者应当知道承租人存在转租行为,在 6 个月内没有提出异议的情形。[1] 出租人作为房屋的所有人或者合法管理人有权对房屋的使用情况进行监督,通常在不影响承租人对物的使用和收益权利情况下,一般会同意承租人在合理使用且不损害自身利益的前提下予以转租。

2. 转租合同的效力

关于转租合同的效力目前有四种观点:一是承租人在满足事先征得出租人同意或者出租人事后追认的情况下,房屋转租合同依法有效。二是效力待定。未经出租人同意或者初始房屋租赁已经明确禁止转租的,承租人签订的房屋租赁合同无效,但出租人知道或者应当知道承租人存在转租行为 6 个月未提异议的,可以认定出租人同意转租,这时的再租赁合同有效,[2]但超过初始租赁合同的期限对出租人不具有法律效力。其基本原理沿袭了《民法典》第 311 条无处分权人将不动产或者动产转让给受让人的善意取得的规定,[3]合同效力取决于出租人事后是否追认。如果出租人事后追认了,合同就有效,不追认则解除初始房屋租赁合同。三是转租合同无效,《民法典》第 716 条第 2 款明确规定了承租人擅自转租的,出租人可以解除合同。[4] 四是合同有效。其理由是承租人与次承租人之间的合同符合合同有效的基本条件,即

---

[1] 《民法典》第 718 条规定:"出租人知道或者应当知道承租人转租,但是在六个月内未提出异议的,视为出租人同意转租。"

[2] 《民法典》第 717 条规定:"承租人经出租人同意将租赁物转租给第三人,转租期限超过承租人剩余租赁期限的,超过部分的约定对出租人不具有法律约束力,但是出租人与承租人另有约定的除外。"

[3] 《民法典》第 311 条规定:"无处分权人将不动产或者动产转让给受让人的,所有权人有权追回;除法律另有规定外,符合下列情形的,受让人取得该不动产或者动产的所有权:(一)受让人受让该不动产或者动产时是善意;(二)以合理的价格转让;(三)转让的不动产或者动产依照法律规定应当登记的已经登记,不需要登记的已经交付给受让人。受让人依据前款规定取得不动产或者动产的所有权的,原所有权人有权向无处分权人请求损害赔偿。当事人善意取得其他物权的,参照适用前两款规定。"

[4] 《民法典》第 716 条第 2 款规定:"承租人未经出租人同意转租的,出租人可以解除合同。"

满足《民法典》第143条规定的三个要件即可认定是有效的。[1] 第一种观点并无错误之处,但其未指出"未经出租人同意或追认时转租合同的效力"。第二种观点把出租行为理解为处分行为,其错误之处在于把出租行为和所有权人的处分加以混同。第三种观点以偏概全,曲解了《民法典》第716条第2款的本意。该条款的本意是出租人可以解除与承租人签订的初始租赁合同,而没有明确说明承租人与次承租人之间的合同是无效的。第四种观点较为合理。一方面,符合我国法律关于合同有效三个条件的规定——主体合格、意思表示真实、不违背强制性规定和公序良俗;另一方面转租人(原承租人)作为房屋的使用人既能实际控制房屋又能交付标的物,次承租人在表象上完全可以信任转租人。

3. 承租人擅自转租的法律结果

承租人擅自转租可能承担的法律后果:一是出租人事后认可转租行为和出租人知道或者应当知道承租人存在转租行为6个月内未提异议的,出租人与承租人签订的城镇房屋租赁合同继续有效,可以继续履行。二是出租人坚决不同意继续转租的,出租人可以解除已签订的城镇房屋租赁合同,收回租赁物并追究承租人的违约责任,如存在对房屋造成损害的还可以要求恢复原状或者赔偿损失。三是次承租人发现承租人是擅自出租,可以要求解除转租合同并支付违约金或者赔偿损失;如果房屋已装饰装修,装饰装修费用要合理分担。

【风险提示】

出租人和承租人在城镇房屋租赁合同中应当约定在租赁期内承租人是否可以转租,转租的前提条件,转租的费用以及次承租人的损害赔偿问题;如果没有约定或者约定不明确,可以在转租前征得出租人的书面同意;如果城镇房屋租赁合同中没有约定转租,事后也没有得到出租人的认可以及出租人知道或者应当知道出租人转租未满6个月提出了异议的,转租行为无效,承租人就构成了违约行为。针对此类情况出租人可以解除合同,收回租赁物并追究承租人的违约责任;出租合同解除后,次承租人也可以以此为由解除转租合同,并要求承租人承担相应违约责任或者赔偿损失。

---

[1]《民法典》第143条规定:"具备下列条件的民事法律行为有效:(一)行为人具有相应的民事行为能力;(二)意思表示真实;(三)不违反法律、行政法规的强制性规定,不违背公序良俗。"

风险防控要点之四：租赁物抵押与转让

城镇房屋租赁合同订立前后，房屋的所有权人或者抵押权人均可以在租赁房屋上设定抵押权或者将房屋转让给他人，但要符合必要的条件。否则有可能侵犯承租人的合法权益。

1. 房屋租赁在先，抵押或转让在后的情形

此类情形下完全适用"买卖不破租赁"的基本原则，即无论房屋是抵押还是转让，抵押权人或者受让人均要受租赁合同的约束，租赁合同继续对抵押权人或者受让人有效，承租人不受抵押和转让的影响。[1] 但出租人要履行相应的程序：要在转让前合理期间通知承租人，承租人在同等条件下享有优先购买权。我国现行法律法规没有规定房屋抵押时必须通知承租人。但基于诚实信用的基本原则，出租人应当及时通知承租人并保证承租人的利益不受影响。

2. 抵押在先，房屋租赁在后涉及租赁物的处分问题

抵押合同生效后，抵押物通常不会交付给抵押权人，除在抵押合同中约定抵押物不得租赁外，原则上抵押物的所有人是可以出租的。我国现行法律法规也没有规定房屋抵押时禁止出租。但仍然是基于诚实信用的基本原则，出租人应当在订立租赁合同时如实告知已经设定的抵押权。如果不如实告知，危及承租人使用租赁物时，承租人有可能提出出租人在订立合同时隐瞒真实情况，要求撤销或者变更租赁合同。

抵押合同生效后，抵押物已经登记，抵押物的所有人出租抵押物的，其租赁合同不得对抗已登记的抵押权人实现抵押权。

【风险提示】

城镇房屋租赁合同中租赁物抵押与转让时应当区分与租赁先后顺序。房屋租赁在先抵押与转让在后的，一般遵守"买卖不破租赁"的基本原则，房屋租赁合同继续有效且又于租赁物的受让人。抵押在先房屋租赁在后的，订立房屋

---

[1] 《民法典》第725条规定："租赁物在承租人按照租赁合同占有期限内发生所有权变动的，不影响租赁合同的效力。"《民法典》第405条规定："抵押权设立前，抵押财产已经出租并转移占有的，原租赁关系不受该抵押权的影响。"

租赁合同时应当如实告知承租人,即便告知,租赁合同也不得对抗已登记的抵押权人实现抵押权。

风险防控要点之五:承租人优先购买权

承租人的优先购买权是当今各国民法所普遍确立的制度,是指房屋所有权人转让不动产时,应当在转让之前的合理期限内通知承租人,在同等条件下,承租人享有优先购买权。《民法典》第 726 条规定了承租人优先购买权。承租人的优先购买权,是一种法定的权利,当出租人要处分租赁物时,在同等条件下承租人享有优先购买权。

1. 承租人优先购买权的性质

关于优先购买权的性质,目前有三种观点。观点一:"请求权说"认为,优先购买权是特定民事主体依照法律规定享有的优先于他人购买的请求权。先买权人行使其权利,必须向出卖人(先买权对应之义务人)提出请求,要求解除其与第三人的合同,并同意与己方订立买卖合同。先买权人不能依其单方意思表示而径直形成其与出卖人间的买卖合同,并且出卖人并不负有强制缔约的义务。这种观点认为,优先购买权只是优先缔约的权利,而不是保证买到的权利;它是一种债权,不具有对抗善意第三人的效力。

观点二:"强制缔约请求权说"认为,优先购买权在本质上是一项请求权,但此种请求权不同于一般的请求权。按照一般请求权说,优先购买权人与义务人(转让人或出卖人)间的买卖合同,尚需义务人的同意,优先购买权人的缔约请求无异于一项要约,因此义务人不得予以拒绝,这与一般买卖契约的订立方式并无区别。"强制缔约请求权说"认为,优先购买权人一经行使权利,转让人(或出卖人)即负有强制缔约之义务,而且转让人与第三人间的买卖合同将陷于给付不能的状态。但该说同样认为,先买权人不能够仅依其单方意思表示自动形成其与转让人(或出卖人)之间的买卖合同。[1]

---

[1] 参见最高人民法院民事审判第一庭:《最高人民法院关于审理城镇房屋租赁合同纠纷案件司法解释的理解与适用》,人民法院出版社 2009 年版,第 220~236 页。

观点三:"形成权说"认为,优先购买权人可依照其单方之意思,在其与义务人间形成一个与义务人和第三人合同条件一样的买卖合同,而无须义务人的承诺。依此规定,先买权的行使,将在权利人与义务人之间形成一项买卖合同(合同条件以义务人与第三人间的合同内容为准),无须义务人之同意。[1]

这三种观点分别从请求权和形成权角度对承租人优先购买权进行解释。其实,承租人优先购买权相对于一般请求权而言是有限的物权请求权和附条件的形成权,这种有限的权利具有法定性。承租人的优先购买权并不是承租人在任何时候都能享有的一种现实权利,在出租人出卖租赁物之前,承租人的优先购买权仅仅表现为一种可能性,因此又具有期待权的性质。

2. 承租人优先购买权的例外情形

根据我国民法典的规定和最高人民法院的司法解释,以下四种情形属于承租人优先购买权例外情形:(1)房屋共有人行使优先购买权的;[2](2)出租人将房屋出卖给近亲属,包括配偶、父母、子女、兄弟姐妹、祖父母、外祖父母、孙子女、外孙子女的;(3)出租人履行通知义务后,承租人在15日内未明确表示购买的;[3](4)第三人善意购买租赁房屋并已经办理登记手续的。[4]

3. "同等条件"的认定

"同等条件"的目的是维护出卖人利益,限制优先购买权人的权利。如此

---

[1] 参见最高人民法院编著:《民法典合同编理解与适用(三)》,人民法院出版社2020年版,第1555页。
[2] 《民法典》第306条规定:"按份共有人转让其享有的共有的不动产或者动产份额的,应当将转让条件及时通知其他共有人。其他共有人应当在合理期限内行使优先购买权。两个以上其他共有人主张行使优先购买权的,协商确定各自的购买比例;协商不成的,按照转让时各自的共有份额比例行使优先购买权。"
[3] 《民法典》第726条规定:"出租人出卖租赁房屋的,应当在出卖之前的合理期限内通知承租人,承租人享有以同等条件优先购买的权利;但是,房屋按份共有人行使优先购买权或者出租人将房屋出卖给近亲属的除外。出租人履行通知义务后,承租人在十五日内未明确表示购买的,视为承租人放弃优先购买权。"
[4] 《民法典》第311条规定:"无处分权人将不动产或者动产转让给受让人的,所有权人有权追回;除法律另有规定外,符合下列情形的,受让人取得该不动产或者动产的所有权:(一)受让人受让该不动产或者动产时是善意;(二)以合理的价格转让;(三)转让的不动产或者动产依照法律规定应当登记的已经登记,不需要登记的已经交付给受让人。受让人依照前款规定取得不动产或者动产的所有权的,原所有权人有权向无处分权人请求损害赔偿。当事人善意取得其他物权的,参照适用前两款规定。"

规定的意义在于:第一,表明优先购买权的相对性和有条件性,并不是在任何条件下优先购买权都绝对地存在和可以行使。第二,表明法律设定优先购买权并不是以出卖人的实际利益的损害为代价,只要附上"同等条件",出卖人的合法权益就会得到保障,不至于因优先购买权的行使而遭受损害。第三,表明优先购买权并不是绝对地剥夺其他购买人的购买机会。"同等条件"是就优先购买权人与其他购买人给定的条件相比较而言的,只有在各自给定的条件相同的情况下,优先购买权才成立并可行使;如果其他购买人给定的条件明显优于优先购买权人,则优先购买权不能成立,当然也不得行使。

我国现行法律法规没有明确规定"同等条件"的认定标准。目前主要有两种观点:"绝对同等说"认为,承租人购买租赁房屋的条件与第三人合同约定的条件完全一致;"相对同等说"认为,不需要购买条件完全相同,只要价格、支付方式等主要合同条件相同即可构成同等条件。最高人民法院法官认为"相对同等说"更为合理。同等条件首先应该考虑价格相同,其次应适当考虑支付方式。在价格条件和支付方式相同的情况下,对于其他交易条件是否需要相同,要看该条件是否影响出租人的利益,如果没有影响,则应当认定为同等条件。[1]

【风险提示】

城镇房屋租赁中租赁物的所有人出售租赁物的,承租人在同等条件下享有优先购买权,但承租人的优先购买权不是绝对的。当出现《民法典》第726条、第306条、第311条的情形和不属于"同等条件"的范畴时,承租人的优先购买权就会丧失。在认定"同等条件"时主要考虑租赁物的价格、付款方式等主要内容。

【典型案例】江某民诉南京宏阳房产经纪有限公司房屋租赁合同纠纷案(最高人民法院公报案例)

裁判要点 出租人向承租人提供租赁物,应符合租赁用途。经营房屋租赁业务的出租人,应对室内空气质量进行检测、治理,使之符合国家有关环保标准。出租人如提供有害气体超标的租赁房屋,侵害了承租人的生命健康安

---

[1] 参见最高人民法院编著:《民法典合同编理解与适用(三)》,人民法院出版社2020年版,第1558页。

全,致承租人的租赁目的无法实现,承租人要求解除合同并退还租金等费用的,人民法院应予支持。

案情简介 被告宏阳公司从事房地产经纪、住房租赁等业务。2021年3月21日,宏阳公司(甲方)与原告江某民(乙方)签订《房屋租赁合同》一份,约定甲方将位于南京市江宁区×幢×室房屋出租给乙方使用,租期自2021年3月22日起至2022年7月15日止;租金每月1100元,押一付三,首期租金3300元于2021年3月22日支付,第二期租金3300元于同年5月15日支付,以此类推;甲方收取乙方保证金1100元,公共区域保洁、维修、宽带、物业管理费1056元。合同还约定了其他内容。合同签订后,被告将房屋交给原告使用,原告支付租金3300元、物业管理费1056元、押金1100元,合计5456元,被告于2021年3月28日出具收据一份。2021年5月16日,原告又支付租金1100元。

2021年4月,原告江某民妻子(已怀孕)出现身体不适,至江苏省人民医院、东部战区总医院等医疗机构检查,诊断为慢性肾小球肾炎。原告认为与室内甲醛超标有关,自行购买甲醛检测试纸检测,结果超标,故与被告宏阳公司业务员联系要求退租。双方协商中,被告工作人员于2021年6月1日联系原告催缴第二期剩余租金,原告要求被告配合其找具有相应资质的机构进行甲醛检测,其工作人员回复"你租个房子还测什么甲醛,有这条件你自己买房子住去呗""我这还第一次听说租房还有甲醛检测的""你爱住就住,不住晚上搬走,我下面找不在乎这些什么甲醛、乙醛的租客"。与被告协商未果后,原告自行委托江苏智然检测有限公司(以下简称智然公司)对案涉房屋内的空气质量进行检测。2021年6月2日,智然公司上门采样。2021年6月7日,智然公司出具(2021)苏智监(室环)字第(202106090)号检测报告,结果为甲醛检测值0.213毫克/立方米,苯检测值0.035毫克/立方米,甲苯检测值0.062毫克/立方米,二甲苯检测值0.085毫克/立方米,总挥发性有机物TVOC检测值0.863毫克/立方米,甲醛、总挥发性有机物TVOC不合格。原告取得上述检测报告后,搬出租赁房屋并告知被告且将房门钥匙邮寄交还被告。

另查明,根据国家质量监督检验检疫总局、卫生部、国家环境保护总局联合发布的《室内空气质量标准》(GB/T 18883—2002),室内空气中的甲醛含量应小于等于0.10毫克/立方米,总挥发性有机物 TVOC 含量应小于等于0.60毫克/立方米。智然公司具有中国计量认证(CMA)证书(编号171012050167),具备相应环境与环保检测资质。

再查明,2021年6月29日,原告江某民就本案纠纷向法院提起诉讼,法院委托相关特邀调解组织进行了诉前调解,起诉状副本、证据等材料由特邀调解组织于2021年7月3日送达被告宏阳公司。

裁判结果

一审判决如下:(1)原告江某民与被告南京宏阳房产经纪有限公司之间的《房屋租赁合同》于2021年7月3日解除;(2)被告南京宏阳房产经纪有限公司于本判决发生法律效力之日起10日内返还原告江某民租金4400元、物业费1056元、押金1100元,合计6556元。(3)案件受理费294元,减半收取计147元,由被告南京宏阳房产经纪有限公司负担。

宏阳公司不服一审判决,向江苏省南京市中级人民法院提起上诉。因宏阳公司经合法传唤,无正当理由未到庭参加诉讼。

二审裁定如下:

本案按上诉人南京宏阳房产经纪有限公司撤回上诉处理。一审判决自本裁定书送达之日起发生法律效力。

判决理由

出租人的核心义务是向承租人提供符合租赁用途,具有使用、收益价值的租赁物。出租人提供有害气体超标的租赁房屋,侵害了承租人以安全健康为内容的人格权,致承租人的租赁目的无法实现,故相关房屋不应用于出租,已出租房屋亦无权收取租金,承租人有权要求解除合同并退还全部款项。

本案中,被告宏阳公司作为经营房屋租赁业务的企业,应主动对室内空气质量进行检测、治理,使之符合国家有关环保标准。在被告既未主动进行室内空气质量检测,又拒绝配合承租人进行空气质量检测的情况下,原告江某民有权自行委托有资质的检测机构进行检测,被告无权以原告单方检测为由拒绝承认检测结果。根据原告提交的检测报告,被告出租的房屋中甲醛、总挥发性有机物 TVOC 严重超标,可能致使用人受到严重健康损害。虽无确定的证据可以证明原告妻子的疾病由上述有害气体引起,但也不能排除与有害气体超标导致的免疫力减退等因素有关。被告虽也提供同一机构的检测报告证明室内空气质量符合标准,但其检测时间在原告入住之后较久,根据气体的挥发性质,相应有害气体检测值可能随时间、温度或通风、治理等情况逐渐减少,不能据此证明原告居住期间的空气质量合格。且从第二份报告检测值看,即便在间隔近半年、有害气体挥发性较弱的冬天,甲醛数值也接近国家标准上限,亦佐证了第一份报告结论的正确性。

综上所述,本案《房屋租赁合同》应予解除。原告江某民要求解约的主张通过法院特邀调解组织送达起诉状副本于 2021 年 7 月 3 日到达被告宏阳公司,故房屋租赁合同于当日解除。合同解除后,被告应退还原告支付的全部款项 6556 元。

第九章 民间借贷合同风险防控

【本章导论】

　　民间借贷是企业和个人在银行信贷之外常用的债权融资方式,民间借贷纠纷也是高发的融资纠纷之一。早在1991年,最高人民法院就出台了《关于人民法院审理借贷案件的若干意见》(法[民][1991]21号)。2011年,最高人民法院即出台《关于依法妥善审理民间借贷纠纷案件促进经济发展维护社会稳定的通知》(法[2011]336号),以期在保护合法借贷本息、拓宽民营企业融资渠道的同时,防范因民间借贷交易隐蔽、风险不易监控等特点引发的一系列民事甚至刑事风险。此后,最高人民法院又在2015年发布《关于审理民间借贷案件适用法律若干问题的规定》(法释[2015]18号),并于2020年两次修正(法释[2020]6号、法释[2020]17号),为正确审理民间借贷纠纷制定了详细、有针对性的司法指引。为此,我们有必要充分掌握民间借贷纠纷的重点法律规定,了解司法机关对民间借贷纠纷的审理思路,以成功识别和防范民间借贷合同风险。

风险防控要点之一:刑事风险防范

(一)合法民间借贷与非法吸收公众存款的界分

　　我国《刑法》第176条规定了"非法吸收公众存款罪",其内容为:"非法吸收公众存款或者变相吸收公众存款,扰乱金融秩序的,处三年以下有期徒刑或者拘役,并处或者单处罚金;数额巨大或者有其他严重情节的,处三年以上十年以下有期徒刑,并处罚金;数额特别巨大或者有其他特别严重情节的,处十年以上有期徒刑,并处罚金。单位犯前款罪的,对单位判处罚金,并对其直接负责的主管人员和其他直接责任人员,依照前款的规定处罚。有前两款行为,在提起公诉前积极退赃退赔,减少损害结果发生的,可以从轻或者减轻处罚。"

非法吸收公众存款罪的构成要件包括:

主体方面,非法吸收公众存款罪的主体可以是自然人,也可以是单位。

主观方面,行为人在主观上具有非法吸收公众存款或者变相吸收公众存款的故意。

客观方面,行为人实施了非法向公众吸收存款或者变相吸收存款的行为。"非法吸收公众存款",是指行为人违反国家法律、法规的规定在社会上以存款的形式公开吸收公众资金的行为。"变相吸收公众存款",是指行为人不以存款的名义而是通过其他形式吸收公众资金,从而达到吸收公众存款的目的的行为。"变相吸收公众存款"常见情形如,行为人以投资入股的名义吸收公众资金,但并不按正常投资的形式分配利润、股息,而是以一定的利息进行支付的行为。根据《最高人民法院关于审理非法集资刑事案件具体应用法律若干问题的解释》(法释〔2022〕5号)第1条第1款的规定,违反国家金融管理法律规定,向社会公众(包括单位和个人)吸收资金的行为,同时具备下列四个条件的,除刑法另有规定,应当认定为刑法第176条规定的"非法吸收公众存款或者变相吸收公众存款":(1)未经有关部门依法许可或者借用合法经营的形式吸收资金;(2)通过网络、媒体、推介会、传单、手机信息等途径向社会公开宣传;(3)承诺在一定期限内以货币、实物、股权等方式还本付息或者给付回报;(4)向社会公众即社会不特定对象吸收资金。该《解释》第1条第2款规定:"未向社会公开宣传,在亲友或者单位内部针对特定对象吸收资金的,不属于非法吸收或者变相吸收公众存款。"

客体方面,本罪侵犯了国家的金融管理秩序。非法吸收公众存款行为,是指行为人未经中国人民银行批准,向社会不特定对象吸收资金的行为。[1]

---

[1] 参见最高人民法院民事审判第一庭编著:《最高人民法院新民间借贷司法解释理解与适用》,人民法院出版社2021年版,第129页。

合法的民间借贷与非法吸收公众存款的区别要点包括以下几个方面。

1.资金来源与对象：合法民间借贷的资金来源和借款对象通常具有一定的特定性，如亲戚、朋友、同事等；而非法吸收公众存款则是面向社会不特定对象吸收资金。这是非法吸收公众存款行为与合法的民间借贷的根本区别。

2.宣传途径：非法吸收公众存款的行为往往通过网络、媒体、推介会、传单、手机信息等途径向社会公开宣传，而合法民间借贷一般不会采用这种方式进行宣传。

3.还本付息方式：非法吸收公众存款罪的行为人通常将资金用于货币或资本经营以获利，并使用超过法律保护标准的高利率作为诱饵吸引资金，承诺在一定期限内以货币、实物、股权等方式还本付息或者给付回报，而合法民间借贷约定的利息相对较低。

(二)民间借贷与集资诈骗的界分

我国《刑法》第192条规定："以非法占有为目的，使用诈骗方法非法集资，数额较大的，处三年以上七年以下有期徒刑，并处罚金；数额巨大或者有其他严重情节的，处七年以上有期徒刑或者无期徒刑，并处罚金或者没收财产。单位犯前款罪的，对单位判处罚金，并对其直接负责的主管人员和其他直接责任人员，依照前款的规定处罚。"集资诈骗罪是指以非法占有为目的，使用诈骗方法非法集资，骗取他人款项，并达到法定数额和情节的行为。集资诈骗罪既侵犯了金融管理秩序，又侵犯了公私财产的所有权。

借款人(集资人)的行为是否构成集资诈骗，关键看其主观是否具有"非法占有的目的"。根据《最高人民法院关于审理非法集资刑事案件具体应用法律若干问题的解释》(法释〔2022〕5号)第7条第2款之规定，使用诈骗方法非法集资，具有下列情形之一的，可以认定为"以非法占有为目的"：(1)集资后不用于生产经营活动或者用于生产经营活动与筹集资金规模明显不成比例，致使集资款不能返还的；(2)肆意挥霍集资款，致使集资款不能返还的；(3)携带集资款逃匿的；(4)将集资款用于违法犯罪活动的；(5)抽逃、转移资金、隐匿财产，逃避返还资金的；(6)隐匿、销毁账目，或者搞假破产、假倒闭，逃避返还资金的；(7)拒不交代资金去向，逃避返还资金的；(8)其他可以认定非法占有目的的情形。

正常的民间借贷与集资诈骗的区别要点包括：

1. 是否存在偿还借款的真实意愿。如果借款人在借款时只是为了借款而隐瞒真实目的,但具有还款的真实意愿,后续因为自身原因(如经营不善、正常投资亏损等)无法偿还,此时并不构成集资诈骗罪,出借人应以民间借贷纠纷为由向人民法院提起民事诉讼。但如果借款人在借到款项后存在肆意挥霍、用于赌博等非法活动,或者在自身已经不具备还款能力的情况下"拆东墙补西墙"等行为,其可能被司法机关认定在主观上具有非法占有的目的,从而认定构成集资诈骗。

2. 借款用途与实际用途。在正常的民间借贷中,借款人往往会告知债权人借款的真实用途。而在诈骗案中,行为人通常会编造一些虚假的借款用途,使被害人产生其借出资金安全并能及时收回的错误认识。而实际上,行为人在获得借款后会将借款用于一些高危或者无法收回资金的活动,如用于赌博、供自己挥霍等,从而导致被害人的资金无法收回。行为人对资金的实际使用情况会反映出其借款是否具有非法占有的故意,而借款时的理由与实际使用的一致与否,也可以反映出行为人在借款时是否有虚构事实或隐瞒真相的客观行为,是考察行为人主观心态的重要依据。

3. 行为人借款时的财务状况。若行为人在本人没有任何偿还能力的情况下,通过虚构财务状况(如谎称拥有房屋、豪车等)使被害人陷入错误认识,认为行为人具有还款能力。此时便可认定存在"非法占有的目的"。反之,如果行为人本人具有较好的财产条件,虽通过虚构事实等手段获得了借款,并用于赌博等活动造成借款无法按时归还,但其所拥有的其他财产,如房产、汽车、股票等,能够归还出借人借款的,则不应当认定行为人具有"非法占有的目的"。

4. 行为人是否有掩饰真实身份或隐匿行踪的行为。在借贷式诈骗中,行为人在犯罪前会利用假名、假住址或假证件来掩盖真实身份,在得手后便销声匿迹。还有的犯罪人虽使用真实身份,但在骗得借款后或被害人追偿过程中,又通过更换手机号码、变更居住地点等方法来隐匿行踪,这些行为也能够反映出行为人不愿归还借款的主观心态,是判断"非法占有的目的"的重要依据。

【风险提示】非法集资应警惕

对于公众而言,一旦陷入非法集资的漩涡,通常会造成巨大的财产损失。因此,不要轻信通过散发传单、电话推销、亲友熟人介绍等渠道推介的投资产品,要学会与银行的同期存贷利率和正规的投资产品收益相比较,最关键的是要抓住其许诺不合理的高回报这个特点。对于明显不合理的高回报率的投资项目,应当果断拒绝,谨防因贪心而落入非法集资的陷阱。对于打着"交押金、看广告、做任务、赚外快"的幌子,以及假借"虚拟货币""互联网+""供应链""众筹"等概念进行宣传的投资活动,很可能是"新瓶装旧酒"的非法集资活动,应当谨慎对待。

风险防控要点之二:成立要件审查

《民法典》第668条第1款规定:"借款合同应当采用书面形式,但是自然人之间借款另有约定的除外。"第679条规定:"自然人之间的借款合同,自贷款人提供借款时成立。"据此可知:

1. 企业之间、个人(自然人)和企业之间的借款合同,属于要式合同,应当采用书面形式,自双方当事人签名、盖章或者捺指印时成立。在签名、盖章或者按指印之前,当事人一方已经履行主要义务,对方接受时,该合同成立。

2. 个人(自然人)之间的借款合同,属于不要式合同,可以采用口头形式,也可以采用书面形式。

3. 个人(自然人)之间的借款合同,属于实践性合同(要物合同),自贷款人(出借人)提供借款时成立。

根据新《民间借贷司法解释》第9条之规定,自然人之间的借款合同具有下列情形之一的,可以视为合同成立:(1)以现金支付的,自借款人收到借款时;(2)以银行转账、网上电子汇款等形式支付的,自资金到达借款人账户时;(3)以票据交付的,自借款人依法取得票据权利时;(4)出借人将特定资金账户支配权授权给借款人的,自借款人取得对该账户实际支配权时;(5)出借人以与借款人约定的其他方式提供借款并实际履行完成时。

【风险提示】款项交付留证据

民间借贷合同,无论是否发生在自然人之间,无论是否要式,均以出借款项实际交付借款人作为出借人主张合同权利的依据,因此,交付出借款项对出借人而言意义重大,须在交付时充分留存有关证据。出借人向借款人交付借款时,应尽量避免现金交付,宜采取转账等能够在事后方便查证款项实际交付的方式进行。如出借人不能证明现金来源及合理性时,出借人的相关主张往往得不到法院支持。出借人通过第三方向借款人交付借款的,应当在借条中予以明确,以防止出借人与第三方,或者借款人与第三方有其他账目往来,难以认定款项的性质。

风险防控要点之三:合同效力审查

(一)个人间借贷合同效力审查

个人(自然人)之间的借款合同是否有效,主要看是否符合《民法典》第143条规定的民事法律行为有效要件,即(1)行为人具有相应的民事行为能力;(2)意思表示真实;(3)不违反法律、行政法规的强制性规定,不违背公序良俗。此外,还要审查资金来源(是否为自有资金)、借款用途(是否用于合法用途)。

自然人之间借款,一般要求出借人和借款人都应是完全民事行为能力人。无民事行为能力人(包括不满8周岁的未成年人和不能辨认自己行为的人)从事的民事法律行为无效,故而无论是将款项出借给他人还是向他人借入款项,借款合同都是无效的。限制民事行为能力人(包括8周岁以上的未成年人和不能完全辨认自己行为的成年人)可以实施纯获利益的民事法律行为,以及与其年龄、智力、精神健康状况相适应的民事法律行为,其他民事法律行为则须其法定代理人同意。故而,限制民事行为能力人作为借款人而订立的有偿借款合同,一般情况下是无效的,除非得到法定代理人的追认。即便作为出借人,其所订立的借款合同(无论有偿或无偿)也属于效力待定的合同,合同是否生效取决于其法定代理人的追认与否。限制民事行为能力人作为借款人订立的无偿借款合同是否有效,则有争论。有效说认为,无偿借款是纯获利益的民事法律行为,故而限制民事行为能力人可以实施。无效说(或效力待定说)则持相反的看法。但二者的法律后果没有实质差异,无论合同是否有效,出借人均可要求借款人返还借款本金。

(二)企业间借贷合同效力审查

新《民间借贷司法解释》第10条规定:"法人之间、非法人组织之间以及它们相互之间为生产、经营需要订立的民间借贷合同,除存在民法典第一百四十六条、第一百五十三条、第一百五十四条以及本规定第十三条规定的情形外,当事人主张民间借贷合同有效的,人民法院应予支持。"该条规定的是非金融机构之间的借贷行为,此处的企业包括具备法人资格的企业(如有限责任公司、股份有限公司)和不具备法人资格的企业(合伙企业、个人独资企业)。

关于企业之间借款合同效力,需审查以下几点内容:

1. 资金来源方面,需审查企业出借的资金是自有资金还是非自有资金。企业对其自有的资金可以自由处分,可以出借给他人。但如果企业是从银行等金融机构取得的信贷资金,或者是从其他企业所借或向本单位员工集资取得的资金,企业不得再将之转贷给他人,否则该转贷行为是无效的。

2. 借款用途方面,需审查是否为生产、经营需要。企业之间的借贷只能用于企业的生产、经营,而不能用于其他用途。如果出借人知道或者应当知道借款人借款的用途是犯罪或者从事其他违法活动,则该借款合同属于无效民事法律行为。

3. 借款对象方面,需审查是企业之间临时拆借,还是向社会不特定对象提供借款。正常的企业间借贷应是为解决资金困难或生产急需偶然为之,但出借方不能以此为业。企业从事经常性放贷业务(向社会不特定对象提供借款)所签订的借款合同,属于无效合同。[1]

(三)企业内部集资行为效力审查

新《民间借贷司法解释》第11条规定:"法人或者非法人组织在本单位内部通过借款形式向职工筹集资金,用于本单位生产、经营,且不存在民法典第

---

[1] 参见最高人民法院民事审判第一庭编著:《最高人民法院新民间借贷司法解释理解与适用》,人民法院出版社2021年版,第197页。

一百四十四条、第一百四十六条、第一百五十三条、第一百五十四条以及本规定第十三条规定的情形,当事人主张民间借贷合同有效的,人民法院应予支持。"

企业内部集资用于本单位生产、经营,而与本单位职工签订的借款合同一般有效。但以下情形不属于合法集资:(1)既向本单位内部职工集资,又向社会公众集资的。此类借款行为的对象已属"不特定",故而属非法集资。(2)名义借款人为本单位职工,实际出资人为本单位职工以外的人,此种情形的企业集资行为也不属于合法集资。这种行为表面上看是内部集资,实际仍是向不特定对象融资。(3)通过公开招聘的方式,在招聘之时表明向应聘人筹集资金的意思表示。(4)内部集资并非为了本单位生产、经营,而是用于其他用途,比如转贷给他人。

非金融机构向不特定的人筹集资金的行为,属于非法集资行为。有争议的是,企业与不特定的出借人签订的借款合同有效与否?早期的多数观点认为,企业向不特定之人借款,在本质上属于非法吸收公众存款,触犯法律,违背法律强制性和禁止性规定,故而合同无效。但近年来最高人民法院亦有观点认为,企业等吸收公众存款的行为构成犯罪,与企业和出借人形成的民事借贷关系并非同一法律事实。吸收公众存款涉嫌刑事法律关系,而企业和出借人之间的借贷合同则属于民事法律关系。民事借贷部分判定有效,非但不影响刑事认定,而且是刑事认定借款人非法吸收公众存款的事实组成部分。[1]

【风险提示】确保借款合同有效

对出借人而言,款项转移给借款人后,无论借款合同是否有效,其均可要求借款人返还本金。但能否按照约定主张利息取决于借款合同有效与否。因此,出借人应当确保借款合同符合全部生效要件方为有利。例如,出借人应当以自有资金向借款人出借款项,不能通过套取金融机构贷款转贷、代刷信用卡或出借银行卡的方式向借款人出借款项;不能通过向其他营利法人借贷、向本单位职工集资,或者以向公众非法吸收存款等方式获得资金再向借

---

[1] 参见杜万华主编、最高人民法院民事审判第一庭编著:《最高人民法院民间借贷司法解释理解与适用》,人民法院出版社2015年版,第274页。

款人出借款项。否则借贷合同均会被认定为无效。

风险防控要点之四:借款利率上限

(一)借款利息的立法规定

《民法典》第 680 条规定:"禁止高利放贷,借款的利率不得违反国家有关规定。""借款合同对支付利息没有约定的,视为没有利息。""借款合同对支付利息约定不明确,当事人不能达成补充协议的,按照当地或者当事人的交易方式、交易习惯、市场利率等因素确定利息;自然人之间借款的,视为没有利息。"

(二)不同时期借款利率上限规定

第一阶段:1991 年 8 月 13 日至 2015 年 8 月 31 日。《最高人民法院关于人民法院审理借贷案件的若干意见》(法[民]〔1991〕21 号)第 6 条规定:"民间借贷的利率可以适当高于银行的利率,各地人民法院可根据本地区的实际情况具体掌握,但最高不得超过银行同类贷款利率的四倍(包含利率本数)。超出此限度的,超出部分的利息不予保护。"

第二阶段:2015 年 9 月 1 日至 2020 年 8 月 19 日。新《民间借贷司法解释》(法释〔2015〕18 号)第 26 条规定:"借贷双方约定的利率未超过年利率 24%,出借人请求借款人按照约定的利率支付利息的,人民法院应予支持。借贷双方约定的利率超过年利率 36%,超过部分的利息约定无效。借款人请求出借人返还已支付的超过年利率 36%部分的利息的,人民法院应予支持。"该规定可从以下三方面理解:(1)该条规定了高利两条线,超过 2 分利(年利率 24%)的,系相对无效;超过 3 分利(年利率 36%)的,系绝对无效。(2)超过 2 分未超过 3 分的利息,是自然债务,借款人可拒绝履行;借款人已履行的,出借人可接受履行。(3)超 3 分的利息,属于绝对无效。出借人接受的,构成不当得利,借款人可请求返还。

第三阶段:2020 年 8 月 20 日至今。新《民间借贷司法解释》第 25 条规定:"出借人请求借款人按照合同约定利率支付利息的,人民法院应予支持,但是双方约定的利率超过合同成立时一年期贷款市场报价利率四倍的除外。

前款所称'一年期贷款市场报价利率',是指中国人民银行授权全国银行间同业拆借中心自2019年8月20日起每月发布的一年期贷款市场报价利率。"

(三)"高利贷"的法律后果

根据新《民间借贷司法解释》第25条之规定,借款合同约定的利率超过"合同成立时一年期贷款市场报价利率"的4倍,即被认定为"高利贷"。全国银行间同业拆借中心每个月的20日会发布"一年期贷款市场报价利率",比如,2021年2月20日公布的一年期贷款市场报价利率是3.85%,那么,超过年利率15.4%或月利率1.28%的,即被认定为"高利贷"。若签订"高利贷"借款合同,并非整个合同全部无效,只是超过"合同成立时一年期贷款市场报价利率4倍"的利息无法得到法院支持。

新《民间借贷司法解释》出台之前已出借的款项,出借人可要求适用当时的司法解释计算自合同成立至2020年8月19日之间的利息;对于自2020年8月20日至借款返还之日的利息部分,则适用新《民间借贷司法解释》规定的保护性利率。

【风险提示】利息约定要合法

个人之间借款利息约定不明确的,视为无息。采取口头方式约定利息但没有证据证明时,法院不予支持。2020年8月20日之后新受理的一审民间借贷案件,借贷合同成立于2015年9月1日之后,2020年8月20日之前的,自合同成立到2020年8月19日的利息,利率上限不得超过年利率24%。之后,对民间借贷利息的法律保护上限已从年利率24%降至一年期贷款市场报价利率(loan prime rate,LPR)的4倍,超出部分法院不予支持。

风险防控要点之五:"砍头息"规制

(一)"砍头息"相关规定

《民法典》第670条规定:"借款的利息不得预先在本金中扣除。利息预先在本金中扣除的,应当按照实际借款数额返还借款并计算利息。"新《民间借贷司法解释》第26条规定:"借据、收据、欠条等债权凭证载明的借款金额,一般认定为本金。预先在本金中扣除利息的,人民法院应当将实际出借的金额认定为本金。"

所谓的砍头息,就是指在交付借款的过程中,预先从本金中扣除的利息。砍头息导致实际交付的借款数额少于借条、借据等凭证所载明的借款金额,变相提高了借款利率,对借款人一方不公平,故而为法律所禁止。"砍头息"有两种类型:第一种是典型"砍头息",即贷款人在出借本金时直接从本金中扣除的利息;第二种是非典型"砍头息",即贷款人在出借本金时不直接收取,但在出借本金后短期内即收取的利息。

(二)典型"砍头息"的认定

目前司法实践中对于典型"砍头息"的认定争议较小,关键看双方是否尽到举证责任。因为,在借款凭证记载金额和转账凭证载明金额不一致的情况下,往往都是借款凭证记载金额高于转账凭证金额。在出借人已举证证明借贷合意与按照借款凭证载明数额如实交付款项的前提下,借款人主张利息已经提前扣除(存在"砍头息")的,应当对该事实承担举证责任。但是,在出借人未能举证证明其已按照借款凭证载明数额实际支付款项,且存在不可排除的合理怀疑时,则出借人作为原告仍应承担进一步的举证责任从而证明其主张的借贷事实存在。例如,借款凭证载明的部分款项通过银行转账,而其余部分款项以现金交付且无其他证据佐证的,借款人对此提出合理抗辩如主张利息已经提前扣除的,人民法院应当要求出借人补强证据,以排除合理怀疑。如果出借人不能证明与借款凭证载明数额的差额系以现金交付这一事实,则出借人对于差额部分的诉讼请求应承担举证不能的不利法律后果,即人民法院对其差额部分的诉讼请求不应予以支持。

(三)非典型"砍头息"的认定

典型"砍头息"因为过于明显,所以很容易判断。正因如此,典型"砍头息"正逐渐被非典型"砍头息"所代替,这为审判中的证据认定增加了难度,也为借款人提了醒:在出借人支付出借款项、扣除"砍头息"时注意保留证据。但对于非典型的"砍头息"是否构成"砍头息",现行法律没有明确规定。另外,非典型"砍头息"与自愿提前还息的界限往往不清晰。因此,法院对于非典型的"砍头息"的认定主要考察以下因素:(1)利息支付时间。出借人按照借款合同(借条、借据)载明本金数额转账至借款人账户后,在短期内收取的利息,特别是在出借款项后当天或次日收取的利息,一般应认定为"砍头息"。(2)支付的真实意图。如果出借人向借款人收取咨询费、财务费、管理费,出借人是否向借款人实际提供了相关服务,则是一个重要的考察因素。如(2020)最高法民终866号判决书所阐述的,"金融借款合同纠纷中,借款人认为金融机构以服务费等为名变相收取利息,金融机构或者由其指定的人收取的相关费用不合理的,人民法院可以根据提供服务的实际情况确定借款人应否支付或者酌减相关费用"。实践中,出借人通过公司员工或关联公司等收取各种费用、提高融资成本的事例并不少见,此类情形亦有较大可能构成"砍头息"。需关注的是,部分借款人可能主张各种名目的费用实际是利息,不主张直接在本金中扣除,而是要求折算后超出法定利率上限的部分抵扣本金,法院也可能按照借款人的主张予以认定。

【风险提示】借款人自愿提前付息与"砍头息"存在区分

随着借款方式的多样化,"砍头息"常以会员费、服务费、手续费等名义出现,这些实际上都是"包装"后的"砍头息",属于违法行为,不受法律保护。作为出借人切勿贪婪,作为借款人在遇到"砍头息"的情形时要有意识地保留证据,运用法律维护自身合法权益。造成非典型"砍头息"认定困难的主要原因是,在没有书面证据的情况下,借款人自愿提前付息或被动付息本就属于难以判断的主观状态。而一旦进入诉讼程序,处于针锋相对的原被告双方,往往各执一词。故在合同履行过程中,如确系借款人申请提前还息,建议出借人与借款人协商出具书面文件。

风险防控要点之六:"利滚利"规制

新《民间借贷司法解释》第27条规定:"借贷双方对前期借款本息结算后将利息计入后期借款本金并重新出具债权凭证,如果前期利率没有超过合同成立时一年期贷款市场报价利率四倍,重新出具的债权凭证载明的金额可认定为后期借款本金。超过部分的利息,不应认定为后期借款本金。按前款计算,借款人在借款期间届满后应当支付的本息之和,超过以最初借款本金与以最初借款本金为基数、以合同成立时一年期贷款市场报价利率四倍计算的整个借款期间的利息之和的,人民法院不予支持。"

据此规定可知,借款到期后续签合同,借贷双方协商一致,前期借款利息可以计入后期借款本金当中,但是受以下双重条件限制:(1)计入后期本金之前期利息的利率,不得超过"合同成立时一年期贷款市场报价利率四倍"(以下简称上限利率)。(2)最终的本息之和,不得超过"最初本金+最初本金×上限利率×整个借款时间"(具体法律后果见图9-1)。

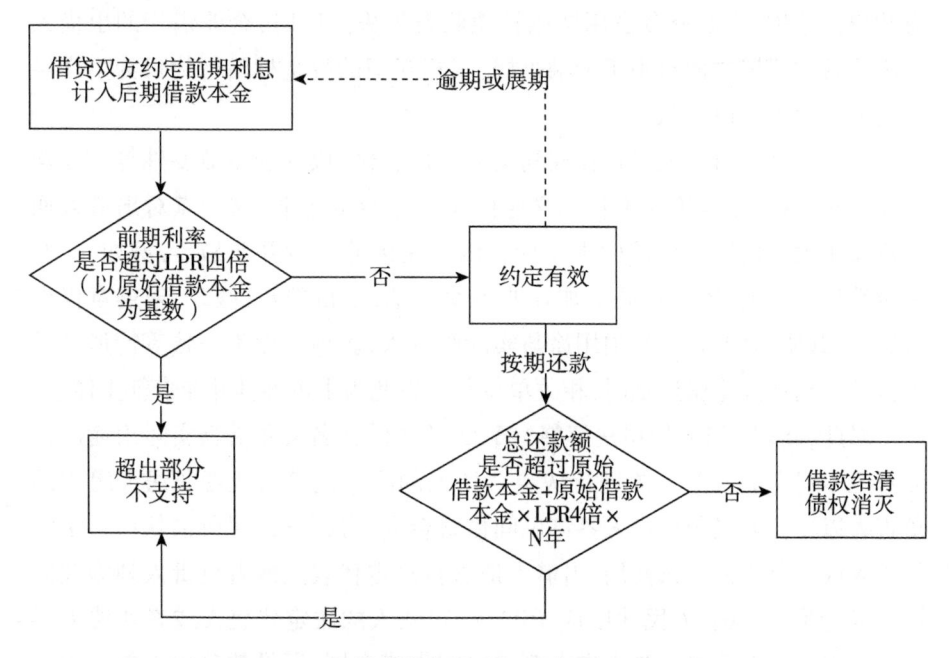

图9-1 民间借贷合同到期后续签合同法律效果

【风险提示】复利的合法性判断

对于在法律规定范围内的复利,人民法院予以认可,而超出法律规定的部分,则不能被认定为借款本金。判断复利是否合法,需要从两个方面进行认定:第一,前期利率不能超过合同成立时一年期贷款市场报价利率四倍。第二,借款人在借款期间届满后应当支付的本息之和,不能超过以最初借款本金为基数、以合同成立时一年期贷款市场报价利率四倍计算的整个借款期间的利息之和。

风险防控要点之七：企业借贷行为

企业借贷行为是指法人、非法人组织（以下简称单位）之间融通资金产生的纠纷，但不包括金融机构因发放贷款等相关金融业务引发的纠纷。与自然人间多基于人情往来以借贷方式互帮互助不同，作为商事主体的企业一般会有偿出借款项，收取资金占用费以补偿收益损失。同时，企业借贷的出借人因不具备放贷资质而有别于金融机构，其相互间的资金拆借行为仅为生产经营之所需而不得以贷款为业。

企业借贷与自然人借贷在权利义务主体、合同成立和生效要件等方面均存在差别，特别是承担还本付息义务的主体是否为企业，这一点对出借人而言意义重大。但实际生活中由于种种因素使区分二者并非易事，例如，一些单位管理不规范，借款合同上加盖非备案公章、项目部章、假章，未盖章仅个人签名，载明的借款人、款项用途与实际收款人、款项用途不一致等情形屡见不鲜。当出借人主张还款时，相关单位往往以此为由辩称其并非借款主体。

对此，新《民间借贷司法解释》第22条从借款名义和借款实际用途两方面对还本付息的义务主体进行认定："法人的法定代表人或者非法人组织的负责人以单位名义与出借人签订民间借贷合同，有证据证明所借款项系法定代表人或者负责人个人使用，出借人请求将法定代表人或者负责人列为共同被告或者第三人的，人民法院应予准许。""法人的法定代表人或者非法人组织的负责人以个人名义与出借人订立民间借贷合同，所借款项用于单位生产经营，出借人请求单位与个人共同承担责任的，人民法院应予支持。"据此规定，可以将企业借贷合同的义务主体认定分为以下情形：

1. 名义上的借款主体为单位，实际使用主体也是该单位。此时还本付息的义务主体为该单位。

2. 名义上的借款主体为单位，实际使用主体是法定代表人或负责人。此时单位和实际使用人共同承担还本付息义务。对于法定代表人或负责人获得借款之后转交他人使用或直接指示出借人将款项交付他人使用的情形，新《民间借贷司法解释》没有规定。但根据该解释的精神，仍然应当认为法定代表人或负责人为实际使用人。

3.名义上的借款主体为企业的法定代表人或负责人,实际使用主体为其所在单位。此时由名义上的借款主体和实际使用单位共同承担还本付息义务及后续法律责任。

【风险提示】明确借款合同的义务主体

作为出借人而言,还款义务主体对未来债权的实现极为重要。在企业借贷情形中,无论实际使用人是谁,都要确保名义借款人为单位,只有这样才能在未来发生纠纷时向单位主张权利。为此,一方面应当在合同条款中明确单位作为借款使用人;另一方面应当确保单位签章的适当性。另外,应当在合同条款中明确以下内容:本合同应当由双方当事人盖章并由法定代表人或负责人签字,方为有效。

风险防控要点之八:逾期还款责任

借款人未按照约定的期限返还借款的,构成违约,依据《民法典》第676条之规定,借款人应当向出借人支付逾期利息。根据新《民间借贷司法解释》第28条规定,借贷双方对逾期利率有约定的,从其约定,但是以不超过合同成立时一年期贷款市场报价利率四倍为限。

借款人逾期还款,但借贷双方未约定逾期利率或者约定不明的,应区分不同情况处理:(1)如果借贷双方既未约定借期内利率,也未约定逾期利率,借款人应自其逾期还款之日起参照当时一年期贷款市场报价利率标准计算的利息承担逾期还款违约责任。(2)如果借贷双方约定了借期内利率但是未约定逾期利率,借款人应自其逾期还款之日起按照借期内利率支付资金占用期间的利息。

借款人逾期还款,借贷双方既约定了逾期利率,又约定了违约金或者其他费用的,出借人可以选择主张逾期利息、违约金或者其他费用,也可以一并主张,但是总计超过合同成立时一年期贷款市场报价利率四倍的部分,人民法院不予支持。

【风险提示】应明确约定逾期还款责任

在民间借贷实践中,借款人逾期还款并不少见。出借人常常要诉诸人民法院,才能实现其债权。为减少诉讼成本,出借人在将款项借给他人时,诚有必要约定逾期还款责任,包括逾期利率或逾期违约金,甚至有必要将诸如"出借人因催讨借款本息产生的一切费用(包括但不限于律师费、诉讼费、财产保全费)由借款人承担"等条款写入借款合同之中。在借款合同中明确约定逾期还款责任,最重要的意义在于当事人对逾期还款的法律后果有一个明确的预期,并基于此而作出合理的规划和安排。若未约定逾期还款责任,要按照有关法律规定确定后果,对此当事人无法控制。

风险防控要点之九:借款本息时效

诉讼时效是指权利人在法定期间内不行使请求法院保护其权利的请求权,义务人即有权提出拒绝履行抗辩的时效。《民法典》第 188 条规定:"向人民法院请求保护民事权利的诉讼时效期间为三年。法律另有规定的,依照其规定。诉讼时效期间自权利人知道或者应当知道权利受到损害以及义务人之日起计算。法律另有规定的,依照其规定。但是,自权利受到损害之日起超过二十年的,人民法院不予保护,有特殊情况的,人民法院可以根据权利人的申请决定延长。"

诉讼时效制度并非专属于民间借贷,除法律另有规定外,债权请求权都适用诉讼时效制度。民间借贷(特别是自然人之间的民间借贷)往往发生在熟人之间,不少出借人碍于情面、怕伤感情,不主动向借款人催讨,待其"忍无可忍"催讨借款时,往往过了诉讼时效期间。

借款本息支付请求权的诉讼时效期间为 3 年。借款合同(包括借条、借据等)有约定还款期限的,诉讼时效期间从合同约定的还款期限届满开始起算。借款合同没有约定还款期限的,诉讼时效期间从出借人要求借款人履行还款义务的宽限期届满之日起计算,但借款人在出借人第一次向其主张权利之时明确表示不履行义务的,诉讼时效期间从借款人明确表示不履行义务之日起计算。

【风险提示】谨防超过诉讼时效期间主张权利

《民法典》第192条第1款规定:"诉讼时效期间届满的,义务人可以提出不履行义务的抗辩。"因此,债权人(出借人)应及时行使债权,一旦超过诉讼时效,要求借款人支付本息的主张极有可能无法获得法院支持。出借人若怕伤感情,不愿意起诉借款人、在法庭上"兵戎相见",则可在诉讼时效期间届满前,通过微信、短信、电子邮件或电话(录音固定证据)等方式,向对方表达催讨借款本息的意思表示,以此实现诉讼时效中断。诉讼时效中断后,诉讼时效期间重新计算,出借人又有三年的"缓冲期",而且中断没有次数限制,待诉讼时效期间又将届满前,出借人又可通过前述方式实现诉讼时效中断。

【典型案例】吴某诉陈某、王某及某房地产开发有限公司民间借贷、担保合同纠纷案[1]

裁判要点 民间借贷涉嫌或构成非法吸收公众存款罪,合同一方当事人可能被追究刑事责任的,并不当然影响民间借贷合同以及相对应的担保合同的效力。如果民间借贷纠纷案件的审理并不必须以刑事案件的审理结果为依据,则民间借贷纠纷案件无须中止审理。

案情简介 2008年11月4日,原、被告签订一借款协议,被告陈某共向原告吴某借款人民币200万元,借款期限为2008年11月4日至2009年2月3日,并由被告王某和被告某房地产开发有限公司提供连带责任担保,当日原告履行了出借的义务,陈某于当日收到原告200万元的借款。2008年12月14日陈某因故下落不明,原告认为陈某拖欠其他债权人款项数额巨大,已无能力偿还,2008年12月22日陈某因涉嫌合同诈骗和非法吸收公众存款罪被公安机关立案侦查,依照协议,遂要求陈某提前归还,王某、某房地产开发有限公司承担连带责任,直至开庭时,三被告均未履行还款义务。

判决理由 原告吴某根据借款协议给被告陈某200万元后,其对陈某的债权即告成立。至于陈某可能涉及非法吸收公众存款的犯罪,与本案合同纠纷属于两个法律关系,公安部门立案侦查、检察院起诉以及法院判决构成刑事犯罪,并不影响法院依据民事诉讼法审理本案当事人之间的民事合同纠

---

[1] 本案例源于最高人民法院发布的《最高人民法院公报》2011年第11期。

纷。对合同效力进行判断和认定属于民商事审判的范围，判断和认定的标准也应当是民事法律规范。非法吸收公众存款罪和合同的效力问题是两个截然不同的法律问题。判定一个合同的效力问题，应从民事法律的角度去考虑，从有效合同的三个要件来考察，即(1)行为人是否具有相应的民事行为能力；(2)意思表示是否真实；(3)是否违反法律或者社会公共利益。且本案涉嫌的是非法吸收公众存款罪，涉嫌犯罪的当事人单个的借贷行为不构成犯罪，只有达到一定量后才发生质变，构成犯罪，即犯罪行为与合同行为不重合，故其民事行为应该有效。鉴于此，法院受理、审理可以"刑民并行"。"先刑后民原则"并非法定原则，任何一部法律并未对这一原则作出明确规定。实行"先刑后民"有一个条件：只有符合《民事诉讼法》第136条规定，即"本案必须以另一案的审理结果为依据，而另一案尚未审结的"，才"先刑后民"。不符合《民事诉讼法》第136条规定的，应"刑民并行"审理。先刑后民并非审理民刑交叉案件的基本原则，而只是审理民刑交叉案件的一种处理方式。据此，对于被告王某和被告某房地产开发有限公司提出本案在未确定借款的性质时应该中止审理的诉讼主张，法院不予支持。因此，本案原、被告之间的民间借贷法律关系明确，被告对该借款应当予以归还，王某和某房地产开发有限公司自愿为陈某借款提供担保，应承担本案连带清偿责任。

第十章　担保合同风险防控

【本章导论】

　　担保是指对已经存在或即将发生的债务,由法律规定或当事人约定的以促进债务履行和债权实现为目的的措施。担保的特点包括以下几个方面:第一,补充性。只有在债务届期且未能适当履行时,方可实施担保,担保的目的和效力也只能限于债务未履行的范围。第二,从属性。一般而言,担保的设立基于债的存在,债发生变动担保随之变动,债消灭后担保失去存在的意义。担保可以基于法律规定或当事人约定而设立。本章仅阐述当事人约定的担保,即通过担保合同设立的担保。所谓担保合同,是指债权人与债务人或第三人订立的以一定方式保证债权人债权得以实现的协议。广义的担保合同包括保证合同、抵押合同、质押合同、保理合同、所有权保留买卖合同、融资租赁合同、让与担保合同等具有担保功能的合同,狭义的担保合同仅指保证合同、抵押合同、质押合同三种。本章仅就狭义的担保合同展开论述。

保证合同风险防控要点之一:保证合同的成立

　　保证合同是指为保障债权的实现,债务人以外之第三人和债权人约定,当债务人不履行到期债务或者发生当事人约定的情形时,该第三人履行债务或者承担责任的合同。这里的"第三人"称为保证人。保证合同的含义包含以下几个要素:

　　第一,保证合同是保证人和债权人达成的协议,债务人并非保证合同当事人。在保证合同中,保证人作为债权人和债务人以外的民事主体,是保证合同的义务人,按合同约定履行保证义务。债权人是保证合同的权利人。债务人并非保证合同的当事人,不享有保证合同的权利,也不承担保证合同的义务。

第二,保证合同的核心内容是保证人在债务人不履行债务时负有补充履行的义务。补充履行是指在债务未能按约定适当履行时,由保证人对未履行部分负担履行义务。只要双方对此核心内容达成合意,保证合同就已经成立。虽然保证合同中还有保证的方式、范围和期间等条款,但这些条款的缺失因法律规定了补救方式,故不影响保证合同的成立。

【风险提示】保证合同成立的灵活性

在保证合同的成立问题上,有两点值得特别注意:

第一,保证人就债务履行单方作出书面保证,债权人接受且未提出异议,保证合同仍然成立。保证合同作为双方法律行为,双方当事人意思表示一致自然可以成立合同,这里的意思表示一致可以表现为签订一个独立的合同文本,也可以表现为某合同文本里的一个保证条款。不仅如此,若一方向债权人作出单方书面保证,债权人接受该书面文件且未提出异议,虽然债权人并未签字,但根据《民法典》第685条的规定,此时保证合同亦能成立。对此,可以理解为,债权人接受书面文件且未提出异议的行为体现了其同意书面文件内容的意思,故双方就保证的内容达成了合意。

第二,保证合同仅具备核心要素即可成立。保证合同包含诸多条款,但这些条款并不需要全部明确约定,只要双方就保证合同的核心内容——保证人在债务不履行时负有补充履行的义务——达成合意,保证合同就可成立,其他内容可以根据法律的任意性条款进行补充。例如,在保证合同未就保证的范围作出明确约定时,可以根据《民法典》第691条的规定予以确定;[1] 保证的方式可以根据《民法典》第686条的规定;保证期间可以根据《民法典》第692条确定。更有甚者,若主合同没有关于保证的约定条款,但保证人在"保证人"落款处盖章签字的,司法实践中通常也认为存在保证的合意,进而认定为保证合同成立。

---

[1]《民法典》第691条规定:"保证的范围包括主债权及其利息、违约金、损害赔偿金和实现债权的费用。当事人另有约定的,按照其约定。"

保证合同风险防控要点之二：保证合同的生效

签订了保证合同并不意味着能够产生预设的担保效力，还需要审查保证合同是否生效。保证合同的生效要件有以下五项：

1. 主体适格，即保证合同的双方当事人具备相应的资格。除了一般法律行为生效所要求的"当事人具有相应的民事行为能力"外，保证合同的生效还要求保证人满足特殊的要求。根据《民法典》第683条的规定，机关法人不得为保证人，但是经国务院批准为使用外国政府或者国际经济组织贷款进行转贷的除外。以公益为目的的非营利法人、非法人组织不得为保证人。除了法律禁止作为保证人的组织，其他民事主体均可作为保证人。

2. 意思表示真实，即保证合同中的内容是当事人双方的真实意思表示。若保证合同中的内容是在重大误解、欺诈、胁迫、乘人之危的情形下作出的，作出瑕疵意思表示的人可以撤销。

3. 不得违反法律规定和公序良俗。保证合同违反法律的强制性规定和公序良俗的，保证合同无效。

4. 具备书面形式。保证合同是要式合同，即合同应当以书面形式订立。因保证合同是单务合同，法律也未赋予保证人任意撤销权，基于公平原则，应当确保当事人特别是保证人对自己即将进入保证法律关系的情形已经明确认知并经过审慎思考，故我国《民法典》即明确要求保证合同应以书面形式订立方为有效。口头保证在法律上并不发生保证担保的效力。

5. 主债权债务合同有效。保证作为担保之一种，自然具有从属性。《民法典》第682条规定，保证合同作为主债权债务合同的从合同，其效力取决于主债权债务合同的效力。主债权债务合同无效的，保证合同无效，但是法律另有规定的除外。《民法典》的这一规定改变了原《担保法》"担保合同另有约定的，按照约定"的表述，[1]强调只有法律规定的情形可以作为保证合同效力

---

[1] 原《担保法》第5条规定："担保合同是主合同的从合同，主合同无效，担保合同无效。担保合同另有约定的，按照约定。"

从属性的例外,当事人有关保证合同效力独立于主合同效力的约定被认定为无效。《最高人民法院关于适用〈中华人民共和国民法典〉有关担保制度的解释》(以下简称《担保制度解释》)第2条第1款也规定:"当事人在担保合同中约定担保合同的效力独立于主合同,或者约定担保人对主合同无效的法律后果承担担保责任,该有关担保独立性的约定无效。主合同有效的,有关担保独立性的约定无效不影响担保合同的效力;主合同无效的,人民法院应当认定担保合同无效,但是法律另有规定的除外。"

【风险提示】避免保证合同归于无效

保证合同因不满足生效要件而归于无效,将无法产生担保效力,对债权人影响较大。在此,应重点注意以下几点:

第一,确保保证人符合保证合同的主体资格。特别审查保证人是否属于国家机关和以公益为目的的非营利法人、非法人组织,若上述法人和非法人组织作为保证人提供保证担保,即便签订保证合同,也是无效的。

第二,口头保证不产生担保效力。保证合同是要式合同,无论是保证合同书、保证条款或单方保证承诺,均要求具备书面形式方可发生保证担保的效力,口头保证不发生保证担保的效力,即便存在视听资料等证据予以证明,也不例外。

第三,需确保被担保债权债务的有效存在。在债权不存在或不确定的情况下(最高额保证除外),无论作出何种保证合同效力独立性的约定,均不发生效力。

保证合同风险防控要点之三:保证责任方式

(一)保证责任方式的划分

保证合同生效后,保证人应当按照约定履行保证义务,抑或称为"保证人应当承担保证责任"。根据保证合同约定的内容不同,保证人承担保证责任的方式也不同,具体分为两种:一般保证和连带责任保证。

当事人在保证合同中约定,债务人不能履行债务时,由保证人承担保证责任的,为一般保证。一般保证的保证人在主合同纠纷未经审判或者仲裁,并就债务人财产依法强制执行仍不能履行债务前,有权拒绝向债权人承担保证责任。一般保证人的上述权利在学理上被称为"先诉抗辩权"。先诉抗辩权能够使保证人避免先于债务人承担责任,并在一定程度上降低未来承担保证责任后对债务人追偿不能的风险,对保证人较为有利。但正因如此,债权人往往不愿接受一般保证的担保。先诉抗辩权的行使在下列情形中不得进行:(1)债务人下落不明,且无财产可供执行;(2)人民法院已经受理债务人破产案件;(3)债权人有证据证明债务人的财产不足以履行全部债务或者丧失履行债务能力;(4)保证人书面表示放弃本款规定的权利。

当事人在保证合同中约定保证人和债务人对债务承担连带责任的,为连带责任保证。连带责任保证的债务人不履行到期债务或者发生当事人约定的情形时,债权人可以请求债务人履行债务,也可以请求保证人在其保证范围内承担保证责任。连带责任保证给了债权人更大的空间以向保证人主张保证权利,不会受到先诉抗辩权的限制,故对保证人较为不利而对债权人较为有利,实践中债权人也更愿意接受该种方式的保证。

(二)保证责任方式的推定

保证责任方式是保证合同的内容之一,通常情况下由当事人在保证合同中明确约定。但若当事人未明确约定,保证合同并不因此无效。根据《民法典》第686条第2款的规定,当事人在保证合同中对保证方式没有约定或者约定不明确的,按照一般保证承担保证责任。据此,在保证合同双方当事人未就保证的具体方式作出明确约定时,法律推定该保证合同中的保证方式为一般保证。这一规定改变了原《担保法》规定的,未明确约定时,按照连带责任保证承担保证责任的内容,[1]这说明,在保证方式约定不明时立法者更倾向于保护保证人的利益。

【风险提示】选择有利于己方的保证方式

对于债权人一方而言,连带责任保证对自己更为有利,因为这一保证方式可以排除保证人的先诉抗辩权,在约定的条件满足时,既可以选择要求债

---

[1] 原《担保法》第19条规定:"当事人对保证方式没有约定或者约定不明确的,按照连带责任保证承担保证责任。"

务人继续履行,也可以选择要求保证人承担保证责任,如此一来债权人的债权更能及时实现。因此,债权人应当在合同中明确保证方式,避免因没有约定或约定不明而被法律推定为一般保证。对于保证人而言,应尽量在合同中约定一般保证的保证方式,保留先诉抗辩权,以便使自己在未来承担保证责任时处于较为有利的法律地位。

保证合同风险防控要点之四:保证期间约定

(一)保证期间的含义

根据我国《民法典》第692条的规定,保证期间是确定保证人承担保证责任的期间。对于保证期间的含义,应当作如下认知:

第一,保证期间是债权人选择是否行使保证权利的期间。保证合同中,债权人对保证人行使权利的前提条件为债务不履行,但是,保证人并不能及时掌握该信息,也不确定债权人是否向其主张保证责任,这有待于债权人作出选择并通知保证人。在等待债权人通知的期间内,保证人是否承担保证责任处于不确定状态,这一状态不利于保证人安排未来的活动。为了避免使这种状态无期限地持续下去,有必要给债权人设定一个期限,督促债权人在这个期限内作出选择。这个期限就是保证期间。因此,保证期间本质是督促债权人作出选择和发出通知的期间。

第二,保证期间并不是保证人承担保证责任的期间。保证人承担保证责任的期间是从保证人应当承担保证责任时起算,至保证责任消灭时截止的这段时间。而保证期间内保证人无须承担保证责任,两者含义并不相同。

第三,保证期间不是诉讼时效。诉讼时效是权利人在义务人届期不履行时可向裁判机关主张权利救济的期间,该期间届满而不主张救济的,义务人对权利人的请求产生永久抗辩权。对于保证合同而言,从目的上看,保证期间是督促债权人对是否要求保证人承担保证责任作出选择,而诉讼时效是督促债权人及时要求保证人承担保证责任;从效果上看,保证期间经过,债权人完全丧失保证合同所约定的权利,而诉讼时效期间经过,保证人对债权人的请求享有永久抗辩权。因此,两者在性质上并不相同。

(二)保证期间的确定

首先,保证期间起点的确定。综上所述,保证期间是督促债权人作出选择和通知的期间,故保证期间的起点应为债权人可向保证人主张权利之时,即债务不履行或履行瑕疵的结果确定之日。如果主债权债务合同有确定的履行日期,履行期限届满即为保证期间的起点;如果主债权债务合同没有明确的履行日期,债权人请求债务人履行债务的宽限期届满之日即为保证期间的起点。[1]

其次,保证期间终点的确定。对于保证期间的终点和时长,当事人可以在保证合同中明确约定,在未约定或约定不明时,保证期间为主债务履行期限届满之日起六个月。

最后,保证期间不发生中止、中断或延长。

【风险提示】避免遗漏确定保证期间的条款

在订立保证合同时,保证期间的确定极为重要,由于我国《民法典》在当事人未明确约定保证期间时规定保证期间为主债务履行期限届满之日起六个月,而且这一期间不发生中止、中断或延长,如此一来就会给债权人实现债权带来较大的限制。因此,债权人在订立合同时,应当特别注意对保证期间条款的明确约定,从理论上讲对保证期间约定的时间越长对债权人越有利,但实际上这一期间也要受到主债权债务合同的限制,基于保证的从属性,在主债权消灭或受限时,保证合同所生之保证债权也相应消灭或受到限制。另外,根据《担保制度解释》第32条的规定,"保证合同约定保证人承担保证责任直至主债务本息还清时为止等类似内容的,视为约定不明,保证期间为主债务履行期限届满之日起六个月"。

(三)保证期间的法律效力

1. 对保证合同效力的影响

保证期间的目的是避免保证人长期处于保证责任承担与否无法确定的状态,如果在保证期间内债权人未向保证人主张权利,根据《民法典》第693

---

[1]《民法典》第511条规定:"当事人就有关合同内容约定不明确,依据前条规定仍不能确定的,适用下列规定:……(四)履行期限不明确的,债务人可以随时履行,债权人也可以随时请求履行,但是应当给对方必要的准备时间。"

条的规定,保证合同的效力终止,保证人的保证义务消灭。[1] 具体而言:一般保证的债权人未在保证期间对债务人提起诉讼或者申请仲裁的,保证人不再承担保证责任;连带责任保证的债权人未在保证期间请求保证人承担保证责任的,保证人不再承担保证责任。需要注意的是,一般保证中,主债务履行期间届满后债权人本应向保证人主张保证权利,但由于保证人之先诉抗辩权的存在,债权人只能转而对债务人提起诉讼或者申请仲裁,实际上,这可看作债权人向保证人间接主张权利,故保证人在保证期间内对债务人提起诉讼或者申请仲裁,即可认定其作出了选择。

2. 对诉讼时效起算的影响

保证合同的诉讼时效,应当从保证人届期未履行保证义务时开始计算,故应首先确定履行期限。但由于保证合同中保证人的履行期限起点无法确定,故需要等待主债务履行结果和债权人根据履行结果所选择的行为确定。具体而言:一般保证的债权人在保证期间届满前对债务人提起诉讼或者申请仲裁的,从保证人拒绝承担保证责任的权利消灭之日起,开始计算保证合同的诉讼时效。先诉抗辩权消灭之日,保证人应当履行保证义务而不履行的,开始起算诉讼时效期间。[2] 连带责任保证的债权人在保证期间届满前请求保证人承担保证责任的,从债权人请求保证人承担保证责任之日起,开始计算保证合同的诉讼时效。

---

[1] 保证期间不同于诉讼时效,保证期间经过后债权人的保证权利绝对消灭。根据《担保制度解释》第34条的规定,保证责任消灭后,债权人书面通知保证人要求承担保证责任,保证人在通知书上签字、盖章或者捺指印,债权人请求保证人继续承担保证责任的,人民法院不予支持,但是债权人有证据证明成立了新的保证合同的除外。

[2] 对于一般保证的诉讼时效起算的特殊情况,《担保制度解释》第28条做了详细规定:"一般保证中,债权人依据生效法律文书对债务人的财产依法申请强制执行,保证债务诉讼时效的起算时间按照下列规则确定:(一)人民法院作出终结本次执行程序裁定,或者依照民事诉讼法第二百五十七条第三项、第五项的规定作出终结执行裁定的,自裁定送达债权人之日起开始计算;(二)人民法院自收到申请执行书之日起一年内未作出前项裁定的,自人民法院收到申请执行书满一年之日起开始计算,但是保证人有证据证明债务人仍有财产可供执行的除外。一般保证的债权人在保证期间届满前对债务人提起诉讼或者申请仲裁,债权人举证证明存在民法典第六百八十七条第二款但书规定情形的,保证债务的诉讼时效自债权人知道或者应当知道该情形之日起开始计算。"

【风险提示】避免超过保证期间对保证人主张权利

保证期间无法中止、中断或延长,且该期间一旦经过,就会确定产生保证之债权债务消灭的后果,因此,对债权人而言应当特别注意保证期间的起点和终点,合理安排自己的行为,避免出现超过保证期间而导致保证权利消灭的情况。另外,保证期间不同于诉讼时效,错把诉讼时效当成保证期间而不积极向保证人主张权利的,往往会导致保证期间经过而脱保。

保证合同风险防控要点之五:公司担保决议

对很多公司而言,担保是一种常见的商事活动。与自然人担保不同,公司为他人提供担保在意思表示的形成上须依照法定程序进行。我国《公司法》第15条对公司提供担保作了原则性规定,《担保制度解释》在秉承《公司法》立法意旨下,就公司对外担保的要求予以细化。本部分仅论述公司提供保证的情形。

(一)公司作出担保意思表示的程序要求

根据主债务人与公司的关联关系不同,公司提供的担保可以分为对内担保和对外担保。公司为公司股东或者实际控制人提供担保的情形称为对内担保,也称"关联担保"。公司为其他企业或个人提供担保的情形称为对外担保,也称"非关联担保"。在担保意思表示的形成上,法律分别规定了不同的程序。

在对外担保情形,公司担保意思表示的形成须依照公司章程的规定,由董事会或者股东会决议,且公司章程对担保的总额及单项担保的数额有限额规定的,不得超过规定的限额。在对内担保情形,公司担保意思表示的形成必须经股东会决议。[1] 据此规定,在决议作出机关的要求下,对外担保情形要看公司章程的规定,章程可以规定由董事会作出决议也可规定由股东会作出决议,但章程只能二者选其一。若章程规定其他公司机关或人员可以作出对外担保的决定,该内容当属无效。在对内担保情形,由于考虑到防止大股

---

[1] 参见《公司法》第15条。

东和实际控制人损害公司和中小股东利益,法律要求担保决议必须经过股东会作出,且有关股东或实际控制人不得参加表决。

在表决程序上,公司法也作出了详细规定。若为有限责任公司,股东会作出决议,应当经代表过半数表决权的股东通过;董事会会议应当有过半数的董事出席方可举行,董事会作出决议,应当经全体董事的过半数通过。若为股份有限公司,股东会作出决议,应当经出席会议的股东所持表决权过半数通过;董事会会议应当有过半数的董事出席方可举行,董事会作出决议,应当经全体董事的过半数通过。上市公司在一年内向他人提供担保的金额超过公司资产总额30%的,应当由股东会作出决议,并经出席会议的股东所持表决权的2/3以上通过。

(二)决议不成立、无须决议和公司担保禁止

1.决议不成立

在有些情况下,虽然存在公司担保决议但被法律认定为决议不成立。这些情形有:(1)未召开股东会、董事会会议作出决议;(2)股东会、董事会会议未对决议事项进行表决;(3)出席会议的人数或者所持表决权数未达到本法或者公司章程规定的人数或者所持表决权数;(4)同意决议事项的人数或者所持表决权数未达到本法或者公司章程规定的人数或者所持表决权数。

2.无须决议

公司提供担保并非任何情况下均须要求作出公司决议,根据《担保制度解释》第10条的规定,下列情形并不要求必须存在公司担保决议:(1)担保公司提供担保;(2)公司为其全资子公司开展经营活动提供担保;(3)担保合同系由单独或者共同持有公司2/3以上对担保事项有表决权的股东签字同意。若上市公司对外提供担保,在有上述第2项、第3项情形时仍须依法作出决议。

此外,一人有限责任公司对自己的股东提供担保的,即便未依照法律规定的程序作出担保决议,担保合同的效力也不会因此受到影响。故实际上一人公司的对内担保是无须担保决议的。

3.公司担保禁止

通常只要主债权债务合法有效,法律并不禁止公司为其提供担保,但由于公司组织的特殊性,在有些情况下,法律禁止为特定债权债务提供担保,即

便公司经过决议并签订保证合同,该合同也会因违反法律的强制性规定而无效。根据《公司法》第163条的规定,公司不得为他人取得本公司或者其母公司的股份提供赠与、借款、担保以及其他财务资助,公司实施员工持股计划的除外。如此规定的原因在于,若公司为上述事项的债务提供担保,在债务不履行发生后,公司成为自己的债务人,这一债权债务混同的后果会导致公司实有资本减少而损害公司自身和股东利益。

(三)公司违反法定程序作出担保决议的效力

虽然《公司法》第15条明确规定了公司担保决议的程序要求,但这一规定是否属于强制性法律规范、属于效力性强制性规范还是管理性强制性规范、违反该规范的法律后果等问题学界素有争议。《担保制度解释》专门针对这一问题作出了规定。

1. 公司担保决议不成立,法定代表人越权代表

从该解释中的有关内容来看,有关公司担保决议的程序要求,在本质上属于担保意思表示形成的过程要求,违反该要求所作出的意思表示不成立。对此,《公司法》第27条有明确的规定。这意味着公司并无形成为他人提供担保的意思表示,也就不允许法定代表人对外提供担保。在签订担保合同过程中,法定代表人以公司名义提供担保的行为超越其法定权限,属无权代表行为。

2. 保证合同是否有效取决于相对人是否善意

关于越权代表行为,我国《民法典》第61条规定,"法定代表人以法人名义从事的民事活动,其法律后果由法人承受。法人章程或者法人权力机构对法定代表人代表权的限制,不得对抗善意相对人"。第504条也规定,法定代表人超越权限订立的合同,除相对人知道或者应当知道其超越权限外,该代表行为有效,订立的合同对法人或者非法人组织发生效力。据此,法定代表人以公司名义签订保证合同的效力要取决于合同相对人——债权人——是否善意。这里的善意是指合同相对人不知且不应当知道法定代表人越权代表的事实,在具体判断上通常看债权人是否对法定的决议程序进行了相当程度的审查。若债权人明知决议内容或程序存在瑕疵或应当审查而未尽合理审查之注意,可以认为其不具有善意。

若债权人在订立合同时为善意,则越权签订的保证合同具有法律效力,

公司应当根据保证合同承担保证责任。反之，公司不承担保证责任。

【风险提示】尽到审查义务，避免脱保

对于债权人而言，在与公司签订保证合同时，应当要求法定代表人提供相关的担保决议，并对决议进行一定的形式审查，包括决议时间、内容、参会情况、投票情况、落款和盖章等。只有债权人尽到了应有的审查义务，在未来发生有关公司担保决议是否违法的纠纷时，才能被法院认定为善意，从而确保保证合同有效。

抵押合同风险防控要点之一：抵押权设立要件

抵押合同是债权人与债务人或第三人之间达成的协议，协议内容为：债务人或第三人不转移财产的占有，将该财产抵押给债权人，债务人不履行到期债务或者发生当事人约定的实现抵押权的情形，债权人有权就该财产优先受偿。这里的债务人或者第三人为抵押人，债权人为抵押权人，提供担保的财产为抵押物。

抵押合同签订的目的是为债权人在特定财产上设立抵押权这一担保物权，在债务不履行时债权人可以对抵押物进行变价并优先受偿。当然，要成功设定抵押权，除了签订有效的抵押合同外，还需具备法律规定的其他要件。

（一）抵押合同有效

抵押合同有效所须具备的条件有：第一，合同主体适格；第二，意思表示真实；第三，具备书面形式；第四，不违反法律的强制性规定和公序良俗。前三个要件不再赘述，在此重点阐述第四个要件。

抵押担保中最为关键的是抵押财产，因此在抵押担保中法律规制的重心不是担保人而是担保财产。考虑到抵押合同中抵押财产的重要性，法律对抵押财产作出了特殊的要求，表现为设置了一些有关抵押财产的强制性规定。

1. 禁止抵押的财产

根据《民法典》第 399 条的规定，下列财产不得抵押：(1) 土地所有权；

(2)宅基地、自留地、自留山等集体所有土地的使用权,但是法律规定可以抵押的除外;(3)学校、幼儿园、医疗机构等为公益目的成立的非营利法人的教育设施、医疗卫生设施和其他公益设施;(4)所有权、使用权不明或者有争议的财产;(5)依法被查封、扣押、监管的财产;(6)法律、行政法规规定不得抵押的其他财产。

此外,乡镇、村企业的建设用地使用权不得单独抵押。以乡镇、村企业的厂房等建筑物抵押的,其占用范围内的建设用地使用权一并抵押。

根据《担保制度解释》第6条的规定,以公益为目的的非营利性学校、幼儿园、医疗机构、养老机构等提供担保的,人民法院应当认定担保合同无效,但是有下列情形之一的除外:(1)在购入或者以融资租赁方式承租教育设施、医疗卫生设施、养老服务设施和其他公益设施时,出卖人、出租人为担保价款或者租金实现而在该公益设施上保留所有权;(2)以教育设施、医疗卫生设施、养老服务设施和其他公益设施以外的不动产、动产或者财产权利设立担保物权。[1]

违章建筑也不具备抵押资格,根据《担保制度解释》第49条的规定,以违法的建筑物抵押的,抵押合同无效,但是一审法庭辩论终结前已经办理合法手续的除外。

2. 可以抵押的财产

除了法律、行政法规禁止抵押的财产,其他财产原则上均可抵押。但是,因为抵押权最终可能会影响抵押财产的归属,因此要成功设定抵押权须要求抵押人对抵押财产具有处分权。对于可以抵押的财产,《民法典》对其进行了列举:(1)建筑物和其他土地附着物;(2)建设用地使用权;(3)海域使用权;(4)生产设备、原材料、半成品、产品;(5)正在建造的建筑物、船舶、航空器;(6)交通运输工具;(7)法律、行政法规未禁止抵押的其他财产。《民法典》第342条规定,通过招标、拍卖、公开协商等方式承包农村土地,经依法登记取得

---

[1] 这里有疑问的是,如何界定公益设施?通常而言,公益机构的所有财产都直接或间接与公益事业相关,以公益机构作为抵押人,以公益机构的财产(包括直接和间接与公益事业相关)作为抵押财产对外进行担保的行为其正当性存疑。笔者认为,在无法区分公益机构之财产是否具有公益性的情况下,应当限制对外担保的行为,仅允许公益机构以自己的财产对自己的债务提供担保方为合理。

权属证书的,可以依法采取出租、入股、抵押或者其他方式流转土地经营权。据此,符合上述条件的土地经营权可以作为抵押财产。

此外,还有两种特殊情形。第一,动产浮动抵押。企业、个体工商户、农业生产经营者可以将现有的以及将有的生产设备、原材料、半成品、产品抵押。这种将处于动态变化中的"一揽子"动产作为一个整体进行抵押的情形被称为"动产浮动抵押"。第二,"房地一体"抵押。以建筑物抵押的,该建筑物占用范围内的建设用地使用权一并抵押。以建设用地使用权抵押的,该土地上的建筑物一并抵押。若抵押人未将上述房产和地产一并抵押的,未抵押的财产视为一并抵押。这一规则在理论和实践中被称为"房地一体主义"。

【风险提示】不接受不适合抵押的财产作为抵押物

不接受法律禁止抵押的财产作为抵押物。以法律、行政法规禁止抵押的财产作为抵押物签订抵押合同,该合同会因违反法律的强制性规定而无效,自然也不会产生抵押权。但是对于已经被查封、扣押、监管的财产,在一定条件下也可以接受其作为抵押物。根据《担保制度解释》第37条的规定,抵押合同订立时抵押物被查封、扣押或监管的,在行使抵押权时已解除查封、扣押或监管,抵押合同有效,抵押权存在。

(二) 抵押人对抵押财产有处分权

为他人设定抵押权的行为属于处分行为,该行为要产生当事人所预期的处分效果,需要行为人具有处分权。故抵押人对抵押物没有处分权,抵押权无法通过抵押合同设立。但是如同无权处分时所有权可适用善意取得制度,抵押权也可适用善意取得制度,因此,若满足《民法典》第311条的要求,即便抵押人对抵押财产无处分权,债权人也可以基于善意取得制度获得抵押权。[1]

【风险提示】审查抵押财产的处分权状况

以抵押人没有处分权的财产作为抵押物签订抵押合同的,最终会因处分权的缺失而无法设立抵押权,进而导致债权人的担保目的落空。故审查抵押物的处分权对债权人而言甚为必要。在签订抵押合同前后,应当尽量让抵押

---

[1] 《民法典》第311条规定所有权的善意取得,并在第3款规定,"当事人善意取得其他物权的,参照适用前两款规定"。

人提供其对抵押财产拥有处分权的证明材料,尽到应有的注意义务。一方面,这样做可以在一定程度上了解抵押物处分权信息,排除无处分权抵押的状况;另一方面,在将来出现处分权纠纷时也可以主张自己为善意,从而适用善意取得制度获得抵押权。

(三)进行抵押登记

抵押权登记是指法律规定的有关部门对抵押人在特定物上为抵押权人所设定的抵押权之事项予以记载的事实。在我国,抵押登记对于动产抵押和不动产抵押会发生不同的法律效力,现分述如下:

若抵押财产为不动产或不动产权利,如房屋、建设用地使用权、海域使用权、正在建造的建筑物等,在订立抵押合同后还须向有关登记机关进行抵押登记,登记后债权人获得抵押权。未进行抵押登记的,不产生抵押权。对此,学理上称为登记要件主义。[1]

若抵押财产为动产,当事人在签订有效的抵押合同的情况下,就可以为债权人设定抵押权,而无须抵押登记。但是,此时通过抵押合同设定的抵押权对抗效力受到限制,抵押权人不得以该抵押权对抗善意第三人。抵押权人要想获得对抗善意第三人的效力,仍须进行抵押登记。对此,学理上称为登记对抗主义。[2] 例如,甲将自有汽车抵押给乙,双方订立了抵押合同而未登记,后甲又将该汽车出售给丙并进行了交付,丙对于该汽车抵押给乙的事实不知情也不应当知情,此时乙虽然曾因抵押合同获得了抵押权,却不能以此对抗善意人丙。实际上此时乙的抵押权已经无法行使。

【风险提示】抵押权应尽可能进行登记

无论是以何种财产进行抵押,对于债权人而言,应当在现实条件允许的情况下尽快完成抵押登记。若为不动产及不动产权利,只有抵押登记完成才能真正设立抵押权,未登记时抵押合同不产生任何担保法律效力。若为动

---

[1] 登记要件主义的含义为:登记是产生物权变动的必备条件。当事人仅有物权变动的意思(通常为合同)并不产生物权变动,只有进行了登记,方能发生物权的变动,当事人方能获得物权。登记要件主义通常适用于不动产物权变动的情形。

[2] 登记对抗主义的含义为:物权变动仅需要有效的物权变动的意思就可以实现,无须具备外在的形式要件(登记),但是未经登记的物权变动对善意第三人不发生效力。

产,虽然通过抵押合同能够获得抵押权,但由于此时的抵押权不具有对抗善意第三人的效力,因此,此时获得的抵押权其担保功能具有极大的不确定性,很有可能因存在善意第三人而实际上丧失担保效力或担保效果受到削弱。根据《担保制度解释》第54条的规定,未登记的动产抵押权会存在下列隐患:(1)抵押人转让抵押财产,受让人占有抵押财产后,抵押权人向受让人请求行使抵押权的,人民法院不予支持,但是抵押权人能够举证证明受让人知道或者应当知道已经订立抵押合同的除外;(2)抵押人将抵押财产出租给他人并移转占有,抵押权人行使抵押权的,租赁关系不受影响,但是抵押权人能够举证证明承租人知道或者应当知道已经订立抵押合同的除外;(3)抵押人的其他债权人向人民法院申请保全或者执行抵押财产,人民法院已经作出财产保全裁定或者采取执行措施,抵押权人主张对抵押财产优先受偿的,人民法院不予支持;(4)抵押人破产,抵押权人主张对抵押财产优先受偿的,人民法院不予支持。因此,无论如何,进行抵押登记对债权人而言都是首要选择。

抵押合同风险防控要点之二:抵押财产的转让

理论上抵押权人看重的是抵押物的交换价值,其通过合同获得抵押权的目的是以抵押物的交换价值担保债权的实现。这意味着,法律一方面不允许债权人通过抵押合同直接获得抵押人的财产所有权,即所谓流押条款无效。[1]另一方面,抵押物的流通通常仅发生所有权归属的变化而不会导致交换价值的减损,且抵押权人可以基于物权的追及效力追及物之所在行使抵押权,因此,除非当事人明确约定,否则法律并不禁止抵押财产的转让行为。根据《民法典》第406条第1款的规定,"抵押期间,抵押人可以转让抵押财产。当事人另有约定的,按照其约定。抵押财产转让的,抵押权不受影响"。

---

[1] 根据《民法典》第401条的规定,抵押权人在债务履行期限届满前,与抵押人约定债务人不履行到期债务时抵押财产归债权人所有的,只能依法就抵押财产优先受偿。

【风险提示】重视抵押财产的转让禁止条款

尽管理论上抵押财产的转让不会导致抵押财产担保能力的降低，法律也规定抵押人转让抵押物的通知义务，[1]但实际上，一旦抵押财产所有权发生转移，通常会对抵押权人产生影响，即便抵押财产价值未减损，也会造成权利行使上的诸多不便，特别是动产抵押更是如此。因此，对抵押权人而言，应当尽可能在合同中明确约定抵押财产不可转让，并将此种禁止抵押财产转让的约定记载于不动产登记簿，以产生对抗抵押财产受让人的效力。[2]另外，对于买受人而言，一定要审查买卖合同的标的物是否设定了抵押以及是否允许转让抵押财产，尽量不购买设定抵押权的财产，即便需要购买该类财产，也应审查该财产是否已登记了"转让禁止"的内容，否则该受让财产将来很可能被追回而给自己造成损失。

抵押合同风险防控要点之三：抵押财产的出租

基于对承租人的特殊保护，法律对承租人基于租赁合同所产生的租赁权规定了特别的法律效力，例如，"买卖不破租赁"，这种现象在理论上被称为"租赁权物权化"。在抵押财产被出租后，就会发生租赁权与抵押权之间何者优先行使问题。为此，我国《民法典》第405条规定，"抵押权设立前，抵押财产已经出租并转移占有的，原租赁关系不受该抵押权的影响"。据此，在抵押

---

[1] 根据《民法典》第406条第2款的规定，抵押人转让抵押财产的，应当及时通知抵押权人。抵押权人能够证明抵押财产转让可能损害抵押权的，可以请求抵押人将转让所得的价款向抵押权人提前清偿债务或者提存。转让的价款超过债权数额的部分归抵押人所有，不足部分由债务人清偿。

[2] 根据《担保制度解释》第43条的规定：当事人约定禁止或者限制转让抵押财产但是未将约定登记，抵押人违反约定转让抵押财产，抵押权人请求确认转让合同无效的，人民法院不予支持；抵押财产已经交付或者登记，抵押权人请求确认转让不发生物权效力的，人民法院不予支持，但是抵押权人有证据证明受让人知道的除外；抵押权人请求抵押人承担违约责任的，人民法院依法予以支持。当事人约定禁止或者限制转让抵押财产且已经约定登记，抵押人违反约定转让抵押财产，抵押权人请求确认转让合同无效的，人民法院不予支持；抵押财产已经交付或者登记，抵押权人主张转让不发生物权效力的，人民法院应予支持，但是因受让人代替债务人清偿债务导致抵押权消灭的除外。

权与租赁权何者优先的问题上,最关键的因素是时间的先后。若租赁合同签订并转移给承租人占有租赁物在先,抵押权设立在后,租赁权的行使不受抵押权的影响。反之,抵押权将优先于租赁权,抵押权的行使将导致租赁合同的终止。但例外的是,在动产抵押且未登记的情况下,虽然抵押权也已设立,但不能对抗善意第三人,故善意的承租人之租赁权并不因抵押权在先而受到影响。根据《担保制度解释》第54条的规定,"动产抵押合同订立后未办理抵押登记,抵押人将抵押财产出租给他人并移转占有,抵押权人行使抵押权的,租赁关系不受影响,但是抵押权人能够举证证明承租人知道或者应当知道已经订立抵押合同的除外"。

【风险提示】重视抵押财产的租赁状况

由于在租赁权优先情形下会对抵押财产的变现过程和价值产生较大影响,特别在长期租赁的情形下尤甚,故对于抵押权人而言,应当特别关注抵押财产抵押前的租赁状况,尽量不接受已经出租的财产作为抵押财产。在动产抵押情况下,即便抵押合同签订时(抵押权设立时)该抵押动产并未被出租,也要在订立抵押合同后及时进行抵押登记,以防将来出现善意承租人而影响抵押权的实现。对于承租人而言,则应审查租赁物的登记信息,尽量避免接受已经设有抵押权的财产作为租赁物,必须接受的,则应做好预案,以防备因抵押权的行使而被提前解除租赁关系的情况发生。

抵押合同风险防控要点之四:一物多押的清偿

(一)确定清偿顺序的基本规则

基于物尽其用的原则,抵押人在同一财产上为多个债权的实现设定抵押权实为通常,但这也会产生抵押财产担保能力不足的情况,此时何种债权能优先被担保将对债权人利益产生较大影响。总体的原则是,对抗效力强者优先;同等对抗效力的抵押权,若均登记,登记时间在先者优先;若均未登记,按担保之债权比例清偿。具体而言:

首先,抵押权均登记的,按照登记时间先后确定清偿顺序。设定多个抵押权的财产无论是动产还是不动产,若均已登记,即产生相同的对抗效力,此时应当按照时间先后确定清偿顺序,即"登记在先,权利在先"。

其次,登记的抵押权优先于未登记的抵押权。由于不动产抵押权的设定必须登记,不登记无法设立抵押权,因此,登记优先的情形仅适用于在同一动产上设定抵押权。这是根据对抗效力的强弱进行的顺位设定,经过登记的动产抵押权具有更强的对抗效力。需要注意的是,未经登记的动产抵押权人不得以其他抵押权人恶意而主张优先效力。无论经过登记的动产抵押权人是否善意,均可因抵押权登记而优先于同一财产上未登记的抵押权。

最后,抵押权均未登记的,按照债权比例清偿。由于不动产抵押须登记方能设定抵押权,未登记时抵押权并不存在,也就无所谓顺位问题。故这一情形仅适用于动产抵押。在动产抵押中,签订抵押合同即可设立抵押权,在多个抵押权均未登记情况下,由于均不存在对抗善意第三人效力,此时无法根据对抗效力判断顺位。另外,动产抵押权自抵押合同生效时设立,但这一时间是由合同双方当事人确定的,对外无法产生约束力,因此,在同一动产上设定抵押权的多个债权人之间处于平等的地位,其债权实现并无先后之分,而是根据被担保的债权比例确定。

(二)特殊情形

一般情况下,按照上述规则确定的抵押权先后进行债权清偿没有问题。但也存在以下特殊情形。

1. 在动产上,"超级抵押权"优先于其他抵押权

所谓"超级抵押权"是指被担保的主债权是抵押物(须为动产)价款给付请求权的抵押权,也称"价款优先权"。根据我国《民法典》第416条的规定,"动产抵押担保的主债权是抵押物的价款,标的物交付后十日内办理抵押登记的,该抵押权人优先于抵押物买受人的其他担保物权人受偿,但是留置权人除外"。据此,"超级优先"效力的获得需要满足以下条件:第一,这一情形仅适用于动产抵押。第二,抵押物为买卖合同的标的物。第三,担保的主债权是抵押物的价款给付请求权。第四,须在交付合同标的物后10日内办理完抵押登记。具备上述条件后,就买受人而言,无论其在该动产上设定抵押权的时间先后,也无论抵押权是否登记及登记时间如何,均不能优先于"超级抵押权"。如果同一动产上存在多个"超级抵押权",人民法院应当按照登记的

时间先后确定清偿顺序。[1] 但是，上述超级抵押权仅对受让人设定的担保物权具有超级优先效力，其并不对出让人设定的担保物权具有超级优先效力。若出让人在出让前已经在该动产上设定了抵押权，后出让方和受让方又为担保价款给付请求权而设定了抵押权，此时两个抵押权须按照上文所述的规则确定何者优先。

2. 在动产上，买受人优先权优先于所有抵押权

《民法典》第404条规定，以动产抵押的，不得对抗正常经营活动中已经支付合理价款并取得抵押财产的买受人。这一规则被称为"正常经营买受人规则"，买受人的这一特殊权利，我们称为"买受人优先权"。买受人优先权的构成条件为：第一，出卖人和买受人所进行的交易是正常经营活动。出卖人的经营活动属于其营业执照明确记载的经营范围，且出卖人持续销售同类商品。[2] 第二，受让人已经支付了合理价款。价款数额与标的物的价值大致相当，对此可结合市场价格以及交易习惯等因素综合判断。第三，受让人已经取得了抵押动产的所有权。动产所有权的取得以是否完成交付进行判断，包括现实交付、简易交付、占有改定和指示交付。上述三个条件满足之后，买受人所获得动产所有权便具有了优先于该动产上其他抵押权的效力，所有在动产上设定的抵押权，无论登记与否，无论设定时间先后，抵押权人均不得主张对该动产进行处分并优先受偿。即便是超级抵押权的权利人，也不能优先于正常经营活动中已经支付合理价款并取得抵押财产的买受人。[3]

3. 在建设工程上，承包人的法定优先权优先于其他担保物权

与动产上的价款优先权类似，建设工程合同中的承包人对于建设工程价

---

[1]《担保制度解释》第57条第3款。

[2]《担保制度解释》第56条第2款规定，前款所称出卖人正常经营活动，是指出卖人的经营活动属于其营业执照明确记载的经营范围，且出卖人持续销售同类商品。前款所称担保物权人，是指已经办理登记的抵押权人、所有权保留买卖的出卖人、融资租赁合同的出租人。

[3]《民法典》第404条规定："以动产抵押的，不得对抗正常经营活动中已经支付合理价款并取得抵押财产的买受人。"对此，《担保制度解释》又作了进一步解释，第56条规定："买受人在出卖人正常经营活动中通过支付合理对价取得已被设立担保物权的动产，担保物权人请求就该动产优先受偿的，人民法院不予支持，但是有下列情形之一的除外：（一）购买商品的数量明显超过一般买受人；（二）购买出卖人的生产设备；（三）订立买卖合同的目的在于担保出卖人或者第三人履行债务；（四）买受人与出卖人存在直接或者间接的控制关系；（五）买受人应当查询抵押登记而未查询的其他情形。"

款之债权享有一种法定优先权。这一优先权无须登记即可优先于在相应建筑物上设定的其他担保物权。根据《民法典》第807条的规定，发包人未按照约定支付价款的，承包人可以催告发包人在合理期限内支付价款。发包人逾期不支付的，除根据建设工程的性质不宜折价、拍卖外，承包人可以与发包人协议将该工程折价，也可以请求人民法院将该工程依法拍卖。建设工程的价款就该工程折价或者拍卖的价款优先受偿。《最高人民法院关于审理建设工程施工合同纠纷案件适用法律问题的解释（一）》第36条规定，承包人根据《民法典》第807条规定享有的建设工程价款优先受偿权优于抵押权和其他债权。

4.顺位的放弃和协议变更

关于多个抵押权之间的顺位，其初次确定是依据上述规则依法确定的，这并不意味着这一顺位固定不变，根据《民法典》第409条的规定，抵押权人可以放弃抵押权或者抵押权的顺位。抵押权人与抵押人可以协议变更抵押权顺位以及被担保的债权数额等内容。但是，抵押权的变更未经其他抵押权人书面同意的，不得对其他抵押权人产生不利影响。

【风险提示】重视一物多押时抵押权的优先顺序

在一物多押情况下，顺位在先的抵押权人之债权将优先获得受偿，因此，对于抵押权人而言，首先，尽量不接受已经存在抵押权的财产作为抵押物进行担保。其次，在选择接受该类抵押物时，应当清楚自己的抵押权顺位，以判断自己债权在未来的清偿可能性，进而做好相应准备。例如，因抵押权顺位不佳而担心自己债权将来无法全面清偿时，可以要求债务人提供其他担保方式。再次，签订抵押合同后及时进行登记，无论是动产抵押还是不动产抵押，登记越早越能获得更优的顺位。最后，需要审查抵押物上是否存在超级抵押权或建设工程的法定优先权，二者会对同一物上存在的其他抵押权的行使效果产生较大的影响。

质押合同风险防控要点之一：动产质权设立要件

质押是物的担保的重要方式之一，当事人通过签订质押合同并完成法定的公示，使债权人获得质权以担保债权的实现。质权根据其客体不同又分为动产质权和权利质权。

动产质权是指为担保债务的履行，债务人或者第三人将其动产出质给债权人占有，债务人不履行到期债务或者发生当事人约定的实现质权的情形，债权人享有就该动产优先受偿的权利。此处的债务人或者第三人为出质人，债权人为质权人，交付的动产为质押财产，也称"质物"。

动产质权的设立需要具备三个条件：存在有效的质押合同；完成法定的公示方式——移转占有；质押人对质押财产有处分权。

首先，质押合同有效。质押合同的生效要件包括四个：当事人适格、意思表示真实、不违反法律的强制性规定及公序良俗、以书面形式签订。其中，涉及哪些动产可以质押的问题，《民法典》第426条的规定较为明确："法律、行政法规禁止转让的动产不得出质。"换言之，只要不属于法律规定的禁止转让的动产皆可作为质押财产。禁止转让的动产可以从两个方面进行把握：第一，依法禁止流通。目前我国对限制流通物的规定散见于《文物保护法》《金银管理条例》《外汇管理条例》等法律法规，主要有指令性计划购销的物资、黄金、白银、外币、麻醉药品、剧毒品、国有企业法人闲置的固定资产或因关停并转需要转让给其他单位的资产（转让时应取得上级主管机关的同意）等。第二，因特定用途禁止转让。根据《民法典》第399条第3项的规定，原则上学校、幼儿园、医疗机构等以公益为目的成立的非营利法人的教育设施、医疗卫生设施和其他公益设施的财产不得抵押，该规定也适用于质押。另外，质押合同也是要式合同，必须具备书面形式方能生效。

其次，出质动产已经交由质权人合法占有。质权作为物权之一种，自然应具有对抗他人的效力，这一效力的来源无法通过当事人之间的合同获得，而是通过能够对外展示权利外观的方式获得，这一外观就是移转质物的占有于质权人。根据《民法典》第429条的规定，质权自出质人交付质押财产时设立。需要注意的是，质权人获得质物的占有，须依当事人双方设立质权的意思而进行交付，方能发生设定质权的效果，这里的交付通常是指现实交付，也包括简易交付和指示交付，但不包括占有改定。

最后，质押人对质押财产须有处分权。将财产出质的行为属于法律上的处分行为，要想发生处分效果，须行为人享有处分权。若行为人无处分权而将动产出质,即构成无权处分,除非有处分权人事后同意或追认,否则出质人不能为债权人设定质权。但是,根据《民法典》第311条的规定,此时可以参照适用所有权善意取得制度,即在满足善意取得的条件下,债权人可以通过善意取得制度取得质权。[1] 一般认为,动产质权适用善意取得的要件有:第一,出质人和债权人签订了质押合同;第二,出质人对质物并无处分权;第三,债权人对于出质人无权处分的情形不知道且不应当知道;第四,质物已经合法交由债权人占有。从理论上讲,质权的善意取得属于原始取得,与继受取得不同,原始取得的质权会使质物之上原有负担不能约束善意取得人。

【风险提示】确保动产质权有效设立

上述质权设立的条件缺一不可,对于债权人而言,需要对每一条件进行审查并确保满足,以免无法设立质权。重点应当注意以下几点:第一,不接受禁止转让的动产作为质物。第二,必须签订书面的质押合同。现实中往往口头订立质押合同,而后债务人或第三人将动产交予债权人占有,根据法律规定,此时债权人并不享有质权。第三,签订书面质押合同情况下确保获得质物的实际占有,特别注意要排除出质人对质物的占有。生活中债权人往往以为订立书面的质押合同就会获得质权,而忽略了对质物的实际控制,允许质物继续由出质人占有。此时质权并未设立。第四,须审查出质人对质物是否有处分权。以出质人没有处分权的动产作为质物签订质押合同的,最终会因处分权的缺失而无法设立质权,进而导致债权人的担保目的的落空。因此,在签订抵押合同前后,应当尽量让出质人提供其对质物享有处分权的证明材料,尽到应有的注意义务。一方面,这样做可以一定程度上了解质物处分权信息,排除无处分权的状况;另一方面,在将来出现处分权纠纷时也可以适用善意取得制度获得质权。

---

[1] 早在《民法典》出台前,最高人民法院就在判决中承认质权可以适用善意取得制度。参见最高人民法院民事判决书,(2015)民二终字第138号。但是在《担保制度解释》中并未明确规定质权可以适用善意取得,这跟该解释规定抵押权可以适用善意取得的做法不同。

质押合同风险防控要点之二:权利质权设立要件

权利质权是指为了担保债权清偿,债权人与债务人或第三人通过协议,就债务人或第三人所享有的权利为债权设定担保,在债务人不履行到期债务或者发生当事人约定的实现质权的情形时,债权人就该标的享有优先受偿的权利。

权利质权的设立条件与动产质权大体相同,也包括三个条件:存在有效的质押合同;[1]完成法定的公示方式;质押人对质押财产有处分权。由于权利质权的客体不同,在法定公示方式上呈现多样性特点,在此作特别说明。

权利质权的客体不同,设定质权的法定公示方式也不同。

第一类,以汇票、本票、支票、债券、存款单、仓单、提单出质。该类权利质权自权利凭证交付质权人时设立;没有权利凭证的,质权自办理出质登记时设立。法律另有规定的,依照其规定。据此,以上述有价证券质押时,总体上根据是否存在权利凭证确定公示方式。若存在权利凭证,将凭证交付质权人即可,若无权利凭证,则须办理登记。但对于汇票和仓单而言,在质权设定上又具有特殊性。根据《票据法》第35条的规定,汇票可以设定质押;质押时应当以背书记载"质押"字样。被背书人依法实现其质权时,可以行使汇票权利。《担保制度解释》也规定,以汇票出质,当事人以背书记载"质押"字样并在汇票上签章,汇票已经交付质权人的,人民法院应当认定质权自汇票交付质权人时设立。据此,以汇票设立质权的条件为:持票人以背书记载"质押"字样并签章,且须交付质权人。根据《担保制度解释》的规定,以仓单出质的,存货人或者仓单持有人在仓单上以背书记载"质押"字样,并经保管人签章,

---

[1]《民法典》删除了原《物权法》中有关质押合同书面形式的要求,但这并不意味着质押合同变成了非要式合同。根据《民法典》第446条的规定:"权利质权除适用本节规定外,适用本章第一节的有关规定。"显然,如没有特殊情形,设定权利质权也须书面形式,如签订单独的质押合同、合同中的质押条款或在有关权利凭证上作背书。《担保制度解释》规定了一种例外情形,即跟单信用证情形下的提单质押。跟单信用证情形下的提单质押,既可以签订书面质押合同,也可以根据跟单信用证惯例持有提单而享有质权。

仓单已经交付质权人的,人民法院应当认定质权自仓单交付质权人时设立。据此,仓单质权的设立条件为:存货人或持有人的"质押"背书、保管人的签章、交付质权人。

第二类,以基金份额、股权、注册商标专用权、专利权、著作权等知识产权中的财产权、应收账款出质。以该类中的权利设定质权的,质权自办理出质登记时设立。[1]

在此特别注意应收账款的出质。应收账款是指权利人因提供一定的货物、服务或设施而获得的要求义务人付款的权利以及依法享有的其他付款请求权,包括现有的和未来的金钱债权,但不包括因票据或其他有价证券而产生的付款请求权,以及法律、行政法规禁止转让的付款请求权。根据《担保制度解释》的规定,应收账款质权的设定需要具备的条件为:签订书面质押合同、应收账款真实存在、办理了出质登记,三者缺一不可。

【风险提示】确保权利质权有效设立

债权人须根据出质的权利类型仔细审查设立质权的条件是否完全具备。在以汇票或仓单质押时,应注意仅订立质押合同而未进行"质押"背书,即便交付了有关权利凭证,也不能产生质权。另外还要注意"质押"背书的字样是否准确以及签章是否符合规范等。在以前文第二类权利出质时,务必进行登记,否则质权不能设立。以应收账款设定质权时,签订书面质押合同、应收账款真实存在、办理了出质登记,三者缺一不可。特别应当重视应收账款真实性的要求,若真实性未能确定,即便办理了出质登记,根据《担保制度解释》的规定,质权也未能设立。另外,以应收账款设定质权后,质权人还应当及时要求应收账款债务人向自己履行债务,若未予及时通知,应收账款债务人已经向应收账款债权人履行了债务,质权人请求应收账款债务人履行债务,人民法院不予支持。

---

[1] 关于出质登记的机关,目前较为多样化。以股权出质的,登记机关原则上为市场监督管理机关。以已在证券登记结算机构登记的股份有限公司的股权出质的,登记机关为中国证券登记结算有限责任公司。以基金份额出质的,登记机关为中国证券登记结算有限责任公司。以注册商标专用权、专利权出质的,登记机关为国家知识产权局。以著作权中财产出质的,登记机关为国家版权局。以应收账款出质的,登记机关为中国人民银行征信中心。

质押合同风险防控要点之三：一物多质的清偿

就动产质权而言，由于其设定需要交付，而出质人一旦交付，便无法进行第二次交付，故通常情况下，在同一动产之上不会存在多个质权，但转质情形例外。第一，在承诺转质情形，出质人同意质权人以质物为质权人自己的债务作质押担保，质权人因而将质物交付给转质权人，此时便存在两个质权。若发生转质权人和质权人同时主张优先受偿的情形，转质权的行使应当优先于质权的行使，但具体内容受到当事人协议的限制。若质权担保的债权先届清偿期，质权人行使质权也应当提前清偿其对转质权人的债务或提存。第二，在责任转质情形，质权人无处分权而将质物出质给他人，此时并不能当然设立转质权，若事后经得出质人同意，则发生承诺转质的后果。虽然未经出质人同意，但在转质权人为善意情形，则发生质权的善意取得，善意取得人可以不受限制地行使质权，自然也优先于原质权。

就权利质权而言，基于交付和登记，通常也不会发生数个质权并存的情形。但仓单质押会存在例外，首先，出质人既以仓单出质，又以仓储物设立质押担保，此时便存在仓单质权和仓储物质权，两者实际上都是以仓储物的价值作为担保，故本质上属于同一物上并存两个质权。根据《担保制度解释》的规定，此时应当按照公示的先后确定清偿顺序；难以确定先后的，按照债权比例清偿。其次，保管人为同一货物签发多份仓单，出质人在多份仓单上设立多个质权，按照公示的先后确定清偿顺序；难以确定先后的，按照债权比例清偿。

【风险提示】仓单质权的顺位

对债权人而言，在接受仓单质押时应当特别注意：可能会存在他人的竞争性质权，即出质人可能会将仓单项下之仓储物另作出质，从而导致两质权竞存的情况。在接受仓储物作为质物时同样应当注意上述情况。故债权人此时应当确保自己质权处于优先地位，至少应当明确自己质权的顺位，以根据顺位情况做好后续安排，决定是否需要债务人再行提供担保。

质押合同风险防控要点之四：质押与抵押存于一物的清偿

由于抵押权不需要移转占有即可设定，因此同一财产上先设定抵押权再设定质权的现象较为普遍，对此，《民法典》第415条明确规定，同一财产既设立抵押权又设立质权的，拍卖、变卖该财产所得的价款按照登记、交付的时间先后确定清偿顺序。据此，确定清偿顺序的依据是登记、交付的时间。具体而言，在动产质押情形，若并存的抵押权进行了登记，此时应当比较登记时间与交付时间的先后，时间在先权利优先。若抵押权未进行登记，则质权效力优先。在权利质押情形，通常不发生质权与抵押权并存问题。但若以仓单质押的同时，又在仓单对应的仓储物上设定抵押权，此时应当按照《担保制度解释》的规定，按照公示的先后确定清偿顺序，即比较仓单交付的时间和抵押物抵押登记的时间，时间在先者具有优先地位；难以确定时间先后的，按照债权比例清偿。

【风险提示】同一物上抵押权对质权的影响

对债权人而言，应当意识到质物上可能会存在其他债权人的抵押权，若果真存在，则应当明确自己的质权处于怎样的清偿顺位，从而决定是否需要债务人再行提供担保。

【典型案例】A农村商业银行诉B经贸公司金融借款合同案

裁判要点 就A农村商业银行对B经贸公司享有抵押权的抵押范围问题，A农村商业银行与B经贸公司在办理抵押登记时，因不动产中心登记系统未设置"担保范围"栏目，仅有"抵押金额"的表述，且只能填写固定数字，致使合同约定的担保范围与登记不一致。这种不一致是由于登记系统设置及登记规则造成的，不能否定A农村商业银行与B经贸公司之间关于担保范围的约定，亦不能以他项权证上记载的抵押金额作为最高抵押限额。因此，A农村商业银行在最高额抵押合同约定的担保范围内对抵押物享有优先受偿权。

案情简介 2014年8月27日，B经贸公司作为借款人与A农村商业银行签订借款合同，合同约定B经贸公司向A农村商业银行借款650万元，借款到期日为 2017 年 8 月 26 日,同时对借款利息、还款时间、违约责任等进行了约定。同日,双方签订最高额抵押合同,B 经贸公司以其名下相关土地使用权为上述借款提供抵押担保,抵押合同约定:抵押人所担保的主债权在 10,602,100 元的最高余额内,抵押权人依据与 B 经贸公司签订的借款合同而享有的对债务人的债权,同时约定,抵押人最高额抵押担保的范围包括主债权本金、利息、罚息、复利、违约金、损害赔偿金以及实现抵押权的费用(包括但不限于诉讼费、律师费、评估费等)。该抵押合同签订后双方办理了抵押登记,抵押登记的抵押金额为 650 万元。借款合同到期后,B 经贸公司未按时还款。2017 年 8 月 26 日,A 农村商业银行与 B 经贸公司签订展期协议,展期金额为 6,499,000 元,展期到期日为 2018 年 8 月 25 日,同时对借款利息、还款时间、违约责任等进行了约定。展期到期后,B 经贸公司未能及时归还借款本金及利息。A 农村商业银行起诉要求判令 B 经贸公司归还借款本金及利息,并对最高额抵押合同项下的不动产抵押价值享有优先受偿权。

判决理由 关于抵押财产内容和被担保债权范围,实践中存在抵押合同约定与不动产登记记载内容不一致的现象,这种冲突通常是因为一些地区不动产登记机构提供的不动产登记簿上仅有"被担保主债权数额"或"最高债权数额"的表述,并没有设置"担保范围"这一与担保人责任范围相关的栏目,且不动产登记机构的登记规则要求此项只能填写固定数字。但实践中抵押合同的签订都是为了最大限度地保证债权人的权益,除主债权外,一般会同时将主债权利息、违约金及实现债权和抵押权的费用等约定为抵押担保的范围。

为解决上述冲突带来的现实紧迫问题,平衡各方利益,《全国法院民商事审判工作会议纪要》第 58 条明确了裁判思路和处理规则,要求分两种情况予以处理:一是一些地区而且是"多数省区市"不动产担保物权登记的系统设置和登记的规则设计不规范,从而造成不动产担保物权登记记载与担保合同约定不一致,这种情况下人民法院应当以担保合同约定来认定担保物权的担保范围。二是一些地区不动产担保物权登记的系统设置和登记的规则设计已经比较规范,担保物权登记范围与合同约定一致在该地区已经是常态或者普遍现象,这种情况下人民法院应当以登记为准认定担保物权的担保范围。此种区分规则虽然充分考虑了各地不同的实际情况,但实践中会导致各地区之间对此问题裁判不一致,因而只能说是一种过渡性的制度安排。

随着《民法典》的颁布实施,不动产登记部门对抵押权登记信息进行了完善,为了适应这一新的变化,亦为了契合《民法典》第 216 条第 1 款关于"不动产登记簿是物权归属和内容的根据"的规定,《担保制度解释》第 47 条对于抵押财产、被担保的债权范围等出现合同约定与抵押登记不一致时的认定问题进行了相应规定:"不动产登记簿就抵押财产、被担保的债权范围等所作的记载与抵押合同约定不一致的,人民法院应当根据登记簿的记载确定抵押财产、被担保的债权范围等事项。"如此,在合同约定与抵押登记不一致时,抵押权担保范围的认定有了统一规范,即以不动产登记簿记载为准予以确定。尚需注意的是,根据担保的从属性,如果不动产登记簿记载的被担保债权范围大于担保合同约定的被担保债权范围,则应当依据担保合同的约定来确定抵押权人优先受偿的范围。

本案中,合同约定与抵押登记的抵押权担保范围不一致系因登记系统设置及登记规则造成,并非 A 农村商业银行的原因,不能因此否认双方关于抵押担保范围的约定,故不能以他项权证上记载的抵押金额作为最高抵押限额。故 A 农村商业银行依法应在最高额抵押合同约定的担保范围内对抵押物享有优先受偿权。非一人独资公司对外提供担保时,若相对人即担保权人不能证明公司就提供担保事宜经过了其股东会等机关决议同意,又不能证明公司章程对担保事宜持同意态度,应认定相对人未尽到善意审查义务,该担保合同或条款对提供担保的公司不发生法律效力。

第十一章　建设工程施工合同风险防控

【本章导论】

建设工程合同,是指承包人进行工程的勘察、设计、施工等行为,发包人支付价款的合同。它包括工程勘察合同、工程设计合同和工程施工合同。其中,工程施工合同纠纷在司法实践中最为常见,故而本章聚焦于建设工程施工合同风险防控的介绍。建设工程施工合同是诺成合同、要式合同、双务有偿合同,本质上为一种承揽合同;合同标的为建设工程,工作成果为不动产;合同主体只能是单位,承包人必须具有相应资质;此类合同具有较强的国家管理性、计划性和程序性。建设工程施工合同纠纷,常聚焦于以下问题:合同效力、挂靠施工、工程转包、工程分包、劳务分包、内部承包、"背靠背"条款、工程质量、工期要求、工程价款、工程款利息、优先受偿权。前述问题亦是建设工程施工合同的防控要点。

风险防控要点之一:合同特别要件

(一)建设工程施工合同的特征与特别生效要件

建设工程施工合同在本质上属于承揽合同,遵循"有结果,才有报酬"的规则,承包人请求支付报酬的前提是,工程质量合格。与一般承揽合同不同的是,建设工程施工合同的标的物是"建设工程",法律对合同主体资格有特殊要求,合同当事人一方(承包人)具有相应资质,是建设工程合同生效要件之一。此外,建设工程合同是要式合同,应当采用书面形式。[1]

（二）建设工程施工合同被认定为无效之情形

1. 建设工程必须进行招标而未招标或者中标无效的。中标无效的情形主要有:(1)投标人相互串通投标或者与招标人串通投标;(2)投标人以向招标人或者评标委员会成员行贿的手段谋取中标;(3)投标人以他人名义投标或者以其他方式弄虚作假骗取中标;(4)招标人在评标委员会依法推荐的中标候选人以外确定中标人;(5)依法必须进行招标的项目在所有投标被评标委员会否决后自行确定中标人;(6)招标代理机构泄露应当保密的与招标投标活动有关的情况和资料,影响中标结果的;(7)招标代理机构与招标人、投标人串通损害国家利益、社会公共利益或者他人合法权益,影响中标结果的;(8)依法必须进行招标的项目的招标人向他人透露已获取招标文件的潜在投标人的名称、数量或者可能影响公平竞争的有关招标投标的其他情况,或者泄露标底,影响中标结果的;(9)依法必须进行招标的项目,招标人违反法律规定,与投标人就投标价格、投标方案等实质性内容进行谈判,影响中标结果的。

2. 发包人未取得建设工程规划许可证而订立的建设工程施工合同。发包人未取得建设工程规划许可证等规划审批手续的,建设工程施工合同无效,但发包人在起诉前取得建设工程规划许可证等规划审批手续的除外。发包人能够办理审批手续而未办理,并以未办理审批手续为由请求确认建设工程施工合同无效的,人民法院不予支持。

3. 承包人未取得建筑业企业资质或者超越资质等级而订立的建设工程施工合同。例外的是,承包人超越资质等级许可的业务范围签订建设工程施工合同,在建设工程竣工前取得相应资质等级,当事人请求按照无效合同处理的,人民法院不予支持。

4. 没有资质的实际施工人借用有资质的建筑施工企业名义而订立的建设工程施工合同(详见下文"风险防控要点之三:挂靠施工后果")。

5. 承包人因转包建设工程与他人签订的建设工程施工合同(详见下文"风险防控要点之二:非法转包后果")。

---

[1] 参见《民法典》第789条规定。

6. 承包人因违法分包建设工程与他人签订的建设工程施工合同(详见下文"风险防控要点之四:工程分包后果")。

(三)建设工程施工合同被认定为无效之后果

承包人(施工方)能否取得报酬,关键看"结果"(工程质量是否合格),而非看合同有效与否。合同无效但是工程质量合格的,可参考合同关于工程款的约定折价补偿承包人。合同无效且工程不合格,修复后合格的,承包人可请求报酬,但应承担修复费。合同无效、工程不合格且修复后仍不合格的,承包人不得请求报酬。

【风险提示】必须招标而未招标所签订的建设工程合同无效

《招标投标法(2017修正)》第3条规定:"在中华人民共和国境内进行下列工程建设项目包括项目的勘察、设计、施工、监理以及与工程建设有关的重要设备、材料等的采购,必须进行招标:(一)大型基础设施、公用事业等关系社会公共利益、公众安全的项目;(二)全部或者部分使用国有资金投资或者国家融资的项目;(三)使用国际组织或者外国政府贷款、援助资金的项目。前款所列项目的具体范围和规模标准,由国务院发展计划部门会同国务院有关部门制订,报国务院批准。法律或者国务院对必须进行招标的其他项目的范围有规定的,依照其规定。"

国家发展和改革委员会在2018年制定的《必须招标的工程项目规定》第2条指出,《招标投标法》第3条规定必须招标的"全部或者部分使用国有资金投资或者国家融资的项目"包括:(1)使用预算资金200万元以上,并且该资金占投资额10%以上的项目;(2)使用国有企业事业单位资金,并且该资金占控股或者主导地位的项目。《必须招标的工程项目规定》第3条规定,《招标投标法》第3条规定必须招标的"使用国际组织或者外国政府贷款、援助资金的项目"包括:(1)使用世界银行、亚洲开发银行等国际组织贷款、援助资金的项目;(2)使用外国政府及其机构贷款、援助资金的项目。《必须招标的工程项目规定》第5条规定:"本规定第二条至第四条规定范围内的项目,其勘察、设计、施工、监理以及与工程建设有关的重要设备、材料等的采购达到下列标准之一的,必须招标:(一)施工单项合同估算价在400万元人民币以上……"

国家发展和改革委员会在2018年制定的《必须招标的基础设施和公用

事业项目范围规定》第2条规定了以下项目必须要招标:(1)煤炭、石油、天然气、电力、新能源等能源基础设施项目;(2)铁路、公路、管道、水运,以及公共航空和A1级通用机场等交通运输基础设施项目;(3)电信枢纽、通信信息网络等通信基础设施项目;(4)防洪、灌溉、排涝、引(供)水等水利基础设施项目;(5)城市轨道交通等城建项目。

风险防控要点之二:非法转包后果

(一)转包的法律概念

关于"转包"的概念,国务院《建设工程质量管理条例(2019修订)》第78条第3款指出:"本条例所称转包,是指承包单位承包建设工程后,不履行合同约定的责任和义务,将其承包的全部建设工程转给他人或者将其承包的全部建设工程肢解以后以分包的名义分别转给其他单位承包的行为。"

(二)禁止转包的规定

《民法典》第791条第2款规定:"承包人不得将其承包的全部建设工程转包给第三人或者将其承包的全部建设工程支解以后以分包的名义分别转包给第三人。"《建筑法》第28条规定:"禁止承包单位将其承包的全部建筑工程转包给他人,禁止承包单位将其承包的全部建筑工程肢解以后以分包的名义分别转包给他人。"

(三)认定转包的情形

住房和城乡建设部《建筑工程施工发包与承包违法行为认定查处管理办法》(建市规〔2019〕1号)第8条规定:"存在下列情形之一的,应当认定为转包,但有证据证明属于挂靠或者其他违法行为的除外:(一)承包单位将其承包的全部工程转给其他单位(包括母公司承接建筑工程后将所承接工程交由具有独立法人资格的子公司施工的情形)或个人施工的;(二)承包单位将其承包的全部工程肢解以后,以分包的名义分别转给其他单位或个人施工的;(三)施工总承包单位或专业承包单位未派驻项目负责人、技术负责人、质量管理负责人、安全管理负责人等主要管理人员,或派驻的项目负责人、技术负责人、质量管理负责人、安全管理负责人中一人及以上与施工单位没有订立劳动合同且没有建立劳动工资和社会养老保险关系,或派驻的项目负责人未对该工程的施工活动进行组织管理,又不能进行合理解释并提供相应证明的;(四)合同约定由承包单位负责采购的主要建筑材料、构配件及工程设备或租赁的施工机械设备,由其他单位或个人采购、租赁,或施工单位不能提供有关采购、租赁合同及发票等证明,又不能进行合理解释并提供相应证明的;(五)专业作业承包人承包的范围是承包单位承包的全部工程,专业作业承包人计取的是除上缴给承包单位'管理费'之外的全部工程价款的;(六)承包单位通过采取合作、联营、个人承包等形式或名义,直接或变相将其承包的全部工程转给其他单位或个人施工的;(七)专业工程的发包单位不是该工程的施工总承包或专业承包单位的,但建设单位依约作为发包单位的除外;(八)专业作业的发包单位不是该工程承包单位的;(九)施工合同主体之间没有工程款收付关系,或者承包单位收到款项后又将款项转拨给其他单位和个人,又不能进行合理解释并提供材料证明的。两个以上的单位组成联合体承包工程,在联合体分工协议中约定或者在项目实际实施过程中,联合体一方不进行施工也未对施工活动进行组织管理的,并且向联合体其他方收取管理费或者其他类似费用的,视为联合体一方将承包的工程转包给联合体其他方。"

【风险提示】工程转包的后果

建设工程领域,一切形式的转包都是非法的。承包人承揽工程之后又转包给他人,不仅严重违反了诚信原则、破坏了合同的信赖关系和稳定性,而且该行为对工程质量和施工安全具有极大的危害性。承包人将其承揽的工程转包的,将发生以下法律后果:

(1)基于工程转包而签订的建设工程施工合同无效。《建设工程施工合同解释(一)》(法释〔2020〕25号)第1条第2款规定:"承包人因转包、违法分包建设工程与他人签订的建设工程施工合同,应当依据民法典第一百五十三条第一款及第七百九十一条第二款、第三款的规定,认定无效。"

(2)发包人有单方解除合同的权利。《民法典》第806条规定:"承包人将建设工程转包、违法分包的,发包人可以解除合同。……合同解除后,已经完成的建设工程质量合格的,发包人应当按照约定支付相应的工程价款;已经完成的建设工程质量不合格的,参照本法第七百九十三条的规定处理。"

(3)转包行为人将受行政处罚。住房和城乡建设部《建筑工程施工发包与承包违法行为认定查处管理办法》(建市规〔2019〕1号)第15条规定,对认定有转包行为的施工单位,可依法限制其参加工程投标活动、承揽新的工程项目,并对其企业资质是否满足资质标准条件进行核查,对达不到资质标准要求的限期整改,整改后仍达不到要求的,资质审批机关撤回其资质证书;对2年内发生2次及以上转包行为的施工单位,应当依法按照情节严重情形给予处罚;因转包行为导致发生质量安全事故的,应当依法按照情节严重情形给予处罚。

风险防控要点之三:挂靠施工后果

(一)挂靠的概念

挂靠即借用施工资质的行为,借用他人资质一方称为"挂靠人",出借资质给他人使用一方称为"被挂靠人"。住房和城乡建设部《建筑工程施工发包与承包违法行为认定查处管理办法》第9条规定:"本办法所称挂靠,是指单位或个人以其他有资质的施工单位的名义承揽工程的行为。前款所称承揽工程,包括参与投标、订立合同、办理有关施工手续、从事施工等活动。"

(二)挂靠的类型

常见的挂靠类型包括:(1)没有资质的单位或个人借用其他施工单位的资质承揽工程的。(2)有资质的施工单位相互借用资质承揽工程的,包括资质等级低的借用资质等级高的,资质等级高的借用资质等级低的,相同资质等级相互借用的。(3)没有施工总承包资质的施工企业借用有施工总承包资质的施工企业的名义承揽工程。(4)以名义上的联营、合作、内部承包等其他方式变相允许他人以本企业的名义承揽工程。无论是上述哪种类型的挂靠,都有一个共同特征:借用资质一方(挂靠人)自筹资金、自行组织施工、自负盈亏,出借施工资质一方(被挂靠人)只收取管理费,不参与工程施工、管理,不承担技术、质量和经济责任。[1]

---

〔1〕 参见袁继尚:《建设工程施工合同纠纷疑难问题研究》,法律出版社2021年版,第9页。

（三）挂靠的后果

在挂靠施工的情形,挂靠人、被挂靠人和发包人等三方主体存在两个合同关系:一是挂靠合同关系,二是建设工程施工合同关系。挂靠合同违反《建筑法》第 26 条、《民法典》第 153 条之效力性强制性规定,故而无效。挂靠人以被挂靠人的名义与发包人签订的建设工程施工合同是否有效,取决于发包人是否为善意,即在签订建设工程施工合同时,发包人是否知道挂靠情形。如果发包人不知道挂靠情形,且其有理由相信被挂靠人就是承包人,则建设工程施工合同有效,合同直接约束发包人和被挂靠人。如果发包人在签订建设工程施工合同时知道挂靠情形,则该合同为通谋虚伪表示,根据《民法典》第 146 条之规定,应认定该建设工程施工合同为无效合同。

【风险提示】挂靠与转包应作区分

在实务中,挂靠与转包不易区分,但二者的法律后果明显不同,故而应作区分。(1)就法律后果而言,在转包的情形,虽然转包人与实际施工人签订的转包合同无效,但是转包人与发包人签订的建设工程施工合同效力不受影响。实际施工人以发包人为被告主张权利的,人民法院应当追加转包人为本案第三人,在查明发包人欠付转包人工程款数额后,判决发包人在欠付工程款范围内对实际施工人承担责任。在挂靠情形,如果发包人知道挂靠情况,则挂靠人以被挂靠人名义与发包人签订的建设工程施工合同属于无效合同,而挂靠人通常也只能向发包人主张工程款。(2)就构成要件而言,挂靠一般是挂靠人一方通过私下运作先基本谈妥承揽事项后,再向符合施工资质要求的建筑企业(被挂靠人)借用资质,或者挂靠人以被挂靠人的名义参与投标、签订合同等。而转包通常是转包人先承揽工程后,再将工程转包给他人。挂靠通常是挂靠人(实际施工人)借用被挂靠人的资质,直接从发包人处承揽工程。(3)挂靠与转包的根本区别在于,建设工程施工合同及其补充协议是否完全系承包人与发包人的合意、实际施工人是否参与了建设工程施工合同的缔约过程。如果建设工程施工合同及其补充协议完全是承包人与发包人的合意,是承包人在承揽工程后将工程转包给实际施工人,在缔约阶段实际施工人并没有与发包人接触,并且没有参与施工合同及其补充协议的缔约过程,则应认定为"转包"。但如果在缔约阶段,实际施工人已经与发包人进行了接触,并已经参与了建设工程施工合同或其补充协议的缔约过程,则建设工程施工合同或其补充协议则已不是(至少不完全是)承包人与发包人的合意了,此种情形就不应该认定为"转包",而应认定为"挂靠"。

风险防控要点之四:工程分包后果

工程分包(又称项目分包),指承包人将其对合同的部分权利义务让与第三人,与合同权利义务的概况转让(转包)不同的是,承包人并不因此而免除其对分包部分的合同义务。[1] 工程分包,有合法分包与违法分包之分。

(一)合法分包的要件

工程合法分包,必须要满足以下条件:(1)总承包人与发包人(建设单位)签订的建设工程合同合法有效。(2)总承包人将工程分包给他人,须经发包人同意或认可。(3)分包的项目不能是建筑工程主体结构,即建筑工程主体结构的施工应由总承包人自行完成。(4)工程分包的对象须是具备相应资质条件的单位。

工程合法分包的法律后果,一是关于分包合同效力方面,总承包单位和分包单位就分包工程订立之建设工程分包合同合法有效,总承包单位和分包单位应严格履行各自的合同义务,如有一方违反分包合同约定,对方可基于分包合同追究其违约责任。二是关于法律责任方面,建筑工程总承包单位按照总承包合同的约定对建设单位负责;分包单位按照分包合同的约定对总承包单位负责;总承包单位和分包单位就分包工程对建设单位承担连带责任。

(二)违法分包的情形

国务院《建设工程质量管理条例(2019修订)》第78条第2款规定:"本条例所称违法分包,是指下列行为:(一)总承包单位将建设工程分包给不具备相应资质条件的单位的;(二)建设工程总承包合同中未有约定,又未经建设单位认可,承包单位将其承包的部分建设工程交由其他单位完成的;

---

[1] 参见最高人民法院民事审判第一庭编著:《最高人民法院新建设工程施工合同司法解释(一)理解与适用》,人民法院出版社2021年版,第24页。

(三)施工总承包单位将建设工程主体结构的施工分包给其他单位的;(四)分包单位将其承包的建设工程再分包的。"

住房和城乡建设部《建筑工程施工发包与承包违法行为认定查处管理办法》(建市规〔2019〕1号)第12条规定:"存在下列情形之一的,属于违法分包:(一)承包单位将其承包的工程分包给个人的;(二)施工总承包单位或专业承包单位将工程分包给不具备相应资质单位的;(三)施工总承包单位将施工总承包合同范围内工程主体结构的施工分包给其他单位的,钢结构工程除外;(四)专业分包单位将其承包的专业工程中非劳务作业部分再分包的;(五)专业作业承包人将其承包的劳务再分包的;(六)专业作业承包人除计取劳务作业费用外,还计取主要建筑材料款和大中型施工机械设备、主要周转材料费用的。"

【风险提示】违法分包的法律后果

(1)关于分包合同的效力问题,根据《建设工程施工合同解释(一)》第1条第2款的规定,承包人因违法分包建设工程与他人签订的建设工程施工合同,应当认定无效。(2)关于发包人的单方解约权问题,根据《民法典》第806条的规定,承包人将建设工程违法分包的,发包人可以解除合同;合同解除后,已经完成的建设工程质量合格的,发包人应当按照约定支付相应的工程价款;已经完成的建设工程质量不合格的,参照《民法典》第793条的规定处理。

风险防控要点之五:劳务分包后果

(一)劳务分包的概念

根据住房和城乡建设部《房屋建筑和市政基础设施工程施工分包管理办法(2019修正)》第5条的规定,施工分包分为专业工程分包和劳务作业分包。其中,(1)专业工程分包(项目分包),是指施工总承包企业(专业分包工程发包人)将其所承包工程中的专业工程发包给具有相应资质的其他建筑业企业(专业分包工程承包人)完成的活动。(2)劳务作业分包(劳务分包),是指施工总承包企业或者专业承包企业(劳务作业发包人)将其承包工程中的劳务作业发包给劳务分包企业(劳务作业承包人)完成的活动。

(二)劳务分包的类型

住房和城乡建设部《建筑业劳务分包企业资质标准》(2001年3月)规定了13种劳务作业分包,分别是木工作业、砌筑作业、抹灰作业、石制作、油漆作业、钢筋作业、混凝土作业、脚手架作业、模板作业、焊接作业、水暖电安装作业、钣金作业、架线作业。前述《建筑业劳务分包企业资质标准》规定了每种作业的承包人都分别应当具备相应的资质等级标准及作业的具体范围。

住房和城乡建设部《建筑业企业资质管理规定(2018修正)》第5条第2款规定:"施工劳务资质不分类别与等级。"这表明行业主管部门对于建筑工程劳务分包的强制性约束在逐步放松。2016年以来,浙江、安徽、陕西、山东等省份开展建筑劳务用工制度改革试点,取消劳务资质办理和资质准入。2020年12月18日,住房和城乡建设部会同国家发展和改革委员会等共十二个部门颁布了《住房和城乡建设部等部门关于加快培育新时代建筑产业工人队伍的指导意见》指出"改革建筑施工劳务资质,大幅降低准入门槛"。由此可见,随着"放管服"改革的不断深化,劳务分包企业的资质要求将逐步淡化。[1]

(三)劳务分包的效力

《建设工程施工合同解释(一)》第5条规定:"具有劳务作业法定资质的承包人与总承包人、分包人签订的劳务分包合同,当事人请求确认无效的,人民法院依法不予支持。"有疑问的是,不具有劳务作业法定资质的承包人与总承包人、分包人签订的劳务分包合同效力如何? 在以往的司法实践中,确有不少将不具备相应资质的劳务分包企业所签订的劳务分包合同认定为无效的情况。然而,住房和城乡建设部2016年4月批准在浙江、安徽、陕西三省开展建筑劳务用工制度改革试点,取消劳务资质办理和资质准入,山东省也自2017年12月之后不再将劳务企业资质列入建筑市场监管事项。据此,在浙江、安徽、陕西、山东等地发生的劳务分包合同纠纷,不能再以"劳务分包企业

---

[1] 参见最高人民法院民事审判第一庭编著:《最高人民法院新建设工程施工合同司法解释(一)理解与适用》,人民法院出版社2021年版,第60~61页。

不具备相应资质"为由认定劳务分包合同无效。此外,《住房和城乡建设部等部门关于加快培育新时代建筑产业工人队伍的指导意见》中提出,要"改革建筑施工劳务资质,大幅降低准入门槛"。因此,劳务分包企业不具有相应资质原则上属于《民法典》第153条规定的不导致合同无效的情形,不应当轻易认定劳务分包合同无效。[1]

【风险提示】劳务分包与转包、项目分包的区别

劳务分包与转包、项目分包不同。(1)转包性质为合同权利义务的概括转移,转包之后,承包人不再享有合同权利,也无须承担合同义务。建设工程转包为法律禁止。(2)项目分包,即承包人将工程部分项目分包给他人,就分包人所完成的工作成果,承包人须与分包人对发包人承担连带责任。分包须经发包人同意。分包人不得将项目再分包给他人。(3)劳务分包,是将项目涉及的劳务分包给他人,承包人须就分包人完成的劳务对发包人承担责任。项目总承包人、分包人可以将项目涉及劳务,分包给具有劳务作业法定资质的承包人。

风险防控要点之六:内部承包效力

(一)内部承包的概念

建筑企业的内部承包关系是指建设工程施工合同中的建筑企业的下属分支机构或职工承包全部或部分工程施工,建筑企业对其下属分支机构或职工的工程施工过程及质量等进行监督管理,对外承担施工合同的权利义务,是建筑企业的一种内部经营方式。[2] 建筑领域的内部承包,其优点在于:可以充分调动施工企业内部员工的积极性,释放企业生产力;其缺点在于:如果缺乏有效的监管,内部承包将可能偏离正常轨道,而转变成非法转包、违法分包或者挂靠。

---

[1] 参见最高人民法院民事审判第一庭编著:《最高人民法院新建设工程施工合同司法解释(一)理解与适用》,人民法院出版社2021年版,第67页。

[2] 参见最高人民法院民事判决书,(2019)最高法民再329号。

(二) 内部承包的要件

在建筑领域实践中,内部承包较为常见。内部承包须满足三个条件:(1) 内部承包人须是施工企业的下属分支机构或本企业职工。如果内部承包人是个人,则要求施工企业与内部承包人存在合法的劳动关系。劳动关系的判断要件有三:一是劳动合同;二是工资支付凭证;三是社保缴纳凭证。(2) 内部承包人须在施工企业的管理和监督下进行项目施工,施工现场的项目经理和其他管理人员由施工企业统一任免。(3) 项目施工所需的人、材、机及资金,由施工企业协调支持。[1]

(三) 内部承包的效力

地方司法文件对内部承包合同的效力多持肯定态度。《北京市高级人民法院关于审理建设工程施工合同纠纷案件若干疑难问题的解答》(京高法发〔2012〕245号)第5条提出:"建设工程施工合同的承包人将其承包的全部或部分工程交由其下属的分支机构或在册的项目经理等企业职工个人承包施工,承包人对工程施工过程及质量进行管理,对外承担施工合同权利义务的,属于企业内部承包行为;发包人以内部承包人缺乏施工资质为由主张施工合同无效的,不予支持。"

《浙江省高级人民法院民事审判第一庭关于审理建设工程施工合同纠纷案件若干疑难问题的解答》(2012年)第1条提出:"建设工程施工合同的承包人与其下属分支机构或在册职工签订合同,将其承包的全部或部分工程承包给其下属分支机构或职工施工,并在资金、技术、设备、人力等方面给予支持的,可认定为企业内部承包合同。当事人以内部承包合同的承包方无施工资质为由,主张该内部承包合同无效的,不予支持。"

《福建省高级人民法院关于审理建设工程施工合同纠纷案件疑难问题的解答》第1条提出:"建设工程施工合同的承包人与其下属分支机构或职工就所承包的全部或部分工程施工所签订的承包合同为企业内部承包合同,属建筑施工企业的一种内部经营方式,法律和行政法规对此并不禁止,承包人仍应对工程施工过程及质量等进行管理,对外承担施工合同的权利义务。当事人以内部承包合同的承包方无施工资质为由主张合同无效的,不予支持。"

---

[1] 参见袁继尚:《建设工程施工合同纠纷疑难问题研究》,法律出版社2021年版,第15~16页。

【风险提示】内部承包人为自然人的,须以其与总承包人存在劳动关系为前提

在中城投集团第五工程局有限公司、徐某某建设工程施工合同纠纷一案,最高人民法院再审指出:"判断是否构成职工内部承包关系的前提是当事人之间是否具有劳动关系。中城投五局认可其与徐某某之间并无劳动合同,也未给徐某某支付工资及缴纳社会保险,因此,其未能证明双方存在劳动关系,对于中城投五局与徐某某内部承包关系,本院不予采信。"[1]

风险防控要点之七:"背靠背"条款

(一)"背靠背"条款的概念

为转移支付风险、减轻垫资压力,承包人在与分包人签订分包合同时,有可能利用其缔约地位优势,订入"背靠背"条款。建设工程"背靠背"条款,是指建设工程分包合同中负有付款义务的承包人要求订入合同之中的,以其收到发包人的工程款作为其支付分包人工程款的前提之条款,核心为以发包人支付为前提,发包人未向承包人支付的,承包人有权向分包人拒付。目的是转移承包人的支付风险、减轻其资金压力。

(二)"背靠背"条款的效力

"背靠背"条款并非《民法典》总则编规定的"民事法律行为附条件和附期限",而是当事人关于工程款支付条件的约定,故而不能参照附条件或附期限的规定。"背靠背"条款是否有效?司法实践观点不一。(1)认为"背靠背"条款有效的理由主要有三:一是法律规范层面尚无"背靠背"条款无效的规定。二是"背靠背"条款系合同当事人真实意思表示,意思自治是私法的基本原则。三是"背靠背"条款本身具有合理性,双方当事人均是商事主体,能够根据自身风险承受能力决定是否接受此种条款。[2] (2)认为"背靠背"条款

---

[1] 参见最高人民法院民事裁定书,(2019)最高法民申4783号。
[2] 参见《北京市高级人民法院关于审理建设工程施工合同纠纷案件若干疑难问题的解答》第22条规定;湖北省高级人民法院民事裁定书,(2016)鄂民终1045号;重庆市高级人民法院民事裁定书,(2018)渝民申1281号。

无效的理由主要有二:一是承包人和分包人之间应当遵循合同相对性原则,"背靠背"条款违反了合同相对性,发包人与分包人并非分包合同的两造,以发包人付款作为分包合同的付款前提,该约定明显有违公平。二是"背靠背"条款属于排除对方主要权利的格式条款,故属无效,应被排除适用。[1]

【风险提示】"背靠背"条款对总承包人和分包人的风险

"背靠背"条款对于总承包人等而言,风险点在于,该条款得不到人民法院支持时,如果业主不能及时付款,则无法达到转嫁风险的目的。总承包人可采取如下防控措施:(1)"背靠背"条款书写完整、规范,表达清晰、明确,并用醒目的方式呈现出来。(2)积极向业主主张工程价款债权,并保留相应的证据,同时向分包人披露索要工程价款的进度。如业主无故拖延结算或未能按约定付款,可通过诉讼主张工程价款债权。

"背靠背"条款对于分包人等而言,风险点在于,该条款有可能得到人民法院支持。如果"背靠背"条款被认定有效,则一旦有业主未能按约定付款,分包人对总承包人的工程款债权可能无法实现,而且将影响工程价款利息的起算时间。分包人可采取如下防控措施:(1)慎重对待"背靠背"条款,充分考虑该条款带来的风险,该拒绝时就拒绝。(2)对"背靠背"条款加以限制以降低分包人的风险。比如,增加"若业主逾期付款超过2个月,双方上述约定作废"等内容。(3)若总承包人拖延结算或怠于行使到期债权,分包人可向业主提起代位权之诉。[2]

风险防控要点之八:工程质量责任

(一)工程质量责任性质

工程质量是建设工程合同的重要内容。确保建设工程质量合格,是承包人的最基本义务,既是承包人的合同义务(主给付义务),又是承包人的法定

---

[1] 参见韩浩:《对建设工程分包合同中"背靠背"条款的司法规制》,载《人民司法》2023年第7期;最高人民法院民事裁定书,(2021)最高法民申4924号。

[2] 参见袁继尚:《建设工程施工合同纠纷疑难问题研究》,法律出版社2021年版,第237页。

义务。承包人未能提供质量合格的建设工程,应向发包人承担违约责任。如果因工程质量缺陷致人损害,建设单位与施工单位要承担连带责任(侵权责任)。

(二)工程质量责任主体

工程质量的责任主体主要是承包人,在例外情形中,发包人也须承担工程质量责任。承包人的工程质量责任遵循无过错责任归责原则,只要承包人交付的工程质量不合格,无论其主观有无过错,都应承担工程质量责任。承包人可以免责(或减责)的正当事由是"发包人对工程质量不合格存在过错"。[1]《建设工程施工合同解释(一)》(法释〔2020〕25号)第13条第1款规定:"发包人具有下列情形之一,造成建设工程质量缺陷,应当承担过错责任:(一)提供的设计有缺陷;(二)提供或者指定购买的建筑材料、建筑构配件、设备不符合强制性标准;(三)直接指定分包人分包专业工程。"

(三)工程质量的检查与验收

在施工过程中,发包人享有检查权,在施工结束后,发包人有权组织相关人员进行验收。(1)关于建设工程质量检查,《民法典》第797条规定:"发包人在不妨碍承包人正常作业的情况下,可以随时对作业进度、质量进行检查。"第798条规定:"隐蔽工程在隐蔽以前,承包人应当通知发包人检查。发包人没有及时检查的,承包人可以顺延工程日期,并有权请求赔偿停工、窝工等损失。"(2)关于建设工程竣工验收,《民法典》第799条规定:"建设工程竣工后,发包人应当根据施工图纸及说明书、国家颁发的施工验收规范和质量检验标准及时进行验收。验收合格的,发包人应当按照约定支付价款,并接收该建设工程。建设工程竣工经验收合格后,方可交付使用;未经验收或者验收不合格的,不得交付使用。"《建设工程施工合同解释(一)》(法释〔2020〕25号)第14条规定:"建设工程未经竣工验收,发包人擅自使用后,又以使用部分质量不符合约定为由主张权利的,人民法院不予支持;但是承包人应当在建设工程的合理使用寿命内对地基基础工程和主体结构质量承担民事责任。"

---

[1]《民法典》第793条第3款规定:"发包人对因建设工程不合格造成的损失有过错的,应当承担相应的责任。"

承包人交付的建设工程应符合合同约定的交付条件及相关工程验收标准。但工程验收合格不等于工程真正合格,因施工人的原因发生质量事故的,其依法仍应承担民事责任。任何法律、法规均没有建设工程一经验收合格,施工人对之后出现的任何质量问题均可免责的规定。[1] 建设工程实际存在明显的质量问题,承包人以工程竣工验收合格证明等主张工程质量合格的,人民法院不予支持。[2] 未经竣工验收擅自使用,只是推定工程质量合格,并不能免除承包人对案涉工程质量的保修义务。[3]

(四)承包人的工程质量责任

1. 合同责任

施工方(承包人)对建设工程应承担的质量责任(合同责任),包括对工程施工中出现的质量问题及经验收不合格工程应承担的质量返修责任,以及对经验收合格的工程在使用过程中出现的质量问题应承担的保修责任。[4]《民法典》第801条规定:"因施工人的原因致使建设工程质量不符合约定的,发包人有权请求施工人在合理期限内无偿修理或者返工、改建。经过修理或者返工、改建后,造成逾期交付的,施工人应当承担违约责任。"

建设工程质量不合格,发包人有权请求施工人承担修复责任。有疑问的是,建设工程质量不合格,发包人拒绝由承包人修复而另行委托他人修复的,承包人应否承担修复费用?关于这一问题,有地方法院观点认为,"发包人无正当理由拒绝由承包人修复而另请他人修复的,因另请他人而增加的费用不应由承包人承担"。[5] 最高人民法院也有相关裁判文书指出,在案涉工程需要维修时,发包人应先通知承包人,只有承包人拒不维修的情况下,发包人才可自行维修,否则发包人无权向承包人主张修复费用。[6]

---

[1] 参见最高人民法院民事裁定书,(2019)最高法民申5769号。
[2] 参见最高人民法院公报案例:江苏南通二建集团有限公司与吴江恒森房地产开发有限公司建设工程施工合同纠纷案(江苏省高级人民法院二审民事判决书),载《最高人民法院公报》2014年第8期。
[3] 参见最高人民法院民事判决书,(2019)最高法民再166号。
[4] 参见最高人民法院民事判决书,(2019)最高法民再166号。
[5] 参见《福建省高级人民法院关于审理建设工程施工合同纠纷案件疑难问题的解答》第11条。
[6] 参见最高人民法院民事判决书,(2018)最高法民终92号。

2. 侵权责任

《民法典》第 802 条规定："因承包人的原因致使建设工程在合理使用期限内造成人身损害和财产损失的,承包人应当承担赔偿责任。"《建设工程施工合同解释(一)》(法释〔2020〕25 号)第 18 条规定："因保修人未及时履行保修义务,导致建筑物毁损或者造成人身损害、财产损失的,保修人应当承担赔偿责任。保修人与建筑物所有人或者发包人对建筑物毁损均有过错的,各自承担相应的责任。"

(五)工程质量保证金

建设工程质量保证金是指发包人与承包人在建设工程承包合同中约定,从应付的工程款中预留,用以保证承包人在缺陷责任期内对建设工程出现的缺陷进行维修的资金。工程质量保证金属于约定担保,而非法定担保,是否采用保证金方式,由发包人与承包人自行约定。但根据住房和城乡建设部、财政部联合印发的《建设工程质量保证金管理办法(2017 修订)》第 6 条的规定,在工程项目竣工前,已经缴纳履约保证金的,发包人不得同时预留工程质量保证金;采用工程质量保证担保、工程质量保险等其他保证方式的,发包人不得再预留保证金。发包人与承包人可以自行约定工程质量保证金的数额,但为防止发包人扣留过高保证金而影响工程施工,《建设工程质量保证金管理办法(2017 修订)》第 7 条规定了"保证金总预留比例不得高于工程价款结算总额的 3%"。

《建设工程质量保证金管理办法》还规定了担保期(缺陷责任期)的上限与起算日、担保期内的责任承担与免责事由。(1)关于担保期(缺陷责任期)的上限,该办法第 2 条规定:"缺陷责任期一般为 1 年,最长不超过 2 年,由发、承包双方在合同中约定。"(2)关于担保期(缺陷责任期)的起算日,该办法第 8 条规定:"缺陷责任期从工程通过竣工验收之日起计。由于承包人原因导致工程无法按规定期限进行竣工验收的,缺陷责任期从实际通过竣工验收之日起计。由于发包人原因导致工程无法按规定期限进行竣工验收的,在承包人提交竣工验收报告 90 天后,工程自动进入缺陷责任期。"(3)关于担保期(缺陷责任期)内的责任承担与免责事由,该办法第 9 条规定:"缺陷责任期内,由承包人原因造成的缺陷,承包人应负责维修,并承担鉴定及维修费用。如承包人不维修也不承担费用,发包人可按合同约定从保证金或银行保函中扣除，费用超出保证金额的，发包人可按合同约定向承包人进行索赔。承包人维修并承担相应费用后，不免除对工程的损失赔偿责任。由他人原因造成的缺陷，发包人负责组织维修，承包人不承担费用，且发包人不得从保证金中扣除费用。"

工程质量保证金，是发包人从应付的工程款中预留的，用以担保建设工程质量的款项。如果工程质量没问题，发包人就应该退还质保金。在以下情形，承包人有权请求发包人返还质保金：(1)约定的质保金返还期限届满；(2)没有约定返还期限的，自工程通过竣工验收起满2年；(3)因发包人原因没有竣工验收的，自竣工验收报告提交90日后当事人约定的质保金返还期限届满；(4)因发包人原因没有竣工验收，且当事人没有约定质保金返还期限的，自竣工验收报告提交90日后起满2年。发包人返还工程质量保证金后，不影响承包人根据合同约定或者法律规定履行工程保修义务。

关于工程质量保证金的退还程序，《建设工程质量保证金管理办法》第10条规定："缺陷责任期内，承包人认真履行合同约定的责任，到期后，承包人向发包人申请返还保证金。"该办法第11条规定："发包人在接到承包人返还保证金申请后，应于14天内会同承包人按照合同约定的内容进行核实。如无异议，发包人应当按照约定将保证金返还给承包人。对返还期限没有约定或者约定不明确的，发包人应当在核实后14天内将保证金返还承包人，逾期未返还的，依法承担违约责任。发包人在接到承包人返还保证金申请后14天内不予答复，经催告后14天内仍不予答复，视同认可承包人的返还保证金申请。"

【风险提示】施工人未在合理期限内修复的法律后果

因施工人的原因致使建设工程质量不符合约定的，发包人有权请求施工人在合理期限内无偿修理或者返工、改建。如果施工人在接到发包人的通知后，在合理期限内未进行修理或者返工、改建，将会产生以下法律后果：(1)如果建设工程质量不符合约定的情形较为严重，严重影响发包人对建设工程的正常使用，根据《民法典》第563条的规定，发包人可解除建设工程施工合同；(2)发包人可以建设工程质量不符合约定为由，扣减相应的建设工程价款；(3)发包人可据此在合理范围内拒绝返还施工人的工程质量保证金；(4)发包人可委托第三人修复,并请求施工人承担合理的修复费用。[1]

风险防控要点之九:工期相关要求

(一)合理工期规定

建设工期是建设工程施工合同的实质性内容。国务院《建设工程质量管理条例(2019修订)》第10条规定:"建设工程发包单位,不得迫使承包方以低于成本的价格竞标,不得任意压缩合理工期。"《第八次全国法院民事商事审判工作会议(民事部分)纪要》(法〔2016〕399号)第30条规定:"当事人违反工程建设强制性标准,任意压缩合理工期、降低工程质量标准的约定,应认定无效。"

任意压缩合理工期,违背了工程建设规律,将导致工程质量降低,故而为法律所禁止。如何判断是否构成"压缩合理工期"?各地规定有所不同。《江苏省住房和城乡建设厅关于贯彻执行〈建筑安装工程工期定额〉的通知》(苏建价〔2016〕740号)第7条规定,建设单位不得任意压缩定额工期。压缩工期超过定额工期30%以上的建筑安装工程,必须经过专家认证。《北京市住房和城乡建设委员会关于贯彻执行2009年〈北京市建设工程工期定额〉和2009年〈北京市房屋修缮工程工期定额〉有关问题的通知》第3条规定:"压缩的工期天数不得超过定额工期的30%。超过30%,视为发包人任意压缩合理工期。"但该"2009年通知"已被废止。目前施行的《北京市住房和城乡建设委员会关于执行2018年〈北京市建设工程工期定额〉和2018年〈北京市房屋修缮工程工期定额〉的通知》第3条规定,发包人压缩定额工期的幅度超过10%(不含)的,应组织专家对相关技术措施进行合规性和可行性论证,并承担相应的质量安全责任。

(二)开工日期确定

开工日期是承包人开始施工的日期,是计算工期的起点。开工日期的认

---

[1] 参见最高人民法院民法典贯彻实施工作领导小组主编:《中华人民共和国民法典合同编理解与适用(三)》,人民法院出版社2020年版,第2005~2006页。

定,(1)一般以(发包人或者监理人发出的)开工通知载明的开工日期为准;开工通知已发,但不具备开工条件的,以开工条件具备的时间为开工日;因承包人原因推迟开工的,以开工通知载明时间为准。(2)承包人经发包人同意已经实际进场施工的,以实际进场施工时间为开工日期。(3)既没有开工通知,也不能证明实际开工日的,应综合考虑开工报告、合同、施工许可证、竣工验收报告或者竣工验收备案表等载明的时间,并结合是否具备开工条件的事实,认定开工日期。

(三)竣工日期认定

竣工日期的认定,应区分三种情形:(1)正常竣工验收情形。建设工程经竣工验收合格的,以竣工验收合格之日为竣工日期。(2)发包人拖延验收情形。如果承包人已经提交竣工验收报告,而发包人基于某种原因和目的拖延验收,则以承包人提交验收报告之日为竣工日期。(3)工程未验收先使用情形。建设工程未经竣工验收,发包人擅自使用的,以转移占有建设工程之日为竣工日期。

(四)工期顺延事由

承包人未在合同约定的工期内完成工程施工的,应承担逾期竣工违约责任。关于工期顺延,或由当事人事前约定,或由当事人嗣后达成补充协议,或由法律规定。[1] 承包人顺延工期的正当事由包括:(1)发包人违约导致延误工期。《民法典》第803条规定:"发包人未按照约定的时间和要求提供原材料、设备、场地、资金、技术资料的,承包人可以顺延工程日期,并有权请求赔偿停工、窝工等损失。"(2)顺延工期征得发包人同意。承包人顺延工期的申请经发包人或者监理人签证等方式确认。(3)顺延工期的申请事由符合合同约定。《建设工程施工合同解释(一)》第10条规定:"当事人约定顺延工期应当经发包人或者监理人签证等方式确认,承包人虽未取得工期顺延的确认,但能够证明在合同约定的期限内向发包人或者监理人申请过工期顺延且顺延事由符合合同约定,承包人以此为由主张工期顺延的,人民法院应予支持。"(4)工程质量鉴定占用期间。《建设工程施工合同解释(一)》第11条规

---

[1] 参见最高人民法院民法典贯彻实施工作领导小组主编:《中华人民共和国民法典合同编理解与适用(三)》,人民法院出版社2020年版,第2022页。

定:"建设工程竣工前,当事人对工程质量发生争议,工程质量经鉴定合格的,鉴定期间为顺延工期期间。"(5)施工当地居民的阻挠。最高人民法院相关裁判指出:"因周边居民阻工影响工程施工进度,造成的工期延误显然不可归责于顺天公司(施工方)。基于公平原则,本院酌情认定因阻工应扣除工期延误天数。"[1]

【风险提示】承包人在缔约时应认真对待工期条款

承包人应在合同约定的期限内完工。承包人未在合同约定的期限内完工的,将构成"迟延履行主要债务"。在此情形中,发包人有权向承包人主张迟延履行的违约责任,甚至有权单方解除合同。因此,在建设工程施工合同签订时,承包人应认真对待工期条款,要根据工程量大小、难易程度,并结合其他因素(如招工、天气、施工环境等)科学预判工期,确立合理的合同履行期限,并在合同中详尽约定工期顺延的正当事由。

风险防控要点之十:工程价款结算

(一)工程款计价方式

承包人承揽工程的核心目的在于取得工程款,支付工程款是发包人最主要的合同义务。当事人通常会在合同中约定建设工程款的计价方式。建设工程的计价方式包括三种:(1)固定总价。合同工期较短且工程合同总价较低的工程,可以采用固定总价合同方式。(2)固定单价。双方在合同中约定综合单价包含的风险范围和风险费用的计算方法,在约定的风险范围内综合单价不再调整。风险范围以外的综合单价调整方法,应当在合同中约定。(3)可调价格。可调价格包括可调综合单价和措施费等,双方应在合同中约定综合单价和措施费的调整方法,调整因素包括:法律、行政法规和国家有关政策变化影响合同价款;工程造价管理机构的价格调整;经批准的设计变更;发包人更改经审定批准的施工组织设计(修正错误除外)造成费用增加;双方

---

[1] 参见最高人民法院民事判决书,(2018)最高法民再442号。

约定的其他因素。[1]

在合同对工程价款约定了固定价的情形下,当事人能否申请工程造价鉴定? 对于这一问题,《建设工程施工合同解释(一)》(法释〔2020〕25号)第28条规定:"当事人约定按照固定价结算工程价款,一方当事人请求对建设工程造价进行鉴定的,人民法院不予支持。"最高人民法院释义指出,对于该条的理解不能机械化,应注意几点:(1)固定价合同分为固定单价合同和固定总价合同,固定总价合同是直接确定工程的总价格,不存在计算问题。但固定单价只是确定单位面积的价格,需要确定工程量后,以单价乘以工程量得出工程价款。故在约定固定单价的情形下,如果双方对工程量未能取得一致,又不能通过现有证据确定,还是需要进行鉴定。(2)即使约定的是固定总价,若在履行过程中发生合同未约定的设计变更,通过签证等现有证据不能确定变更部分造价,对变更部分的造价仍需通过鉴定予以认定。如双方无法准确分清原固定价部分与变更部分,或是甄别的工作量巨大,使双方当事人都不愿意为之,在不得已的情况下只能对整个工程进行鉴定。[2]

(二)工程款结算规则

建设工程款结算遵循以下三条规则:(1)建设工程质量合格是工程款结算的基础。施工方能否取得工程款的关键因素是,其完成的建设工程质量是否合格。无论建设工程施工合同是否有效,只要施工方完成的建设工程质量合格,均可要求发包方支付工程款。反之,只要施工方完成的建设工程质量不合格,经修复后合格的,发包人可要求施工方承担修复费用;修复后的工程仍不合格的,施工方无权请求发包人支付工程款。(2)工程款结算首先应按照当事人的约定处理。即便建设工程施工合同无效,只要建设工程质量合格(包括经修复后的工程质量合格),工程款结算原则上也应参照合同的约定。(3)当事人对工程款计价方法或者计价标准没有约定,或者约定不明且穷尽一切方法仍不能明确的,则参照签订建设工程施工合同时当地建设行政主管部门发布的计价方法或者计价标准结算工程价款。

---

[1] 参见财政部、建设部联合印发的《建设工程价款结算暂行办法》(财建〔2004〕369号)第8条。
[2] 参见最高人民法院民事审判第一庭编著:《最高人民法院新建设工程施工合同司法解释(一)理解与适用》,人民法院出版社2021年版,第331~332页。

建设工程因设计变更，会导致工程量或者工程质量的变化。《建设工程施工合同解释(一)》第19条第2款规定："因设计变更导致建设工程的工程量或者质量标准发生变化，当事人对该部分工程价款不能协商一致的，可以参照签订建设工程施工合同时当地建设行政主管部门发布的计价方法或者计价标准结算工程价款。"这一规定可从以下三方面解读：(1)协商不成，参照的是"合同签订时"当地建设行政主管部门发布的计价方法或者计价标准结算工程价款。合同从签订到履行，再到履行完毕(验收合格并交付工程)，是一个动态的过程。选择"合同签订时"的计价标准，符合《民法典》第511条第2款之规定。[1] (2)协商不成，参照的是合同签订时"当地"建设行政主管部门发布的计价方法或者计价标准，此处的"当地"并非合同签订地，而是建设工程所在地(合同履行地)。(3)参照合同签订时当地建设行政主管部门发布的计价方法或者计价标准结算工程价款，只能是"工程量和工程质量发生变化部分"，对于未发生变化部分，则仍应按照原来合同的约定计价。

建设工程合同无效情形的工程款如何结算这一问题，《民法典》第793条有明确规定，[2] 本章前文亦有提及，在此不赘述。有疑问的是，合同有效但工程验收不合格，应如何处理？《建设工程施工合同解释(一)》第19条第3款规定："建设工程施工合同有效，但建设工程经竣工验收不合格的，依照民法典第五百七十七条规定处理。"这一规定可从以下三方面解读：(1)建设工程合同有效，工程验收不合格的，发包人可以要求承包人采取补救措施，对瑕疵工程进行修复。修复费用由承包人自行承担，因修复工程导致延期交付对发包人造成损失的，承包人应当赔偿相应的损失。(2)承包人拒不采取补救措施或其无力采取补救措施的，发包人可以寻找其他具有修复能力的企业修复瑕疵工程，该修复费用应由原承包人承担，逾期造成的损失亦由原承包人承

---

[1]《民法典》第511条规定："当事人就有关合同内容约定不明确，依据前条规定仍不能确定的，适用下列规定：……(二)价款或者报酬不明确的，按照订立合同时履行地的市场价格履行；依法应当执行政府定价或者政府指导价的，依照规定履行。"

[2]《民法典》第793条规定："建设工程施工合同无效，但是建设工程经验收合格的，可以参照合同关于工程价款的约定折价补偿承包人。建设工程施工合同无效，且建设工程经验收不合格的，按照以下情形处理：(一)修复后的建设工程经验收合格的，发包人可以请求承包人承担修复费用；(二)修复后的建设工程经验收不合格的，承包人无权请求参照合同关于工程价款的约定折价补偿。发包人对因建设工程不合格造成的损失有过错的，应当承担相应的责任。"

担。(3)瑕疵工程无法通过修复方式使其达到验收标准的,则应当予以拆除,由此造成的损失应由承包人承担,承包人还应向发包人承担违约责任。[1]

(三)工程量确认依据

《建设工程施工合同解释(一)》第 20 条规定:"当事人对工程量有争议的,按照施工过程中形成的签证等书面文件确认。承包人能够证明发包人同意其施工,但未能提供签证文件证明工程量发生的,可以按照当事人提供的其他证据确认实际发生的工程量。"

当事人对工程量发生争议时,签证是确认工程量的基本依据。签证是指发包人现场代表(或其授权的监理人、工程造价咨询人)与承包人现场代表就施工过程中涉及的责任事件所作的签认证明,其构成要件有三:(1)工程签证的主体为发、承包人及其代理人;(2)工程签证的性质为发、承包人之间达成的补充协议,其应满足一般合同的成立要件和生效要件;(3)工程签证的内容是施工过程中涉及的影响当事人权利义务的责任事件,包括工程量、工程款、工期等核心要素。其他据以确认工程量的证据,包括双方当事人在建设工程施工过程中形成的补充协议、会议纪要、洽谈记录、工程联系单、工程变更单、工程对账签证以及其他往来函等书面证据。

【风险提示】发包人收到竣工结算文件逾期不答复的后果

工程款结算,一般由承包人向发包人提交竣工结算文件,由发包人进行审核。但在实践中,有的发包人为拖欠工程款,在收到竣工结算文件后迟迟不予答复,此种行为明显违背诚信原则。为了保护承包人一方的合法权益,《建设工程施工合同解释(一)》第 21 条规定:"当事人约定,发包人收到竣工结算文件后,在约定期限内不予答复,视为认可竣工结算文件的,按照约定处理。承包人请求按照竣工结算文件结算工程价款的,人民法院应予支持。"最高人民法院民事审判第一庭指出"本条的适用前提是发包人、承包人在建设工程施工合同中特别约定了以承包人提交的结算文件为结算依据,发包人的答复期限是明确的,当发包人未在约定的答复期限内提出异议或者作出答复的,则应当按照承包人提交的结算文件为建设工程价款的结算依据。如果发

---

[1] 参见最高人民法院民事审判第一庭编著:《最高人民法院新建设工程施工合同司法解释(一)理解与适用》,人民法院出版社 2021 年版,第 195~197 页。

包人、承包人未就建设工程价款的结算依据问题作出约定,则承包人即使自行作出结算文件并送交发包人处,也不得引用该条主张依据结算文件进行结算"[1]。故而,承包人一方为确保及时取得工程款,在签订建设工程施工合同时,应坚持加入"发包人答复期"条款。

而作为发包人一方在收到竣工结算文件时,如有异议,应及时提出。住房和城乡建设部《建筑工程施工发包与承包计价管理办法》(2013年)指出,发包方应当在收到竣工结算文件后的约定期限内予以答复,逾期未答复的,按照合同约定处理,合同没有约定的,竣工结算文件视为已被认可;合同对答复期限没有明确约定的,应当按照国家有关规定执行,国家没有规定的,可认为其约定期限均为28日。

风险防控要点之十一:工程价款利息

(一) 欠付工程价款利息的性质

欠付工程价款利息的性质为法定孳息。无论建设工程施工合同是否有效,也无论建设工程施工合同有无约定利息,发包人逾期支付工程款的,均应支付工程款利息。最高人民法院曾有裁判指出"欠付工程价款的利息属于法定孳息,不应因合同无效而免除"[2]。《最高人民法院新建设工程施工合同司法解释(一)理解与适用》提出:"在合同无效的情形,应根据建设工程的实际情况,分别从建设工程实际交付之日、提交竣工结算文件之日以及当事人起诉之日作为应当支付工程款及利息的时间。"[3]

欠付工程价款利息与垫资利息的性质不同。发包人欠付工程款属于违约行为,而承包人垫付工程款则属于自愿行为。故而,无论合同有无约定,发包人欠付工程款均应支付利息。但承包人有无权利主张垫资利息,则要看合

---

[1] 最高人民法院民事审判第一庭编著:《最高人民法院新建设工程施工合同司法解释(一)理解与适用》,人民法院出版社2021年版,第217~218页。
[2] 最高人民法院民事裁定书,(2019)最高法民申5692号。
[3] 最高人民法院民事审判第一庭编著:《最高人民法院新建设工程施工合同司法解释(一)理解与适用》,人民法院出版社2021年版,第282页。

同有无约定。《建设工程施工合同解释(一)》第 25 条第 1 款规定:"当事人对垫资和垫资利息有约定,承包人请求按照约定返还垫资及其利息的,人民法院应予支持,但是约定的利息计算标准高于垫资时的同类贷款利率或者同期贷款市场报价利率的部分除外。"由该规定可知,合同若无垫资利息的约定,则承包人无权向发包人主张垫资利息。

欠付工程款利息和逾期支付工程款违约金的性质不同。最高人民法院曾有裁判指出"发包人应当向承包人支付的欠付工程款利息的性质,应当认定为法定孳息,而不是一种违约赔偿责任方式"[1]。"如果当事人在施工合同中明确约定了在承担利息之外还应赔偿损失或者承担其他违约责任,则承包人在请求承担违约责任同时还请求支付相应约定的利息,应当从其约定;相反,如果当事人仅仅约定承担违约责任的方式,而未约定支付欠付工程价款利息,则此时不应再承担支付利息的责任。"[2]逾期支付工程价款违约金如果已经涵盖了承包人利息损失、足以弥补承包人损失,则承包人不得再主张工程价款利息。[3]

(二)欠付工程价款利息的计算

《建设工程施工合同解释(一)》第 26 条规定:"当事人对欠付工程价款利息计付标准有约定的,按照约定处理。没有约定的,按照同期同类贷款利率或者同期贷款市场报价利率计息。"有疑问的是,此处的"同期同类贷款利率"或"同期贷款市场报价利率"是不是就是一年期的利率?最高人民法院有判决指出:"中国人民银行发布的同期同类贷款利率,存在六个月(含)、一年(含)、一至三年(含)、三至五年(含)、五年以上,共计五档次贷款利率。……案涉工程欠款发生的时间已超过五年期限,故而承包人关于'按照银行五年同期贷款利率计算利息'的意见,应予以支持。"[4]此外,基于公平原则,当事人约定的工程款利息计付标准明显太高的,发包方可以请求相应调减。

---

[1] 最高人民法院民事判决书,(2019)最高法民终 895 号。
[2] 参见最高人民法院民事审判第一庭编:《民事审判指导与参考》(总第 49 辑),人民法院出版社 2012 年版,第 265~266 页。
[3] 参见最高人民法院民事判决书,(2019)最高法民终 1365 号。
[4] 最高人民法院民事判决书,(2019)最高法民再 128 号。

利息从应付工程价款之日开始计付。当事人对付款时间有明确约定的,按照约定确认付款时间。当事人对付款时间没有约定或者约定不明的,下列时间视为应付款时间:(1)建设工程已实际交付的,为交付之日;(2)建设工程没有交付的,为提交竣工结算文件之日;(3)建设工程未交付,工程价款也未结算的,为当事人起诉之日。

【风险提示】工程利息条款对承包人的意义

广义上的工程款利息包括垫资利息和欠付工程款利息。承包人在订立建设工程施工合同时,须认识到工程款利息条款的重要性。一方面,在建设工程施工实践中,承包方垫资施工是常态,根据当前法律和司法解释之规定,合同没有约定垫资利息的,承包人无权主张垫资利息;另一方面,发包人不及时(或不能及时)支付工程款的现象也属常见,根据当前法律和司法解释之规定,当事人对欠付工程价款利息计付标准有约定的,按照约定处理;没有约定的,按照同期同类贷款利率或者同期贷款市场报价利率计息。合同订立之际,明确垫资利息和欠付工程款利息计付标准乃至逾期付款违约责任,可以更好地保障承包人合法权益的实现。

风险防控要点之十二:优先受偿权

(一)建设工程价款优先受偿权的法律性质

《民法典》第807条规定:"发包人未按照约定支付价款的,承包人可以催告发包人在合理期限内支付价款。发包人逾期不支付的,除根据建设工程的性质不宜折价、拍卖外,承包人可以与发包人协议将该工程折价,也可以请求人民法院将该工程依法拍卖。建设工程的价款就该工程折价或者拍卖的价款优先受偿。"该条规定了建设工程价款优先受偿权制度。最高人民法院指出:"这项制度赋予建设工程价款债权人就该工程折价或者拍卖的价款优先受偿的权利,目的是对农民工等建筑工人的工资权益予以优先保护,但此项保护并非直接指向建筑工人的工资权益,而是以保护承包人的建设工程价款债权为媒介,间接保护建筑工人的权益。"[1]

承包人基于建设工程施工合同请求发包人支付工程款的权利,是承包人的一项合同债权。通说认为,债权具有平等性,而不具有优先性。但建设工程施工合同承包人的债权(工程款报酬请求权)具有特殊性,故而立法赋予承包人优先受偿权。关于建设工程价款优先受偿权的性质,存在留置权说、法定抵押权说、法定优先权说三种学说,目前法定优先权说是主流观点。建设工程价款优先受偿权既然是法定优先权,故而无论建设工程施工合同有无约定优先受偿权,承包人都享有该项权利。即便建设工程施工合同约定承包人不享有优先受偿权,此种约定因违反法律强制性规定,而应认定为无效约定。[2]

《建设工程施工合同解释(一)》第36条规定:"承包人根据民法典第八百零七条规定享有的建设工程价款优先受偿权优于抵押权和其他债权。"基于"法定担保物权优先于意定担保物权"之原理,建设工程价款优先受偿权(法定优先权)优先于抵押权(意定担保物权)。抵押权人就抵押物的变价优先于普通债权人受偿,故而建设工程价款优先受偿权人(承包人)就建设工程变价款更优先于普通债权人受偿。

(二)建设工程价款优先受偿权的行使条件

建设工程价款优先受偿权的行使条件主要有二:(1)建设工程质量合格。《建设工程施工合同解释(一)》第38条规定:"建设工程质量合格,承包人请求其承建工程的价款就工程折价或者拍卖的价款优先受偿的,人民法院应予支持。"(2)不存在"根据建设工程的性质不宜折价、拍卖"的情形。"不宜折价、拍卖"之情形,典型的如违章建筑、工程质量不合格且难以修复的建筑、国防设施以及学校、幼儿园、医院等以公益为目的的事业单位、社会团体的教育设施、医疗卫生设施和其他社会公益设施。[3] 有学者指出:"不宜折价、拍卖的建设工程,应当解释为法律禁止流通物。包括公有物,如国家机

---

[1] 最高人民法院民法典贯彻实施工作领导小组主编:《中华人民共和国民法典合同编理解与适用(三)》,人民法院出版社2020年版,第2034页。

[2] 《建设工程施工合同解释(一)》第42条规定:"发包人与承包人约定放弃或者限制建设工程价款优先受偿权,损害建筑工人利益,发包人根据该约定主张承包人不享有建设工程价款优先受偿权的,人民法院不予支持。"

[3] 参见最高人民法院民事裁定书,(2019)最高法民申1250号。

关办公建筑物、军事设施；公用物，如公共道路、桥梁、机场、港口及公共图书馆、公共博物馆等。但国家机关的员工宿舍不属于公有物。"[1]

建设工程价款优先受偿权的行使，不以工程竣工为条件，也不以合同有效为条件。就前者而言，《建设工程施工合同解释（一）》第39条规定："未竣工的建设工程质量合格，承包人请求其承建工程的价款就其承建工程部分折价或者拍卖的价款优先受偿的，人民法院应予支持。"就后者而言，最高人民法院相关裁判指出，虽然案涉施工合同《协议书》无效，但建筑材料、工人劳务等已经物化到工程上，承包人有权请求对本案工程款以涉案工程折价或拍卖价款享有优先受偿权。[2]

（三）建设工程价款优先受偿权的行使主体

与发包人订立建设工程施工合同的承包人，有权主张建设工程价款优先受偿权，这也包括装饰装修工程的承包人。《建设工程施工合同解释（一）》第37条规定："装饰装修工程具备折价或者拍卖条件，装饰装修工程的承包人请求工程价款就该装饰装修工程折价或者拍卖的价款优先受偿的，人民法院应予支持。"

最高人民法院指出，(1) 勘察人、设计人、监理人不享有建设工程价款优先受偿权。监理合同属于委托合同，而非建设工程合同，自然不适用建设工程价款优先受偿权的规定。建设工程价款优先受偿权的立法目的主要是优先保护建筑工人的工资报酬，而勘察人员、设计人员不属于建设工程价款优先受偿权制度要特殊保护的对象。[3] (2) 转包合同的承包人（与发包人没有订立建设工程施工合同关系的实际施工人）、分包合同的承包人均不应享有建设工程价款优先受偿权。[4]

借用资质签订建设工程施工合同的实际施工人（挂靠人）是否享有建设

---

[1] 梁慧星：《读条文 学民法》，人民法院出版社2017年版，第293页。
[2] 参见最高人民法院民事判决书，(2020) 最高法民终347号。
[3] 参见最高人民法院民事审判第一庭编著：《最高人民法院新建设工程施工合同司法解释（一）理解与适用》，人民法院出版社2021年版，第282页。
[4] 参见最高人民法院民法典贯彻实施工作领导小组主编：《中华人民共和国民法典合同编理解与适用（三）》，人民法院出版社2020年版，第2036～2037页；最高人民法院民事审判第一庭编著：《最高人民法院新建设工程施工合同司法解释（一）理解与适用》，人民法院出版社2021年版，第363～364页。

工程价款优先受偿权,实践中存在争议。(1)最高人民法院曾有裁判文书支持挂靠人享有建设工程价款优先受偿权。在宁夏钰隆工程有限公司与安徽三建工程有限公司、宁夏蓝天房地产开发有限责任公司建设工程施工合同纠纷案中,最高人民法院裁判指出:"挂靠人实际组织员工进行了建设活动,完成了合同中约定的承包人义务,所以,挂靠人因为实际施工行为而比被挂靠人更应当从发包人处得到工程款,被挂靠人实际上只是最终从挂靠人处获得管理费。因此,挂靠人比被挂靠人更符合法律关于承包人的规定,比被挂靠人更应当享有工程价款请求权和优先受偿权。挂靠人既是实际施工人,也是实际承包人,而被挂靠人只是名义承包人,认定挂靠人享有主张工程价款请求权和优先受偿权,更符合法律保护工程价款请求权和设立优先受偿权的目的。"[1](2)但最高人民法院主流观点认为,借用资质的实际施工人(挂靠人)不应享有建设工程价款优先受偿权,因为如果赋予实际施工人此种权利,会导致对其违法行为客观上予以鼓励的现象。[2]

(四)建设工程价款优先受偿权的受偿范围

《建设工程施工合同解释(一)》第40条规定:"承包人建设工程价款优先受偿的范围依照国务院有关行政主管部门关于建设工程价款范围的规定确定。承包人就逾期支付建设工程价款的利息、违约金、损害赔偿金等主张优先受偿的,人民法院不予支持。"

最高人民法院释义指出,(1)建设工程价款优先受偿的范围包括全部工程价款,而非限于承包人的劳务成本或者承包人实际投入建设工程的成本;(2)发包人从建设工程价款中预扣的工程质量保证金,承包人可就建设工程折价或者拍卖的价款优先受偿;(3)建设工程价款的利息,不能优先受偿;(4)违约金、损害赔偿金等,不能优先受偿;(5)实现建设工程价款优先受偿权的费用,不能优先受偿。[3]

---

[1] 最高人民法院民事裁定书,(2019)最高法民申6085号。
[2] 参见最高人民法院民事审判第一庭编著:《最高人民法院新建设工程施工合同司法解释(一)理解与适用》,人民法院出版社2021年版,第363~364页。
[3] 参见最高人民法院民事审判第一庭编著:《最高人民法院新建设工程施工合同司法解释(一)理解与适用》,人民法院出版社2021年版,第412~418页。

(五)建设工程价款优先受偿权的行使期限

《建设工程施工合同解释(一)》第41条规定:"承包人应当在合理期限内行使建设工程价款优先受偿权,但最长不得超过十八个月,自发包人应当给付建设工程价款之日起算。"

建设工程价款优先受偿权的行使期限,自发包人应当给付建设工程价款之日起算。关于"发包人应当给付建设工程价款之日"的认定方式,最高人民法院释义指出,如果建设工程施工合同对付款时间有明确约定,并且合同已经正常履行完毕了,则应遵从当事人的约定;如果双方当事人对付款时间没有约定或者约定不明,则按照下列规则认定:(1)工程实际交付的,以工程交付之日为应付款时间;(2)工程未交付,工程款也未结算的,以起诉日为应付款时间;(3)合同中途解除或终止履行,双方当事人就合同解除后的工程款支付事宜达成合意的,则以合意确定的付款时间作为优先受偿权的起算时间,如果未达成合意,则参照前述标准处理。[1]

【风险提示】建设工程价款优先受偿权"逾期不候"

最高人民法院释义指出,建设工程价款优先受偿权的行使期限,在性质上属于除斥期间。[2] 除斥期间是权利存续期间,当事人未在除斥期间内行使权利的,该项权利消灭。根据《民法典》第199条的规定,除斥期间不适用诉讼时效中止、中断和延长的规定。因此,承包人向发包人发送催讨工程款的通知,虽然会导致其工程款债权的诉讼时效期间重新计算,但不会导致其优先受偿权的除斥期间重新计算。权利上的睡眠者不值得保护,权利不及时行使,将"逾期不候"。在发包人拒不支付工程款的情形下,承包人应及时通过诉讼或仲裁的方式行使建设工程价款优先受偿权。

【典型案例】中天建设集团有限公司诉河南恒和置业有限公司建设工程施工合同纠纷案(171号指导案例)

裁判要点 执行法院依其他债权人的申请,对发包人的建设工程强制执

---

[1] 参见最高人民法院民事审判第一庭编著:《最高人民法院新建设工程施工合同司法解释(一)理解与适用》,人民法院出版社2021年版,第423~426页。

[2] 参见最高人民法院民事审判第一庭编著:《最高人民法院建设工程施工合同司法解释(二)理解与适用》,人民法院出版社2019年版,第447页。

行,承包人向执行法院主张其享有建设工程价款优先受偿权且未超过除斥期间的,视为承包人依法行使了建设工程价款优先受偿权。发包人以承包人起诉时行使建设工程价款优先受偿权超过除斥期间为由进行抗辩的,人民法院不予支持。

案情简介 2012年9月17日,河南恒和置业有限公司与中天建设集团有限公司签订一份《恒和国际商务会展中心工程建设工程施工合同》约定,由中天建设集团有限公司对案涉工程进行施工。2013年6月25日,河南恒和置业有限公司向中天建设集团有限公司发出《中标通知书》,通知中天建设集团有限公司中标位于洛阳市洛龙区开元大道的恒和国际商务会展中心工程。2013年6月26日,河南恒和置业有限公司和中天建设集团有限公司签订《建设工程施工合同》,合同中双方对工期、工程价款、违约责任等有关工程事项进行了约定。合同签订后,中天建设集团有限公司进场施工。施工期间,因河南恒和置业有限公司拖欠工程款,2013年11月12日、11月26日、2014年12月23日中天建设集团有限公司多次向河南恒和置业有限公司送达联系函,请求河南恒和置业有限公司立即支付拖欠的工程款,按合同约定支付违约金并承担相应损失。2014年4月、5月,河南恒和置业有限公司与德汇工程管理(北京)有限公司签订《建设工程造价咨询合同》,委托德汇工程管理(北京)有限公司对案涉工程进行结算审核。2014年11月3日,德汇工程管理(北京)有限公司出具《恒和国际商务会展中心结算审核报告》。河南恒和置业有限公司、中天建设集团有限公司和德汇工程管理(北京)有限公司分别在审核报告中的审核汇总表上加盖公章并签字确认。2014年11月24日,中天建设集团有限公司收到通知,河南省焦作市中级人民法院依据河南恒和置业有限公司其他债权人的申请将对案涉工程进行拍卖。2014年12月1日,中天建设集团有限公司第九建设公司向河南省焦作市中级人民法院提交《关于恒和国际商务会展中心在建工程拍卖联系函》中载明,中天建设集团有限公司系恒和国际商务会展中心在建工程承包方,自项目开工,中天建设集团有限公司已完成产值2.87亿元工程,中天建设集团有限公司请求依法确认优先受偿权并参与整个拍卖过程。中天建设集团有限公司和河南恒和置业有限公司均认可案涉工程于2015年2月5日停工。2018年1月31日,河南省高级人民法院立案受理中天建设集团有限公司对河南恒和置业有限公司的起诉。中天建设集团有限公司请求解除双方签订的《建设工程施工合同》并请求确认河南恒和置业有限公司欠付中天建设集团有限公司工程价款及优先受偿权。

判决理由 最高人民法院认为,建设工程价款优先受偿权的效力优先于设立在建设工程上的抵押权和发包人其他债权人所享有的普通债权。人民法院依据发包人的其他债权人或抵押权人申请对建设工程采取强制执行行为,会对承包人的建设工程价款优先受偿权产生影响。此时,如承包人向执行法院主张其对建设工程享有建设工程价款优先受偿权,属于行使建设工程价款优先受偿权的合法方式。河南恒和置业有限公司和中天建设集团有限公司共同委托的造价机构德汇工程管理(北京)有限公司于2014年11月3日对案涉工程价款出具《审核报告》。2014年11月24日,中天建设集团有限公司收到通知,河南省焦作市中级人民法院依据河南恒和置业有限公司其他债权人的申请将对案涉工程进行拍卖。2014年12月1日,中天建设集团有限公司第九建设公司向河南省焦作市中级人民法院提交《关于恒和国际商务会展中心在建工程拍卖联系函》,请求依法确认对案涉建设工程的优先受偿权。2015年2月5日,中天建设集团有限公司对案涉工程停止施工。2015年8月4日,中天建设集团有限公司向河南恒和置业有限公司发送《关于主张恒和国际商务会展中心工程价款优先受偿权的工作联系单》,要求对案涉工程价款享有优先受偿权。2016年5月5日,中天建设集团有限公司第九建设公司又向河南省洛阳市中级人民法院提交《优先受偿权参与分配申请书》,依法确认并保障其对案涉建设工程价款享有的优先受偿权。因此,河南恒和置业有限公司关于中天建设集团有限公司未在法定除斥期间内以诉讼方式主张优先受偿权,其优先受偿权主张不应得到支持的上诉理由不能成立。

第十二章 合伙合同风险防控

【本章导论】

我国关于合伙的立法主要有两部法律,一部是《民法典》,另一部是《合伙企业法》。《民法典》一方面在其总则编第四章规定了合伙企业为非法人组织,从而确立了合伙企业的民事主体地位;另一方面在其合同编第二十七章规定了合伙合同,对合伙人之间的合同权利义务关系进行调整。总体来看,《民法典》关于合伙的规定主要聚焦于合伙合同,而关于合伙企业主要由《合伙企业法》调整。《民法典》关于合伙的规定是处理合伙法律关系的一般规定,其主要从合伙合同概念、合伙人出资、合伙财产、合伙事务执行、合伙债务承担等方面,调整民事合伙法律关系,侧重合伙合同的规定。《合伙企业法》则全面规定了合伙企业内外部关系规则,属于对商事合伙的特别规定。本章将对合伙合同在实践中可能存在的风险点进行梳理,并提出相应的防控建议。

风险防控要点之一:民事合伙与合伙企业

(一)合伙的类型及法律适用

1.合伙的类型。合伙是民事主体基于合伙协议形成的组织,具有契约性与组织性双重法律属性,[1]以是否成立稳定组织体为标准可将合伙分为民事合伙(个人合伙)与合伙企业(商事合伙)。对于松散的、临时性的、未形成稳

---

[1] 参见最高人民法院民法典贯彻实施工作领导小组主编:《中华人民共和国民法典合同编理解与适用(四)》,人民法院出版社2020年版,第2733页。

定组织的合伙一般认定为民事合伙,形成稳定组织并在企业登记机关进行登记的合伙则认定为合伙企业。

2. 法律适用。民事合伙主要适用《民法典》第二十七章"合伙合同"部分的规定。合伙企业作为商事合伙,按照特别法优先于一般法适用原则,优先适用《合伙企业法》,《民法典》中对于合伙的规定亦起到补充适用的作用。

(二)民事合伙与合伙企业的主要区别

1. 是否采取书面形式订立合伙协议。原则上民事合伙与企业合伙均应采取书面形式订立,尤其是企业合伙,根据《合伙企业法》第 9 条[1]之规定,合伙企业成立以登记为要件,提交登记时须有合伙协议书,客观上合伙企业成立必然存在书面的合伙协议。对于民事合伙,由于实践中存在大量短暂性、临时性的合伙,要求民事合伙均以存在书面合伙协议为成立要件并不符合客观实践情况。所以,只要合伙人之间系为了共同的事业目的,具有共享利益、共担风险的基本条件,且双方之间又存在口头合伙,亦可认定存在民事合伙。

2. 是否具有民事主体资格。民事合伙通常以协议的形式确认,对外开展经济活动通常以合伙人个人名义进行,合伙组织不具有民事主体资格。合伙企业经登记领取营业执照后成立,具有独立的民事主体资格,能够以合伙企业名义对外开展经济活动。

3. 合伙人死亡的法律后果。民事合伙中合伙人死亡的,合伙合同终止,但是合伙协议另有约定或根据合伙事务的性质不宜终止的除外。普通合伙企业的合伙人死亡的,合伙人当然退伙。有限合伙企业的合伙人死亡的,其继承人或权利承受人可以依法取得有限合伙人在有限合伙企业中的资格。

4. 合伙人丧失民事行为能力的法律后果。民事合伙中合伙人丧失民事行为能力的,合伙合同终止,但是合伙协议另有约定或根据合伙事宜性质不宜终止的除外。普通合伙企业的自然人丧失民事行为能力的,经其他合伙人一致同意,可以依法转为有限合伙人,其他合伙人未能一致同意的,该丧失民事行为能力的合伙人退伙。有限合伙企业的合伙人在合伙期间丧失民事行为

---

[1] 《合伙企业法》(2006 修订)第 9 条规定:申请设立合伙企业,应当向企业登记机关提交登记申请书、合伙协议书、合伙人身份证明等文件。合伙企业的经营范围中有属于法律、行政法规规定在登记前须经批准的项目的,该项经营业务应当依法经过批准,并在登记时提交批准文件。

能力的,不当然发生退伙的法律后果。

5. 对外债务清偿顺序不同。民事合伙对外负债的,全体合伙人对合伙债务承担连带责任。合伙企业对外负债的,应先以合伙财产进行清偿,合伙企业不能清偿到期债务的,合伙人承担无限连带责任。

【风险提示】登记对于合伙组织的重要性

按照《合伙企业法》第9条之规定,合伙企业以登记为成立要件。因此,当事人若未进行工商登记,则应按照民事合伙处理,在此情形,如当事人因纠纷诉请人民法院维权,则不能引用《合伙企业法》作为裁判依据。反之,若当事人已经为合伙组织进行工商登记,符合合伙企业设立之条件,如入伙、退伙、合伙债务承担等则应按照《合伙企业法》关于合伙的规定处理。因此,合伙人应当审慎考虑是否进行工商登记设立合伙企业。

风险防控要点之二:合伙企业的类型选择

按照《合伙企业法》第2条之规定,合伙企业分为普通合伙企业和有限合伙企业。[1] 普通合伙企业中以专门知识和技能为客户提供有偿服务的专业服务机构,可以设立为特殊的普通合伙企业。普通合伙企业、特殊的普通合伙企业和有限合伙企业是合伙企业的三种类型。如何从普通合伙企业、特殊的普通合伙企业与有限合伙企业中选择合适的类型?一般而言,当事人选择何种组织形式,需要考虑自身是否符合该组织形式的设立条件,该组织形式中合伙人的权利和义务、合伙债务的承担等要素,综合判断下做出最有利于自身的选择。

(一)投资主体方面的要求,影响合伙企业的类型选择

1. 投资主体的人数要求。除了有限合伙企业要求人数在2人以上50人以下,普通合伙企业与特殊的普通合伙企业均只要求2人以上,没有人数上限

---

[1] 普通合伙企业由普通合伙人组成,合伙人对合伙企业债务承担无限连带责任。有限合伙企业由普通合伙人和有限合伙人组成,普通合伙人对合伙企业债务承担无限连带责任,有限合伙人以其认缴的出资额为限对合伙企业债务承担责任。

限制。

2.投资主体的民事行为能力要求。一般来讲,合伙人在加入合伙企业时必须具有民事行为能力,这是基于合同有效性角度出发的应有之义。对于合伙人加入合伙企业后变为无民事行为能力人或限制民事行为能力人,合伙人是否当然退伙,因合伙人责任承担范围不同而不同,普通合伙企业的合伙人丧失民事行为能力的,经其他合伙人一致同意的,可以依法转为有限合伙人,普通合伙企业也要因此转为有限合伙企业。如其他合伙人不能达成一致同意,该无民事行为能力或限制民事行为能力的合伙人退伙。显然,有限合伙企业的有限合伙人丧失民事行为能力的,不影响其有限合伙人的身份,其他合伙人不得因此要求其退伙。但是鉴于有限合伙企业至少应当有一个普通合伙人,如有限合伙企业的唯一普通合伙人丧失民事行为能力,有限合伙企业仅剩有限合伙人,应当解散。

3.投资主体的资格限制要求。合伙企业的合伙人可以是自然人、法人和其他组织。因普通合伙人对合伙债务承担连带责任,故国有独资公司、国有企业、上市公司以及公益性的事业单位、社会团体不得成为普通合伙人,但现行法律并未限制国有独资公司、国有企业、上市公司以及公益性事业单位、社会团体成为有限合伙人。

(二)合伙人以何种形式出资,影响合伙人的身份

合伙人的出资方式较为广泛,合伙人可以以货币、实物、知识产权、土地使用权或者其他财产权利出资,也可以用劳务出资。因有限合伙人以其认缴的出资额为限对有限合伙企业债务承担责任,而劳务属于行为,故《合伙企业法》特别规定,有限合伙人不得以劳务出资。

(三)合伙人对于合伙企业是否具有执行权利,是合伙人重点考虑因素

对于合伙事务,普通合伙企业的合伙人均享有同等执行权利;有限合伙企业由普通合伙人执行合伙事务,有限合伙人不执行合伙事务。普通合伙企业与有限合伙企业均可以委托合伙人执行合伙事务。故而,投资人如果不想介入合伙事务经营管理,可以选择有限合伙企业,并以有限合伙人的身份加入合伙之中。

(四)合伙人对于合伙企业债务如何承担,影响合伙人选择合伙企业

普通合伙企业的合伙人对合伙企业债务承担无限连带责任,有限合伙企业的有限合伙人以其出资为限对合伙企业债务承担责任。特殊的普通合伙企业的合伙人在执业过程中造成合伙企业债务的,该合伙人如是因为故意或重大过失导致的,应当对合伙企业债务承担无限责任或无限连带责任,其他合伙人以其在合伙企业中的财产份额为限承担责任;该合伙人并非因故意或重大过失造成合伙企业债务的,由全体合伙人承担无限连带责任。

综上所述,合伙企业具有极高的灵活性与自主性,相较于公司的资合性,合伙企业具有明显的人合性,合伙企业作为各合伙人共同事业的体现形式,保护各合伙人平等决策权的同时,也要求合伙人对于合伙债务共担,对此,当事人需要充分考量自身条件,从而作出合理选择。

【风险提示】合伙人对于合伙财产优先清偿债务的抗辩权

虽然《合伙企业法》将普通合伙人对合伙企业承担债务表述为"无限连带责任",但根据《合伙企业法》第38条之规定,合伙企业债务清偿时应当先以合伙企业财产进行清偿。鉴于此,普通合伙人面对债权人要求其对合伙企业债务承担连带责任的主张,应当积极抗辩,仅就合伙财产不能清偿部分承担补充连带责任。

风险防控要点之三:合伙目的与经营范围

合伙目的与经营范围实际为合伙合同内容的一体两面。具体而言,合伙合同的合伙目的是指合伙人为了共同的事业目的。经营范围则是合伙目的的具体表现,一般体现为合伙人为了共同事业目的,按照合伙协议所约定的项目、业务内容进行共同经营的领域,由合伙人在合伙协议中共同约定。

(一)合伙目的

合伙目的是合伙人组成合伙组织的共同的事业目的。所谓"共同"所指对象是"事业目的",合伙人出于何种动机参与合伙事业则不予考察。所谓"事业目的"可以是任何合法的目的,不限于经营目的。"共同的事业目的"是

合伙合同区别于其他典型合同的最大区别,倘若合伙人之间不存在共同经营事业的合伙目的则不构成合伙关系。合伙目的反映了合伙合同的核心要素,为了达成这一合伙目的,势必要求合伙人之间通力合作,共同参与,共同投资、共同经营、共同管理、共担风险收益。

(二)经营范围

一般而言,经营范围由合伙人通过合伙协议书面约定,约定范围只要不违反法律强制性规定即可,但是属于法律、行政法规规定需要进行批准的,获批之后约定才能生效。特别指出的是,合伙目的并不是合伙协议必须载明的事项,但是经营范围属于合伙企业的合伙协议必须载明的事项。修改合伙企业的经营范围属于合伙企业的重大事项,应当经全体合伙人一致同意,除非合伙协议另有约定。

合伙合同的经营范围通常系合伙人为实现合伙目的而实施的具体内容,经营范围应当符合合伙目的。合伙人执行合伙事务时,原则上不得超越经营范围,但超越经营范围与他人订立的合同并非无效。合伙人对外以合伙组织名义进行超出经营范围活动造成的债务应当视为合伙债务,合伙人对外应当就合伙债务承担连带责任,这是因为合伙协议仅是合伙人内部约定,该效力并不能及于第三人。

【风险提示】合伙企业实际经营的重要性

实践中,部分公司为规避风险,选择设立有限合伙企业,以有限合伙企业作为股东加入某公司进行持股。但是若该合伙企业仅作为公司股东存在,未经营任何实际业务,一旦合伙人以合伙目的未能实现为由请求解散合伙企业,该合伙企业有被解散的风险。因此,公司在设立有限合伙企业作为持股平台的同时,也要按合伙协议中约定的经营范围适当开展业务,而非仅对公司进行投资。毕竟该有限合伙企业并非股权投资合伙企业,即使所投资公司的经营范围与该有限合伙企业的经营范围相同,该投资行为也可能被法院认定为不属于实际经营合伙协议约定的业务的行为,从而判决该有限合伙企业因未能实现合伙协议约定的目的而应当解散。

风险防控要点之四:出资方式与价值评估

1. 出资方式。对于合伙合同的出资方式,现有法律规定遵循合同自由原则,由合伙人协商一致自行在合伙合同中约定。一般情况下,合伙人可以用货币、实物、知识产权、土地使用权或者其他财产权利出资,也可以用劳务出资,有限合伙企业的有限合伙人不得以劳务出资。

2. 价值评估。除了以货币出资价值是明确的,以其他方式出资均需要考虑评估作价,评估作价可以由全体合伙人协商确认,也可以由全体合伙人委托评估机构评估。对于以劳务出资的,评估办法由全体合伙人协商确定后在合伙协议中载明。非货币出资的,需要办理财产转移手续才能视为实际出资。如动产需要交付,不动产需要过户登记,财产性权利亦应尽快进行登记。

【风险提示】劳务出资应当书面约定并确定违约条款

普通合伙人可以以劳务出资,但是劳务是特殊商品,并不能通过某种形式将其确认为合伙财产,其仅受劳务出资的合伙人的支配,若该合伙人未能积极参与合伙事务执行,其他合伙人并不能直接要求该合伙人进行劳动。因此,对于劳务出资的合伙人,应当明确违约条款,对劳务出资对价几何、何种情形构成违约、违约后应当如何承担责任进行明确约定。

风险防控要点之五:利润分配与亏损分担

合伙人基于共同的事业目的对合伙事业进行经营管理,在经营过程中必然产生收益或造成损失,对于合伙存续期间的利润分配与亏损承担认定问题,实际是合伙人内部问题,对此《民法典》第972条规定了处理规则,即通常情况下按照合伙协议约定办理,合伙协议没有约定或约定不明的,合伙人可以协商补充约定,无法协商处理的,按照各合伙人的实缴出资比例分配利润、分担亏损,无法确定出资比例的,由合伙人平均分配、分担。

基于"风险共担、利润共享"的合伙特征，普通合伙企业的合伙协议并不允许通过协议约定将全部利润分配给部分合伙人或由部分合伙人承担全部亏损，但是在有限合伙企业中，合伙协议可以约定将全部利润分配给部分合伙人。问题在于，有限合伙企业中可否协议约定将全部亏损由部分合伙人承担？根据《合伙企业法》第60条之规定，有限合伙企业章节未作规定的，适用关于普通合伙企业的相关规定。由此可知，有限合伙企业的合伙协议不得约定"全部亏损由部分合伙人承担"。

对于只约定利润分配未约定亏损的承担比例，能否参照利润分配约定推定适用亏损承担比例，最高人民法院亦予以肯定。对此，《中华人民共和国民法典合同编理解与适用（四）》关于第972条的论述中表明："……合伙合同仅约定了利润分配或者亏损分担比例的，合伙人内部就利润分配或亏损分担发生争议，合伙人请求推定该比例共同适用于利润分配或亏损分担，人民法院应予支持。"

合伙人之间的利润分配、亏损分担之约定属于内部约定，并不产生对外效力，不得因此对抗第三人。合伙企业的债权人有权要求各合伙人承担全部清偿责任。各合伙人之间对合伙债务承担连带责任，清偿合伙债务超过自己应当承担部分的合伙人有权向其他合伙人追偿。

【风险提示】共担风险共享收益是认定存在合伙合同的重要判断因素

实践中存在这样的现象：当事人持有债权凭证，以借款合同起诉债务人要求返还借款本金及利息，而债务人以"双方之间不存在借贷关系，该债权凭证系债权人投资合伙的证明，因合伙项目亏损，债权人应当共同承担损失"为由抗辩。那么，应如何区分借款合同与合伙合同呢？我们认为，应当重点审查当事人对于利润分配、亏损承担如何约定，若当事人并不参与共同经营，仅按照一定条件分享项目利润，不对项目亏损承担责任，不具备合伙合同"共担风险"的性质，则一般不宜认定为合伙合同。因此，对于未实际参与经营的合伙人，若合伙人之间未签订书面合伙合同，由实际经营一方的合伙人对未实际经营的合伙人出具投资款凭证，则应在投资款凭证中明确利润分配及亏损承担比例及方式。

风险防控要点之六：合伙事务的表决规则

对于合伙企业的事务表决，按照合伙人一人一票，分为全体一致同意与过半数同意两种表决。《合伙企业法》将合伙事务区分为一般事项与重大事项。合伙企业的一般事项适用少数服从多数，按照合伙人一人一票过半数通过即可。涉及合伙企业的重大事项，则需要全体合伙人一致同意通过。

重大事项包括：(1)改变合伙企业主要特征的，包括合伙企业的名称、经营范围、主要经营场所地点；(2)与合伙财产相关的重大事项，包括处分合伙企业的不动产、转让或处分合伙企业的知识产权和其他财产权利、以合伙企业名义为他人提供担保、合伙人以合伙财产进行出质、增加或减少合伙企业出资、向合伙人以外的人员转让合伙份额；(3)对合伙事务执行具有重要影响的事项，包括撤销合伙执行人的委托、聘任合伙人以外的人担任合伙企业的经营管理人员、合伙人与合伙企业进行交易；(4)与合伙人有关的事项，包括合伙人的入伙、除名、继承人能否取得合伙人身份、普通合伙人与有限合伙人相互转变程序与决策；(5)合伙执行人的报酬及报酬领取方式；(6)与合伙协议相关的事项，包括修改或补充合伙协议。

【风险提示】表决办法约定不明的法律后果

合伙协议约定表决办法时应当注意，除了约定表决条件，还应当约定决议通过条件。合伙协议如果仅约定"合伙人对合伙企业有关事项作出决议时，实行一人一票的表决办法"，而未对通过表决的办法进行约定，则属约定不明确。《合伙企业法》第30条第1款规定："合伙人对合伙企业有关事项作出决议，按照合伙协议约定的表决办法办理。合伙协议未约定或者约定不明确的，实行合伙人一人一票并经全体合伙人过半数通过的表决办法。"而《民法典》有关民事合伙的规定则恰恰相反，《民法典》第970条第1款规定："合伙人就合伙事务作出决定的，除合伙合同另有约定外，应当经全体合伙人一致同意。"因此，合伙人应当根据具体情况，对表决办法作出明确约定为宜。

风险防控要点之七:执行人的权利与义务

(一)合伙执行人的权利

合伙执行人,即执行合伙事务的合伙人。《民法典》第970条第2款规定:"合伙事务由全体合伙人共同执行。按照合伙合同的约定或者全体合伙人的决定,可以委托一个或者数个合伙人执行合伙事务;其他合伙人不再执行合伙事务,但是有权监督执行情况。"《合伙企业法》第26条、第27条规定与《民法典》第970条第2款内容基本一致,不同之处在于,《合伙企业法》第26条第3款进一步规定:"作为合伙人的法人、其他组织执行合伙事务的,由其委派的代表执行。"

合伙人通过合伙决定成为合伙执行人,虽然系受全体合伙人委托,但合伙执行人执行合伙事务不是基于此委托关系,而是基于合伙关系产生。合伙执行人本身已经具有合伙人身份,其享有的代表权因被委托执行合伙事务而当然成立,不需要特别授权。此处合伙执行人需区别于被聘任的合伙企业的经营管理人员。被合伙企业聘任的经营管理人员履行管理职责系出于合伙企业授权,其履行职务的行为属于委托代理行为。

合伙执行人除了有权对外代表合伙企业,执行合伙事务外,其是否具有领取报酬的权利,涉及合伙执行人是否有权因执行合伙事务主张请求报酬。《合伙企业法》第67条规定:"有限合伙企业由普通合伙人执行合伙事务。执行事务合伙人可以要求在合伙协议中确定执行事务的报酬及报酬提取方式。"但该法并未规定"普通合伙企业执行事务合伙人是否享有报酬请求权"。《民法典》第971条规定:"合伙人不得因执行合伙事务而请求支付报酬,但是合伙合同另有约定的除外。"该条规定是否适用于普通合伙企业(普通合伙企业合伙协议能否约定执行合伙事务报酬),尚有争议。

(二)合伙执行人的义务

1. 勤勉尽职、妥善完成合伙事务。通常情况下,合伙执行人应当亲自完成合伙事务,除合伙协议约定或经全体合伙人一致同意,合伙执行人不得将合伙事务委托他人执行。合伙执行人不按照合伙协议或全体合伙人决定执行事务的,其他合伙人可以决定撤销该委托。

2. 接受其他合伙人监督。委托合伙执行人后,其他合伙人不再执行合伙事务。不执行合伙事务的合伙人有权监督执行事务合伙人执行合伙事务的情况,合伙执行人应当接受其他合伙人的监督。

3. 接受其他合伙执行人的异议。在由数个合伙人分别执行合伙事务的情况下,执行事务合伙人可以对其他合伙人执行的事务提出异议,这是合伙执行人的权利,接受其他合伙执行人的异议同样也是合伙执行人的义务。其他合伙执行人提出异议后,被提出异议的合伙执行人应当暂停该合伙事务的执行。

4. 定期报告的义务。合伙执行人应当定期向其他合伙人报告事务执行情况以及合伙企业的经营状况和财务状况。其他合伙人为了解合伙企业的经营状况和财务状况,有权查阅合伙企业会计账簿等财务资料。

5. 经营、交易限制。合伙执行人执行合伙事务需从合伙企业利益出发,一旦合伙执行人经营与合伙企业相竞争的业务,势必影响合伙企业的业务经营,如不限制合伙执行人与合伙企业交易,亦可能会存在合伙执行人通过自己交易造成合伙企业损失。因此除合伙协议约定,或全体合伙人一致同意外,不得经营与合伙企业相竞争的业务,也不得同合伙企业进行交易。

(三)合伙事务执行后果

合伙执行人以合伙企业名义执行事务,因执行合伙事务产生的法律后果对合伙企业及全体合伙人具有约束力。执行合伙事务产生的合伙收益归合伙组织所有,执行合伙事务产生的损失与费用由合伙组织承担。

合伙企业对合伙执行人执行合伙事务以及对外代表合伙企业权利存在限制的,仅为合伙企业内部的约定,不得对抗善意第三人。合伙执行人在执行合伙事务过程中超出合伙协议约定执行造成第三人损失的,合伙企业对外应承担责任,所有合伙人亦应对因此产生的合伙债务承担责任。

【风险提示】合伙执行人以诉讼方式提起异议的表决问题

合伙执行人有权对其他合伙人执行的事务提出异议,这是合伙执行人依法享有的法定权利。当合伙企业的合伙执行人对另一合伙执行人提起诉讼的执行行为提出异议时,应当按照决议确定是否提起诉讼。对此,应当明确合伙协议是否对提起诉讼的条件进行约定,若合伙协议未对诉讼相关事宜进行约定或约定不明,依法适用《合伙企业法》第30条之规定确定决议方式。对此,应当注意因提起诉讼事项并非合伙企业经营中的日常事务,应属于涉及合伙企业利益的重大问题,[1]合伙协议未作约定时应当由全体合伙人一致同意通过,而不适用一人一票过半数通过的情形。

风险防控要点之八:竞业禁止与自我交易

(一)竞业禁止

竞业禁止是指对与权利人有特定关系之人的特定竞争行为的禁止,即权利人有权要求与其具有特定民事法律关系之人不为针对自己的竞争性行为。[2] 竞业禁止有以下几个法律特征:(1)竞业禁止的权利人享有的是请求权,而其义务人承担的是一种不作为义务。(2)竞业禁止的当事人之间存在特定的民事法律关系。(3)竞业禁止源于法律规定或当事人的合意。(4)竞业禁止所限制的行为不同于不正当竞争行为。(5)竞业禁止制度的实质在于保护企业的商业秘密和优势竞争地位。(6)竞业禁止是相对的,要有所限制。具体到合伙领域,竞业禁止主要表现为关于合伙人不得自营或者同他人合作经营与本合伙企业相竞争的业务的规定。[3] 合伙人基于法律规定或合同约定对其他合伙人享有请求权,而请求权的另一方义务人,主要承担一种不作为义务,即义务人不积极采取任何行动,仅是"无所事事",即可完成其义务。目的是通过规范合伙人的民事行为,以防其利用已掌握的经营信息与合伙企业争夺营业机会。

根据竞业禁止义务产生的方式,将竞业禁止划分为法定竞业禁止和约定竞业禁止。(1)"法定竞业禁止",即因法律规定而产生的竞业禁止。如《合伙企业法》第32条第1款规定:"合伙人不得自营或者同他人合作经营与本合

---

[1] 参见最高人民法院民事判决书,(2022)最高法民终145号。
[2] 参见李永明:《竞业禁止的若干问题》,载《法学研究》2002年第5期。
[3] 参见翟业虎:《竞业禁止法律问题研究》,中国政法大学出版社2014年版,第16页。

伙企业相竞争的业务。"该条规定系针对普通合伙企业,故而,普通合伙人竞业禁止即为法定竞业禁止。(2)"约定竞业禁止",即因合同约定而产生的竞业禁止,表现为明示的合同义务。《合伙企业法》第 71 条规定:"有限合伙人可以自营或者同他人合作经营与本有限合伙企业相竞争的业务;但是,合伙协议另有约定的除外。"据此规定,有限合伙人竞业禁止属于约定竞业禁止,只有合伙协议有明确约定的,有限合伙人才受竞业禁止的限制。

(二)自我交易禁止

自我交易,又称利益冲突交易,是指合伙人与其所在的合伙企业之间的交易。从形式上看,自我交易发生在两个民事主体之间,但本质上,该交易仅由一方决定。自我交易常常伴随欺骗、权利滥用的可能性,故而法律对此进行特别规制。

现行立法对"普通合伙人的自我交易"与"有限合伙人的自我交易"区别对待。普通合伙人在合伙企业中同时兼任投资者与管理者身份,而有限合伙人并不参与合伙企业的经营与管理,不会对合伙企业的决策起到实质性的影响。基于此种差异,《合伙企业法》第 32 条第 2 款针对普通合伙人规定:"除合伙协议另有约定或者经全体合伙人一致同意外,合伙人不得同本合伙企业进行交易。"《合伙企业法》第 70 条则规定:"有限合伙人可以同本有限合伙企业进行交易;但是,合伙协议另有约定的除外。"

(三)违反竞业禁止与自我交易禁止规定的法律后果

《合伙企业法》第 99 条规定:"合伙人违反本法规定或者合伙协议的约定,从事与本合伙企业相竞争的业务或者与本合伙企业进行交易的,该收益归合伙企业所有;给合伙企业或者其他合伙人造成损失的,依法承担赔偿责任。"

据此规定,合伙人违反竞业禁止规定或自我交易禁止规定,其法律后果有二:一是合伙企业享有归入权,即合伙人违反竞业禁止规定或自我交易禁止规定所取得的收益,归合伙企业所有。合伙企业行使归入权时,一个重要行使条件是行为人有获取收益的客观事实。二是合伙企业或者其他合伙人享有损害赔偿请求权,即合伙人违反竞业禁止规定或自我交易禁止规定给合伙企业或者其他合伙人造成损失的,依法承担赔偿责任。归入权的权利主体是合伙企业,而损害赔偿请求权的权利主体既可能是合伙企业,也可能是其他合伙人,关键是看给谁造成了损害。

【风险提示】完善竞业禁止或自我交易责任条款的意义

《合伙企业法》规定了普通合伙人的竞业禁止义务和禁止自我交易的义务,并不禁止有限合伙人与本合伙企业进行交易或者从事与本合伙企业相竞争的业务。尽管如此,根据私法自治原则,合伙协议也可以订入有关有限合伙人的竞业禁止义务和禁止自我交易义务的条款。不仅如此,合伙协议甚至可以就合伙人违反竞业禁止义务和禁止自我交易义务的法律后果进一步明确,可以约定违反该义务而应承担的损害赔偿责任,甚至也可以将此约定为除名的事由。

风险防控要点之九:财产份额转让与出质

(一)合伙财产份额转让

1. 民事合伙的财产份额转让

民事合伙(未登记为企业的合伙)的财产份额的转让,在本质上就是合伙合同主体变更。合伙财产份额转让不是单纯的权利转让,而是权利义务概括转移,受让财产份额之人(新合伙人)不仅享有合伙人的权利,同时还承担着合伙人的义务。《民法典》第974条规定:"除合伙合同另有约定外,合伙人向合伙人以外的人转让其全部或者部分财产份额的,须经其他合伙人一致同意。"最高人民法院对该条规定释义指出:"合伙人向合伙人以外的人转让其财产份额,表面上看属于合伙人处分其合伙份额的行为,实质上涉及合伙合同主体变更,直接影响着合伙合同存续,属于影响合伙稳定的重大事项。"[1]因此,合伙人对外转让财产份额的(合伙人合同权利义务概括转移的),一般要经全体合伙人同意,除非合伙合同另有约定。

2. 普通合伙企业的财产份额转让

合伙企业中合伙人的财产份额,类似于公司中股东的股权。无论是合伙

---

[1] 最高人民法院民法典贯彻实施工作领导小组主编:《中华人民共和国民法典合同编理解与适用(四)》,人民法院出版社2020年版,第2759页。

企业的合伙人还是公司的股东,都享有利润分配请求权、剩余财产分配请求权、表决权、选举权。合伙财产份额转让,本质就是合伙人主体资格转让。普通合伙企业具有高度的人合性和封闭性,此类企业合伙人对企业债务承担无限连带责任,故而合伙人相互之间需高度信任,鉴于此,《合伙企业法》第22条第1款规定:"除合伙协议另有约定外,合伙人向合伙人以外的人转让其在合伙企业中的全部或者部分财产份额时,须经其他合伙人一致同意。"第23条进一步规定:"合伙人向合伙人以外的人转让其在合伙企业中的财产份额的,在同等条件下,其他合伙人有优先购买权;但是,合伙协议另有约定的除外。"此外,由于合伙人相互之间转让财产份额,没有新人加入,故而《合伙企业法》第22条第2款规定:"合伙人之间转让在合伙企业中的全部或者部分财产份额时,应当通知其他合伙人。"简言之,合伙财产份额的对外转让原则上要经其他合伙人一致同意,而且其他合伙人有优先购买权;而合伙财产份额的对内转让则原则上仅需通知其他合伙人即可,此时也不存在优先购买权的问题。

3. 有限合伙人的财产份额转让

有限合伙企业合伙人包括普通合伙人与有限合伙人。有限合伙企业的普通合伙人财产份额转让规则,与普通合伙企业的财产份额转让规则并无差异,但有限合伙人财产份额的转让规则不同。《合伙企业法》第73条规定:"有限合伙人可以按照合伙协议的约定向合伙人以外的人转让其在有限合伙企业中的财产份额,但应当提前三十日通知其他合伙人。"也就是说,有限合伙人的财产份额原则上是可以自由转让的,主要原因在于,有限合伙人并不参与合伙经营,有限合伙人的变动通常不会影响合伙企业的人合性。

(二)合伙财产份额出质

合伙企业的财产份额具有财产性,财产份额持有人(合伙人)享有利润分配请求权、剩余财产分配请求权。因此,合伙企业的财产份额可以用于出质,成为质权的标的。合伙财产份额出质,虽然不必然导致合伙财产份额转让,但存在被拍卖、变卖的危险。[1] 考虑到普通合伙企业的人合性,《合伙企业

---

[1] 如果被担保的主债务人清偿了债务,财产份额之上设定的质权就不复存在,财产份额也就不会被拍卖、变卖;反之如果主债务不能清偿到期债务,质权人可向人民法院申请拍卖质权标的(财产份额),从而优先受偿。

法》第25条规定:"合伙人以其在合伙企业中的财产份额出质的,须经其他合伙人一致同意;未经其他合伙人一致同意,其行为无效,由此给善意第三人造成损失的,由行为人依法承担赔偿责任。"如前所述,有限合伙人并不参与合伙经营,有限合伙人的变动通常不会影响合伙企业的人合性,故而《合伙企业法》第72条规定:"有限合伙人可以将其在有限合伙企业中的财产份额出质;但是,合伙协议另有约定的除外。"

【风险提示】财产份额出质须办理登记

关于合伙企业财产份额的出质登记,《合伙企业法》和《民法典》均未规定。《民法典》第440条规定了股权可以出质,第443条规定了"股权出质的,质权自办理出质登记时设立"。合伙企业合伙人的财产份额性质近似于公司股东的股权,故而合伙企业财产份额的出质应类推适用《民法典》第440条和第443条规定。也就是说,合伙企业财产份额质押应按照合伙企业注册地的相关要求办理出质登记。未办理出质登记,债权人并未取得质权。

风险防控要点之十:入伙程序与退伙条件

(一)入伙程序

入伙是指在合伙企业存续期间,合伙人以外的第三人加入合伙,从而取得合伙人资格。新合伙人入伙时,除合伙协议另有约定外,应当经全体合伙人一致同意,并依法订立书面入伙协议。订立入伙协议时,原合伙人应当向新合伙人如实告知原合伙企业的经营状况和财务状况,入伙的新合伙人与原合伙人享有同等权利,承担同等责任。此外,普通合伙企业中,新合伙人还应对入伙前合伙企业的债务承担无限连带责任。

入伙这一制度安排能够使合伙企业保有活力,但入伙过程中往往容易出现多种问题,影响合伙企业的平稳发展与运行。合伙各方是否存在共同出资和共同经营行为,是认定合伙关系是否形成的重要考量因素,合伙关系的形成需经各方协商一致,各方之间形成合伙关系一般应签订正式的书面合伙协议,以约定合伙期间合伙各方的权利义务关系等事宜。同时,入伙应当慎重,对将要入伙的企业做深入的尽职调查,以期在合法合规的前提下入伙。入伙是一种投资行为,投资行为本身必然存在风险,本质上是与其他合伙人共担风险,在入伙时应当对入伙的程序作出明确约定,司法实践中,往往存在入伙方和其他合伙人因对入伙协议约定不清,从而被认定为合伙企业向合伙人的借款(名为投资,实为借贷)而引致纠纷的情形。因此,入伙时,新合伙人应当与全体合伙人签订详细的书面合伙协议,应尽可能对合伙人权利义务、合伙财产、合伙事务管理、风险和收益承担、解散清算、违约责任等进行清晰明确的约定,避免纠纷的发生。

(二)退伙条件

1. 退伙类型

在我国,合伙人可以通过四种方式实现退伙,具体包括协议退伙、单方退伙、当然退伙以及除名退伙。协议退伙,即退伙人与其他合伙人协商一致,从而退出合伙。基于合同自由原则,只要征得其他合伙人一致同意,退伙人可以退出合伙。

单方退伙,即退伙人单方主张退伙。单方退伙实质就是单方解除合伙合同,只有法定的或约定的解除条件出现时,当事人才可以行使解除权,否则应赔偿由此给合伙企业造成的损失。单方退伙分为两种情形,一种是"合伙协议未约定合伙期限"的情形,另一种是"合伙协议已约定了合伙期限"的情形。就前一种情形,《合伙企业法》第46条规定:"合伙协议未约定合伙期限的,合伙人在不给合伙企业事务执行造成不利影响的情况下,可以退伙,但应当提前三十日通知其他合伙人。"就后一种情形而言,既然合伙协议已约定了合伙期限,则原则上合伙人在合伙企业存续期间不得退伙,否则构成违约。但根据《合伙企业法》第45条的规定,有下列情形之一的,合伙人可以退伙:(1)合伙协议约定的退伙事由出现;(2)经全体合伙人一致同意;(3)发生合伙人难以继续参加合伙的事由;(4)其他合伙人严重违反合伙协议约定的义务。

当然退伙即法定退伙,在出现法定的当然退伙情形,无论当事人主观意愿如何,法律上都认定为退伙。在当然退伙的情形,退伙事由实际发生之日为退伙生效日。根据《合伙企业法》第48条的规定,合伙人有下列情形之一的,当然退伙:(1)作为合伙人的自然人死亡或者被依法宣告死亡;(2)个人丧失偿债能力;(3)作为合伙人的法人或者其他组织依法被吊销营业执照、责令关闭、撤销，或者被宣告破产；(4)法律规定或者合伙协议约定合伙人必须具有相关资格而丧失该资格；(5)合伙人在合伙企业中的全部财产份额被人民法院强制执行。须注意的是，合伙人全部丧失或部分丧失民事行为能力，不必然退伙。如果其他合伙人一致同意，丧失民事行为能力的普通合伙人可以转为有限合伙人，普通合伙企业依法转为有限合伙企业；反之，如果未能取得其他合伙人一致同意，则按退伙处理。由于有限合伙人本人不参与合伙事务的执行，故而有限合伙人丧失民事行为能力的，其他合伙人不得因此要求其退伙。[1]

除名退伙，是指因某一合伙人违反法定义务，或发生了合伙协议约定的除名事由，而被强制性地剥夺合伙人资格。根据《合伙企业法》第49条第1款之规定，合伙人若存在下列情形之一，经其他合伙人一致同意，可以决议将其除名：(1)未履行出资义务；(2)因故意或者重大过失给合伙企业造成损失；(3)执行合伙事务时有不正当行为；(4)发生合伙协议约定的除名事由。前三种除名事由，即被除名的合伙人违反了法定义务，包括出资义务和忠实、勤勉的义务。第四种除名事由，即发生合伙协议约定的除名事由。合伙人被除名，除了必须满足法定的或约定的除名事由外，还必须历经"其他合伙人一致同意"并"书面通知被除名人"两道程序。被除名人接到除名通知之日，除名生效，被除名人退伙。为保障被除名人的合法权益，《合伙企业法》第49条第3款规定："被除名人对除名决议有异议的，可以自接到除名通知之日起三十日内，向人民法院起诉。"

2. 退伙结算

"退伙意味着原合伙人与其他合伙人脱离了由合伙协议所设定的一切权利义务，将导致合伙人部分出资的返还和盈余的分配，对债权人来说，退伙将意味着减少了一个债务担保人和一份担保财产，因此，合伙人退伙时都必须对合伙企业的财产状况进行结算，结算的目的就是要合伙人能够对合伙企业的财务状况全面了解，以便确定退伙人应分得的财产份额，同时也明确其应承担的债务。"[2]

---

[1] 参见《合伙企业法》第79条。
[2] 最高人民法院民事判决书，(2014)民提字第117号。

合伙人退出合伙企业,其他合伙人应按退伙时的合伙财产状况进行结算,退还退伙人的财产份额。退伙结算时,发现退伙人对给合伙企业造成的损失负有赔偿责任的,相应扣减其应当赔偿的数额。退伙时有未了结的合伙企业事务的,待该事务了结后进行结算。[1] 退伙人在合伙企业中财产份额的退还办法,由合伙协议约定或者由全体合伙人决定,既可以退还货币,也可以退还实物。[2]

如果合伙企业经营过程产生亏损或债务,退伙人还要分担亏损和承担债务。(1)关于亏损分担问题,根据《合伙企业法》第54条的规定,合伙人退伙时,合伙企业财产少于合伙企业债务的,退伙人应当分担亏损。亏损分担规则,按照合伙协议的约定办理;合伙协议未约定或者约定不明确的,由合伙人协商决定;协商不成的,由合伙人按照实缴出资比例分担;无法确定出资比例的,由合伙人平均分担。(2)关于债务承担问题,《合伙企业法》第53条规定:"退伙人对基于其退伙前的原因发生的合伙企业债务,承担无限连带责任。"

合伙人退伙后,合伙企业将来解散清算有剩余财产的,退伙人无权主张分配合伙企业的剩余财产。[3] 部分合伙人退伙导致合伙终止,合伙人在合伙财产清算后才可以请求分割合伙财产。[4]

【风险提示】合伙协议应明确退伙条件以免出现僵局

在合伙创业之初,合伙人应树立正确的书面合同签订意识。在签订合伙协议时,应明确约定出资、执行、利润分配、债务分担、退伙、清算、合伙期限、违约责任等重要事项,而对于"禁止退伙"的约定,应当谨慎签署,以免造成退伙困难。在合伙经营过程中,各合伙人应当规范账册管理,积极了解合伙事务,及时行使合伙人权利;在纠纷发生后,应与其他合伙人友好协商,耐心核实相关信息,精准诉求,以实现有序退出,防止出现僵局。若合伙人没有正当理由随意要求退出合伙企业,构成违约,因此而给合伙企业事务执行造成不利影响、带来损失,还应负赔偿责任。在合伙人违反合同或者法律规定发生

---

[1] 参见《合伙企业法》第51条规定。
[2] 参见《合伙企业法》第52条规定。
[3] 参见最高人民法院民事裁定书,(2015)民申字第634号。
[4] 参见最高人民法院民事判决书,(2017)最高法民再228号。

除名事由的,除名决议须经其他合伙人一致同意并书面通知被除名人,否则被除名人有权以违约为由要求其他合伙人赔偿损失。

风险防控要点之十一:有限合伙人的权利

(一)有限合伙人的权利概述

有限合伙企业由普通合伙人和有限合伙人组成,普通合伙人对合伙企业债务承担无限连带责任,有限合伙人以其认缴的出资额为限对合伙企业债务承担责任。有限合伙人与普通合伙人不仅责任不同,而且权利也不尽相同。

以下权利为普通合伙人与有限合伙人共有的权利:(1)利润分配请求权;(2)参与决定普通合伙人入伙、退伙;(3)经营建议权,具体包括对合伙企业的经营管理提出建议的权利、参与选择承办企业审计业务的会计师事务所的权利;(4)知情权,具体包括获取企业财务会计报告的权利、查阅企业财务会计账簿等财务资料的权利;(5)诉讼权利,包括"在有限合伙企业中的利益受到侵害时,向有责任的合伙人主张权利或者提起诉讼"的权利,以及"执行事务合伙人怠于行使权利时,督促其行使权利或者为了本企业的利益以自己的名义提起诉讼"的权利。

相较于普通合伙人,有限合伙人还享有以下特殊待遇:(1)在同业竞争方面,有限合伙人具有普通合伙人不具有的权利。根据法律规定,普通合伙人不得自营或者与他人合作经营与本企业相竞争的业务,而有限合伙人可以自营或者同他人合作经营与本企业相竞争的业务,但是,合伙协议另有约定或者经全体合伙人一致同意的除外。允许有限合伙人同业竞争是原则,约定禁止有限合伙人同业竞争的是例外。(2)在自我交易方面,普通合伙人原则上不得同本合伙企业进行交易,除非合伙协议另有约定或者经全体合伙人一致同意。[1] 但有限合伙人则不同,除非合伙协议另有约定,否则,有限合伙人可以同本有限合伙企业进行交易。[2] (3)在财产份额出质方面,有限合伙人可

---

[1] 参见《合伙企业法》第32条第2款规定。
[2] 参见《合伙企业法》第70条规定。

以将其在有限合伙企业中的财产份额出质,但是普通合伙人以合伙企业的财产份额出质的,应当经其他合伙人一致同意,未经其他合伙人一致同意的,其行为无效。由此可见,有限合伙人在出质财产份额方面具有更大的自由度。(4)在入伙和退伙责任方面,有限合伙人和普通合伙人同样不同。新入伙的有限合伙人对入伙前的债务只以其所认缴的出资额为限承担有限责任。而普通合伙人对入伙前和入伙后的合伙企业债务均承担无限连带责任。

(二)有限合伙人的权利限制

有限合伙人仅以其认缴的出资额为限对合伙企业债务承担责任,其责任承担显著轻于普通合伙人。基于权利义务对等之理念,由普通合伙人直接负责合伙企业的经营管理,更符合有限合伙制度的设立本意。有限合伙人的权利受两方面限制:一是有限合伙人不享有执行合伙事务的权利。二是有限合伙人不得对外代表有限合伙企业。

有限合伙人对外无权代表合伙企业,若因为有限合伙人的原因导致第三人对其产生合理信赖,并与有限合伙人进行了交易,如此便构成表见普通合伙,表见普通合伙将对合伙企业的稳定运行产生冲击,侵害普通合伙人和合伙企业的利益,并可能对合伙企业造成严重后果。表见普通合伙的法律后果包括两方面:一是表见普通合伙人的对外责任方面,《合伙企业法》第76条第1款规定:"第三人有理由相信有限合伙人为普通合伙人并与其交易的,该有限合伙人对该笔交易承担与普通合伙人同样的责任。"就该笔交易而产生的合伙企业债务,有限合伙人不享有有限责任的"待遇",而是要承担无限连带责任。二是表见普通合伙人的对内责任方面,《合伙企业法》第76条第2款规定:"有限合伙人未经授权以有限合伙企业名义与他人进行交易,给有限合伙企业或者其他合伙人造成损失的,该有限合伙人应当承担赔偿责任。"

【风险提示】有限合伙人否决权正确行使方式

有限合伙人和普通合伙人的权限的界定,本质是平衡双方的权利和义务,从而实现合伙企业的稳定运行。如果有限合伙人过度放任普通合伙人,则可能引发普通合伙人的道德风险,如果有限合伙人过度参与合伙企业事务,则势必使普通合伙人的权利空转。因此,实践中往往存在有限合伙人组成决策委员会实现部分的管理权,一旦普通合伙人存在可能违背忠实勤勉义务的情形的,有限合伙人组成的决策委员会将行使一票否决权,此种情形在私募基金行业更为普遍。基于一票否决权的市场需求,在合伙企业事务的执行过程中,应当注意将一票否决权纳入企业的运营管理。比如,设立投资委员会或者风控委员会,而不是直接在合伙协议中体现一票否决权,毕竟合伙协议公开可查,如果直接写入有可能会被第三人作为证据认为有限合伙人实质参与合伙事务。

风险防控要点之十二:合伙的解散与清算

(一)合伙解散事由

1.民事合伙解散(合伙合同终止)事由

根据《民法典》第976条、第977条的规定,民事合伙的解散(合伙合同的终止)事由包括:(1)当事人协商一致解除合伙合同的;(2)合伙期限届满,合伙人不再继续合伙事务的;(3)不定期合伙合同情形,合伙人主张解除合同的;(4)合伙人死亡、丧失民事行为能力或者终止的(但合伙合同另有约定或者根据合伙事务的性质不宜终止的除外)。

2.合伙企业的解散事由

根据《合伙企业法》第75条的规定,有限合伙企业仅剩有限合伙人的,应当解散。第85条规定了合伙企业应当解散的七种情形,分别是:(1)合伙期限届满,合伙人决定不再经营;(2)合伙协议约定的解散事由出现;(3)全体合伙人决定解散;(4)合伙人已不具备法定人数满三十天;(5)合伙协议约定的合伙目的已经实现或者无法实现;(6)依法被吊销营业执照、责令关闭或者被撤销;(7)法律、行政法规规定的其他原因。

(二)解散后的清算

1.民事合伙解散(合伙合同终止)后的清算

《民法典》第978条规定:"合伙合同终止后,合伙财产在支付因终止而产生的费用以及清偿合伙债务后有剩余的,依据本法第九百七十二条的规定进行分配。"据此可知,民事合伙解散必然也要进行清算,只有清偿了合伙债务,并支付了相关费用后,才能就剩余财产在合伙人之间进行分配。剩余财产的分配办法,按照合伙合同约定办理;合同未约定的,由合伙人协商决定;合人协商不成的,按照实缴出资比例分配;无法确定出资比例的,则由合伙人平均分配剩余财产。合伙合同终止后的清算程序,《民法典》未有具体规定,但可以类推适用合伙企业解散的清算程序。

2. 合伙企业解散后的清算程序

合伙企业解散,应当由清算人进行清算。清算人的确定方式有两种情形:一是合伙人自行确定。《合伙企业法》第86条第2款规定:"清算人由全体合伙人担任;经全体合伙人过半数同意,可以自合伙企业解散事由出现后十五日内指定一个或者数个合伙人,或者委托第三人,担任清算人。"二是人民法院指定。《合伙企业法》第86条第3款规定:"自合伙企业解散事由出现之日起十五日内未确定清算人的,合伙人或者其他利害关系人可以申请人民法院指定清算人。"

清算人在清算期间执行下列事务:(1)清理合伙企业财产,分别编制资产负债表和财产清单;(2)处理与清算有关的合伙企业未了结事务(但是不能开展与清算无关的经营活动);(3)清缴所欠税款;(4)清理债权、债务;(5)处理合伙企业清偿债务后的剩余财产;(6)代表合伙企业参加诉讼或者仲裁活动。

如前所述,清算人的工作任务之一就是"清理债权、债务"。在清算期间,清算人有权代表合伙企业催促债务人履行债务,在债务人怠于履行债务时,清算人有权代表合伙企业对债务人提起诉讼或申请仲裁。此外,合伙企业解散时还有可能对外负债,故而,根据《合伙企业法》第88条的规定,清算人自被确定之日起10日内将合伙企业解散事项通知债权人,并于60日内在报纸上公告。债权人应当自接到通知书之日起30日内,未接到通知书的自公告之日起45日内,向清算人申报债权。债权人申报债权,应当说明债权的有关事项,并提供证明材料。清算人应当对债权进行登记。

处理合伙企业清偿债务后的剩余财产,也是清算人的一项工作任务。所谓的剩余财产,就是合伙企业财产在支付清算费用和职工工资、社会保险费用、法定补偿金以及缴纳所欠税款、清偿债务后剩下的财产。剩余财产的分配方法也是遵循"有约定的,按约定;无约定的,再商定;协商不成,按出资比例;实在不行,平均分"的规则。

在处理完合伙企业未了结事务、清缴所欠税款、清理债权和债务、处理剩余财产后,清算人应当编制清算报告,经全体合伙人签名、盖章后,在15日内向企业登记机关报送清算报告,申请办理合伙企业注销登记。合伙企业直到注销登记后,其民事主体资格才消灭。在清算期间、注销之前,合伙企业的主体资格仍然存在,但不得开展与清算活动无关的经营活动。

【风险提示】财务状况不明将导致清算工作步履维艰

企业进行清算的前提是有清晰明了的账目,便于核算合伙企业在合伙期间的经营成果。如果合伙企业财务账目混乱,将难以进行清算。为避免出现此类情况,合伙关系存续期间,合伙人之间可就知情权尤其是财务数据的知情权达成约定,比如,非合伙事务执行人可以定期查看合伙项目的财务数据资料,以便实时掌握合伙项目的经营情况,实现对于合伙项目的执行监督,对于合伙事务执行人输出的报表等财务数据存有异议时,及时以文字形式予以反馈,留下私力救济的痕迹。

【典型案例】宁波某股权投资合伙企业、河南某股权投资基金管理有限公司、张某合伙企业纠纷案

裁判要点 浙江省宁波市中级人民法院认为,因河南某股权投资基金管理有限公司未履行出资义务,根据《合伙企业法》第49条关于"合伙人未履行出资义务的,经其他合伙人一致同意,可以决议将其除名"的规定,张某有权将河南某公司除名。为此,张某于2019年10月30日向河南某公司邮寄送达了《除名通知书》,并于2019年11月3日将《除名通知书》内容进行了登报声明。根据《合伙企业法》第49条的规定,被除名人接到除名通知之日,除名生效,被除名人退伙。被除名人对除名决议有异议的,可以自接到除名通知之日起30日内,向人民法院起诉。河南某公司未举证证明对除名通知提出过异议,也未向人民法院起诉,应认为河南某公司已被除名。

案情简介 2013年9月4日,张某与第三人河南某公司签订《股权投资合伙企业(有限合伙)合伙协议》(以下简称《合伙协议》)一份,约定:张某和河南某公司共同设A合伙企业,合伙目的为合伙承担对所设立股权投资中心的管理和运营,合伙经营范围为股权投资,合伙期限为10年;合伙人2名,即张某和河南某公司,张某为有限合伙人,货币出资11,880万元,在2018年12月31日前全部缴足,河南某公司为普通合伙人,货币出资120万元,在2018年12月31日前全部缴足;第29条约定合伙人有《合伙企业法》第49条规定的情形之一的,经其他合伙人一致同意,可以决议将其除名;除名决议应当书面通知被除名人,被除名人接到除名通知之日,除名生效,被除名人退伙;被除名人对除名决议有异议的,可以自接到除名通知之日起30日内,向人民法院起诉;A合伙企业于2013年9月9日注册成立,张某持股比例99%,河南某公司持股比例1%,公司联系电话为138×××0060等。张某和河南某公司至本案一审法庭辩论终结时均未缴纳出资。A合伙企业成立后未开展过业务。

2019年10月28日,张某通过中国邮政向河南某公司邮寄《除名通知书》,以河南某公司至今仍未履行出资义务为由,将河南某公司除名。后张某向人民法院提起诉讼请求解散A合伙企业。